金代北京路地区研究

宁 波／著

吉林大学出版社
·长春·

图书在版编目（CIP）数据

金代北京路地区研究 / 宁波著. -- 长春：吉林大学出版社，2021.8
ISBN 978-7-5692-8742-4

Ⅰ.①金… Ⅱ.①宁… Ⅲ.①地方政府－行政管理－研究－华北地区－金代 Ⅳ.①D691.2

中国版本图书馆CIP数据核字(2021)第178208号

书　　名：	金代北京路地区研究
	JINDAI BEIJINGLU DIQU YANJIU
作　　者：	宁　波　著
策划编辑：	殷丽爽
责任编辑：	殷丽爽
责任校对：	安　萌
装帧设计：	刘　瑜
出版发行：	吉林大学出版社
社　　址：	长春市人民大街4059号
邮政编码：	130021
发行电话：	0431-89580028/29/21
网　　址：	http://www.jlup.com.cn
电子邮箱：	jdcbs@jlu.edu.cn
印　　刷：	长春市中海彩印厂
开　　本：	787mm×1092mm　1/16
印　　张：	15
字　　数：	250千字
版　　次：	2022年5月　第1版
印　　次：	2022年5月　第1次
书　　号：	ISBN 978-7-5692-8742-4
定　　价：	78.00元

版权所有　翻印必究

前　言

本书通过考察金代北京路地区的行政建制、民族分布格局与民族政策、经济发展与环境变迁、军事防御、区域文化以及该区域与周边地区互动关系，探讨北京路地区在女真统治者治理西北边疆中的重要地位和作用。除绪论外，共分五章。

绪论部分主要介绍本书的研究意义、研究范围以及本书相关的国内外研究成果，总结目前研究存在的难点问题，阐明本书的基本思路、研究方法。

第一章主要考察金代北京路地区的行政设置及官署机构。首先，追溯金代以前的政区设置，指出金代北京路地区在战国时期即已设置郡县，自两汉、三国魏至晋相继沿袭、重新调整规划，魏晋时期这一地区出现了州一级地方行政建置。十六国时期，前燕、后燕、北燕、后赵、前秦等均在此设立过郡县。北朝诸政权在东北的统治重心也设在此处。隋唐时期于该地设立边地州县，州设都督府，其下统辖州县和内置的羁縻州。辽朝在此建皇都，设立上京、中京。其次，详细考证金代北京路地区地方行政建置。金代北京路地区，包括金初的中京大定府（今内蒙古宁城）和上京临潢府（辽上京，今内蒙古巴林左旗）。金熙宗天眷元年（1138年）改上京临潢府为北京临潢府，海陵天德二年（1150年）降为临潢府。海陵贞元元年（1153年）改中京大定府为北京大定府。大安（1209—1211年）以后将临潢府并入北京路。金代北京路地区官署机构中路级机构主要有兵马都总管府、留守司、招讨司、转运司、提刑司与按察司；府级建置有首府、散府，州级建置有节镇州、刺史州，县级建置有京县（诸京倚郭县）、上县（1万户以上）、中县（3千户以上）、下县（3千户以下），部族管理机构则有群牧所、诸乣。

第二章主要探讨金代北京路地区的民族状况。金朝北京路地区地处西北边陲,不同于其他京府,这一地区生活着女真、汉、契丹、奚、渤海等诸多民族。金代北京路地区契丹、奚人的分布亦相应地发生了变化。总的趋势是契丹人、奚人部分被迁至泰州、金源内地,部分南下中原,大部分留居原住地。北京路地区作为契丹、奚族聚居地的地位始终未曾改变。作为统治民族的女真人也以猛安谋克的方式散居在这一区域,此外州县地区还生活着从事农耕的汉人。据不完全统计,北京路地区生活的女真人主要分布在泰州、临潢、大定府、宗州、兴州、全州等地;以农业经济生活为主的汉族更集中地分布在辽西州县如大定府、广宁府、兴中府等地区。金朝统治者强调女真民族本位意识,通过移民、复兴民族文化、调整猛安谋克等举措,在政治地位上给予女真人特殊的优遇。以世宗朝为分界,世宗前期在政治上对奚人较为信任和重用,后期则转为歧视和排斥。

第三章讨论金代北京路地区的经济状况,州县区有发达的农耕经济,部族区则保持着传统的游牧经济。至金代中期,形成了北京路地区人口集中分布的现象。州县民户人口数2455103人,猛安谋克户人口数355488人,见于记载的迭剌、唐古二部人口数137544人,北京路地区农业人口共有2948135人,加上六部族游牧人口数有412632人,总人口数共计3360767人。为满足人口增长对粮食的需求,扩大垦殖量对北京路地区生态环境造成了恶劣的影响。北京路部族游牧区有辽阔的草原和天然牧场,是金代官营畜牧业的重要基地。一些部族已经进入农业社会,但农业经济在整个部族中并未占据主导地位。庆州朔平县、泰州乌古里石垒部是重要的池盐产地;边境地区存在榷场互市贸易。金代北京路地区征收的苛捐杂税在赋税类别上有正税、杂税。海陵、世宗统治时期,北京路货币制度是以铜钱为主,纸币为辅,至章宗时期则形成了以纸币为主的货币制度。

第四章主要探讨金代北京路地区的军事防御。北京路地区地处边境,与游牧族所在地的交界,其所辖军事镇戍力量,除猛安谋克外,还包括乣军等部族军队。诸羁縻部族虽在名义上臣属金朝,却时叛时降,归附时遵守职贡,入纳方物,反叛时寇抄边境,女真统治者在北京路地区设置东北路招讨司,擢选归顺金朝的契丹人以及诸部族官吏任其长,管理、镇抚女真猛安谋克及周边地区的契丹、奚等诸游牧部族。章宗时期在泰州、临潢、大定府设置了临时性行省，管理边境地方军政事务。通过考辨金朝东北路界壕的修筑始末，否定了王国维先生《金界壕考》一文中认为《金史》卷93《宗浩传》"殊为失实"的说法，而事实上《宗浩传》不误。亦并非唐长孺先生所言《金史》卷95《张万公传》误将"（完颜）襄开筑界壕系于张万公请罢此役后"，《张万公传》叙事次序不误。金代东北路界壕自太宗初年婆卢火初建，中经世宗年间加固、安排戍堡，章宗承安三年（1198年）完颜襄之续建，终至泰和三年（1203）宗浩行省督役全线贯通。

第五章重点研究金代北京路地区与周边地区的互动。金代北京路地区形成了以大定府为中心联系中原与北方地区的交通网络。金朝时期，女真统治者在北京路内进行大规模的双向移民，加强与金境内其他地区的互动联系。以辽西傍海道为通道加强北方地区与中原地区的经贸交往。女真统治者为在政治上保持边防安定，经济上控制北方诸部族，在金界壕边界地区与北方诸部族进行交流互动实行榷场贸易，一定程度上起到了控制蒙古诸部，稳定金朝北部边疆的作用。至金朝中后期，接受汉文化已经成为一种普遍的社会现象。北京路地区区域文化也随之快速发展，集中表现在汉族、女真族中涌现出了较重要的文人，在金朝政治舞台上扮演了重要角色。北京路地区由于受到辽朝崇佛之风的影响，金章宗时期之前佛教在这一地区的社会生活中亦长盛不衰。金朝中后期，汉化程度进一步深化，在某些文化习俗上延续了汉族传统，又杂糅金源旧俗、胡风濡染，区域文化特征明显，表现出较为浓郁的地域特点和民族特征。

结论部分主要是综合上述五章内容，总结金朝对北京路地区特殊的地方统治形式，有利于更好地认识北京路地区在中央治理西北边疆中的重要地位和作用。

目 录

绪 论 ·· 1
  第一节　国内外研究状况述评 ··· 1
    一、金代北京路地区建置沿革 ··· 1
    二、金代民族问题研究 ··· 2
    三、金代北京路地区经济问题研究 ··· 8
    四、北京路地区人口和户籍研究 ·· 11
    五、金代北京路地区官署机构及职官研究 ·· 13
  第二节　研究方法与主要内容 ··· 15
  第三节　创新点与难点 ·· 16

第一章　金代北京路地区行政建置及官署机构 ·· 18
  第一节　金代北京路地区地理环境 ·· 18
  第二节　金代以前北京路地区政区设置 ·· 24
    一、辽之前历代区划沿革 ·· 24
    二、辽代政区设置及演变 ·· 35
  第三节　金代北京路地区行政建置 ·· 55
    一、临潢府路 ··· 55
    二、北京路 ·· 57

  第四节 金代北京路地区官署机构与职官 ………………… 63
   一、路级官署机构与职官 ……………………………… 64
   二、府州县级官署机构与职官 ………………………… 66
   三、部族机构与职官 …………………………………… 68
   四、金代北京路地区主要任职官员 …………………… 69

第二章 金代北京路地区的民族 ……………………………… 86
  第一节 金代北京路地区游牧民族分布格局的演变 ……… 86
   一、金代北京路地区契丹族分布区域变迁 …………… 86
   二、金代北京路地区奚族分布区域变迁 ……………… 89
  第二节 金代北京路地区农耕民族分布格局的演变 ……… 91
   一、金代北京路地区汉人分布区域变迁 ……………… 91
   二、金代北京路地区女真人分布区域变迁 …………… 92
  第三节 金代北京路地区民族政策 …………………………… 95
   一、统治北京路地区契丹、奚的政策 ………………… 95
   二、统治北京路地区女真人的政策 …………………… 103

第三章 金代北京路地区的经济 ……………………………… 108
  第一节 金代北京路地区州县农耕区经济 …………………… 108
   一、金代北京路地区农耕区农业生产 ………………… 108
   二、金代北京路地区农耕区农作物及农业耕作方式 … 111
   三、金代北京路地区农耕区手工业生产 ……………… 113
  第二节 金代北京路地区部族游牧区经济 …………………… 116
   一、金代北京路地区游牧区畜牧业经济 ……………… 116
   二、金代北京路地区游牧区农业经济 ………………… 118
   三、金代北京路地区游牧区盐业经济 ………………… 119

第三节 金代北京路地区农业开发与环境变迁 …………… 120
　一、金代北京路地区人口容量与粮食需求量 …………… 121
　二、金代北京路地区农业开发规模 …………… 123
　三、北京路地区农业发展与生态环境的关系 …………… 125
第四节 金代北京路地区税收与货币 …………… 126
　一、金代北京路地区赋税类别 …………… 127
　二、金代北京路地区的城市体系及货币经济 …………… 134

第四章 金代北京路地区军事防御 …………… 140
第一节 金代北京路地区的军事机构 …………… 140
　一、东北路招讨司 …………… 141
　二、北京路地区的行省 …………… 143
第二节 金代东北路界壕考 …………… 145
　一、东北路界壕的辨析 …………… 145
　二、东北路界壕的沿革 …………… 148
　三、东北路界壕完工时间 …………… 151
第三节 金代北京路地区的军事镇戍 …………… 154
　一、乣军的军事镇戍 …………… 154
　二、猛安谋克的军事镇戍 …………… 156
　三、北京路地区驻军的薪饷 …………… 157
第四节 金代北京路地区的战争 …………… 161
　一、北京路地区契丹、奚人大起义 …………… 161
　二、北京路地区对蒙古诸部的战事 …………… 164

第五章 金代北京路地区与周边地区的互动 …………… 168
第一节 金代北京路地区的交通 …………… 168
　一、北京大定府到上京会宁府的交通路线 …………… 168

二、北京大定府到中都大兴府的交通路线 …………………… 170
　　三、北京大定府到东京辽阳府的交通路线 …………………… 172
　　四、临潢、泰州至蒙古诸部的交通路线 ……………………… 172
第二节　金代北京路地区与金境内其他地区的互动 ……………… 173
　　一、金代北京路地区与金境内其他区域的双向移民 ………… 173
　　二、通过辽西傍海道与金境内其他区域的互动 ……………… 176
　　三、金代北京路地区与金界壕内外的互动 …………………… 177
第三节　金代北京路地区华夷同风的区域文化 …………………… 181
　　一、金代北京路地区的文化教育 ……………………………… 181
　　二、金代北京路地区的文人 …………………………………… 183
　　三、金代北京路地区的宗教民俗 ……………………………… 185
　　四、从出土墓葬看北京路地区的丧葬文化 …………………… 188

结　语 ………………………………………………………………… 200

参考文献 ……………………………………………………………… 203

绪 论

第一节 国内外研究状况述评

本书所指金代北京路地区，包括金初的中京大定府（今内蒙古宁城）和上京临潢府（辽上京，今内蒙古巴林左旗）。金熙宗天眷元年（1138年）改上京临潢府为北京临潢府，海陵天德二年（1150年）改为临潢府路。海陵贞元元年（1153年）改中京大定府为北京大定府。大安（1209—1211年）以后将临潢府路并入北京路。由于金代北京路与临潢府路各个方面具有相似性，构成金代独特的区域，而且大安以后又合并为一路，因此本书将两者合称金代北京路地区，作为本书研究的空间范围。就今天的行政区划而言，金代北京路地区大约相当于今河北省承德地区、辽宁省朝阳地区西部和内蒙古赤峰地区（原昭乌达盟）、哲里木盟、呼伦贝尔盟、巴林左旗和巴林右旗地区，是我国传统农业区域与牧业区域相交汇的地带。

关于金代北京路地区的建置沿革，金代北京路地区的民族与经济，金代北京路地区的官署机构等方面的研究与本书研究密切相关，为本书的研究提供了相关学术积累。现从以下几个方面对国内外相关研究成果略作介绍。

一、金代北京路地区建置沿革

关于金代北京路地区的行政建置沿革，学界未有专门的文章阐述，但在相关书籍、论文中有所涉及和介绍。谭其骧先生《金代路制考》、景爱先生《金代行省考》、杨树藩《辽金地方政治制度之研究》中对金朝的总管府路、转运司路、按察司路、招讨司、统军司路等不同的路制进行了研究，是对金代路制的奠基性研究。[1]著名历史学家张博泉先生撰写的《金史简编》中，简要叙述了金代北京路的方位和建置沿革，指出金代北京路为辽中京，金初因之。海陵贞元元年（1153年）迁都燕京，更为北京，置留守司。领大定府、利州、义州、锦州、宗州（瑞州）、兴中府、建州、兴州。路东至医巫闾山，与咸平路接。北与临潢府路、西与西京路、南与中都接。[2]这是学界先贤关于金代北京路行政建置沿革的最早梳理。其后程妮娜《试论金初路制》认为金初有万户路、都统军帅司路、兵马都总管府路三种不同系统的路，指出京、都制度在金朝不同发展阶段是不断调整的。[3]《东北史》一书中详细阐述了关于金代北京路统治区的民族分布、政治统辖制度、经济状况，并对金代北京路的建置沿革进行了简要的介绍。[4]李昌宪对金代临潢府路及北京路所辖州县沿革进行了详细考辨。[5]余蔚《中国行政区划通史·辽金卷》中对金朝北京路的统县政区（府、州、军、城）与县的沿革进行了考辨与梳理，但余蔚教授认为"猛安谋克与乣、群牧同是金代重要的人口编组管理单位，然边界不清、驻地不明，难称行政区划。"[6]

二、金代民族问题研究

（一）契丹研究

目前国内外学界关于金代契丹的研究成果多集中于金王朝对契丹的民族政策及契丹人的政绩和地位以及金代契丹人的起义、汉化、女真化等问题。

---

[1] 谭其骧：《金代路制考》，《中国历史地理论丛》1981年第1辑；景爱：《金代行省考》，《历史地理》9辑，上海人民出版社1990年版；杨树藩：《辽金地方政治制度之研究》，《宋史研究集》11辑，台北宋史研究座谈会编，1979年版。

[2] 张博泉：《金史简编》，辽宁人民出版社1984年版。

[3] 程妮娜：《试论金初路制》，《社会科学战线》1989年第1期；程妮娜：《金代京、都制度探析》，《社会科学辑刊》2000年第3期。

[4] 程妮娜：《东北史》，吉林大学出版社2001年版。

[5] 李昌宪：《金代临潢府路、北京路州县沿革考》，《宋史研究论丛》2010年第11辑，河北大学出版社2010年版。

[6] 余蔚：《中国行政区划通史·辽金卷》，复旦大学出版社2012年版。

金毓黻《金史所记部族详稳群牧考》，是国内关于金代契丹部族详稳群牧问题的最早梳理。[1]张中政《汉儿、签军与金朝的民族等级》认为，金朝的民族分为女真人、渤海人、契丹人与奚人、汉儿、南人五个等级，开启了元朝四个民族等级的先河。[2]日本学者三上次男《金代女真研究》认为："金代编奚、契丹人为猛安、谋克部的用意，在于使他们防御金西北边境上兴起的蒙古各部族。"阐释了金代契丹人猛安谋克的废除及其恢复情况。[3]张博泉《东北地方史稿》指出，金朝征兵政策激起契丹人民的反抗，契丹大起义削弱了金朝的统治力量。[4]刘浦江《金朝的民族政策与民族歧视》认为，"从金初民族关系的总的格局来看，契丹人的地位显然要高于'汉人'和南人"，"契丹与女真关系的恶化，是由正隆、大定间发生的契丹人的大起义造成的。""随着金朝民族政策的变化，契丹人的民族地位明显下降了"，认为"如果说金代前期民族矛盾的焦点是女真与汉民族之间的矛盾的话，那么金代中期女真与契丹的矛盾则显得更为尖锐。"[5]

金代契丹人分布变动这一复杂问题，陈述先生曾对此有过归纳："金廷代替辽廷以后，契丹人除部分西迁、部分北撤外，大部分在原住地区留下来。"[6]由于史料阙如，目前还很难做定量分析。冯继钦《金代契丹人分布研究》试图就金代契丹人分布变动趋势做一初步归纳，即契丹人部分西迁，部分北撤，部分南下，大部分留居原地。[7]但仍沿袭了陈先生的观点，未能有所突破。王德忠《金朝社会人口流动及其评价》认为契丹族的迁徙是伴随着金朝的血腥镇压和强制同化进行的，造成了契丹族影响日微，并最终退出历史舞台。[8]

---

[1] 金毓黻：《金史所记部族详稳群牧考》，《东北集刊》1942年第3期。
[2] 张中政：《汉儿、签军与金朝的民族等级》，《社会科学辑刊》1983年第3期。
[3] [日]三上次男：《金代女真研究》，金启孮译，黑龙江人民出版社1984年版。
[4] 张博泉：《东北地方史稿》，吉林大学出版社1984年版。
[5] 刘浦江：《金朝的民族政策与民族歧视》，《历史研究》1996年第3期，后收录《辽金史论》，辽宁大学出版社1999年版。
[6] 陈述：《契丹政治史稿》，人民出版社1986年版。
[7] 冯继钦：《金代契丹人分布研究》，《北方文物》1990年第2期。
[8] 王德忠：《金朝社会人口流动及其评价》，《东北师大学报》2000年第6期。

金代契丹族官员政治活动和地位的研究，不仅论文较少，而且多是泛泛之作。与之相关的研究，目前见到的主要是契丹官员的墓志研究，如刘凤翥、于宝林《萧仲恭墓志考释》、阎万章《河北兴隆金墓出土契丹文墓志铭考释》二文，均详细考证了萧仲恭的生平事迹。[1]刘浦江《内蒙古敖汉旗出土的金代契丹小字墓志残石考释》一文，在朱志民《内蒙古敖汉旗老虎沟金代博州防御使墓》一文研究的基础之上，通过对墓志铭和文献记载的详细对比分析，认为该墓主人在所处的时代、经历、出身、族属、官职等方面都与《金史》记载的移剌斡里朵相吻合，只是在墓主人任博州防御使的时间上与《金史》记载不同，认为墓主人可能是移剌斡里朵。[2]爱新觉罗·乌拉熙春的《契丹小字〈金代博州防御史墓志铭〉墓主非移剌斡里朵——兼论金朝初期无"女真国"之国号》对刘浦江的观点提出了质疑，认为墓主人是《金史》所漏载的契丹族官员。[3]

金代契丹人军事活动研究，目前学界尤以金代中期契丹人反金战争、金代末期在金蒙战争中契丹人的军事活动的研究为多，如赖家度《耶律斡罕领导的抗金斗争》对斡窝反金的背景、经过、作用作了详细的论述。[4]周峰《论金章宗的北疆经略》对金章宗时期契丹人在抗击蒙古的战争中的活动，对守卫北疆的乣军的起义做了论述。[5]

金末契丹人在金蒙战争中军事活动的研究较早而且成果较多。如余行迈《蒙古伐金初期契丹人之投效》全面考察了蒙古攻金时金朝各地契丹人纷纷投效蒙古，以及他们投附蒙古后所做的贡献。[6]佟宝山对蒙元时期的契丹人进行了系列研究，其中涉及金蒙战争时期契丹人军事活动的论文主要有二篇，[7]其

---

[1] 刘凤翥、于宝林：《萧仲恭墓志考释》，《民族研究》1981年第2期；阎万章：《河北兴隆金墓出土契丹文墓志铭考释》，《东北考古与历史》1辑，文物出版社1982年版。

[2] 刘浦江：《内蒙古敖汉旗出土的金代契丹小字墓志残石考释》，《考古》1999年第5期；朱志民：《内蒙古敖汉旗老虎沟金代博州防御使墓》，《考古》1995年第9期。

[3] 爱新觉罗·乌拉熙春：《契丹小字〈金代博州防御史墓志铭〉墓主非移剌斡里朵——兼论金朝初期无"女真国"之国号》，《满族研究》2007年第1期。

[4] 赖家度：《耶律斡罕领导的抗金斗争》，《历史教学》1962年第9期。

[5] 周峰：《论金章宗的北疆经略》，《北方民族》2003年第1期。

[6] 余行迈：《蒙古伐金初期契丹人之投效》，《东方杂志》1944年第40卷第4期。

[7] 佟宝山：《蒙古军中的契丹将领》，《辽金契丹女真史研究》1988年第2期。

一为《蒙古军中的契丹将领》,分析了契丹人投蒙古后,在蒙古攻金灭宋的战争中所做的贡献;其二是《论契丹人在蒙元时代的影响》,[1]探讨了契丹人投效蒙古后,在蒙古灭金、西征、攻宋战争中的军事贡献,进一步肯定了契丹人在蒙元统一全国战争中的地位和作用。周峰《论金末的东北边政》论述了金对耶律留哥起兵的镇压,以及在金蒙争夺东北的战争中契丹人的军事活动。[2]

金代糺军研究是与金代契丹人军事活动相关的重要研究领域。目前的研究多是从糺军的任务、民族构成、军事编制以及"糺"字读音等方面进行探讨,涉及糺军的军事活动。如:王国维认为"糺军大抵多契丹人"[3]。日本学者箭内亘《辽金糺军及金代兵制考》对辽金糺军的组成、军事任务做了深入探讨。[4]朱子方在《辽金糺军考略》一文中对辽金糺军的组成、设置等问题深入探讨,认为辽金之糺军,均包含许多种族的不同分子,每一糺或由单一的种族组成。辽代的糺军,每种各有其特殊任务,金代的糺军,则以戍边为主。糺军的编制,金以五十骑为最低单位,五十骑以上,用十进法编制。[5]陈述《糺军考释初稿》认为,金之糺军虽然承袭辽代,但在性质上与辽之糺军不同。在契丹之世,糺军为抽调出戍之军,故有管理留后户之司徒,有管领戍军之详稳。金则固定其任务,专防北边,以久在北边,故金世无所谓留后户。[6]黄时鉴《木华黎国王麾下诸军考》,在论述木华黎麾下的兵种时谈到糺军,认为由契丹等族组成的糺军在蒙古攻金战争中起关键作用,糺军的叛金和蒙古利用糺军的力量攻金,是金朝灭亡的一个重要因素。[7]蔡美彪先生《糺与糺军之演变》对辽金元三朝的糺军做了详细考述,重点论述了金代糺军。对金代糺军的民族构成和军事行动做了深入探讨,认为金代的糺军中包含契丹人,他们的军事活动对金朝产生重要影响。关于契丹糺问题,据蔡先生的研究,金朝迪烈糺是

---

[1] 佟宝山:《论契丹人在蒙元时代的影响》,《青海民族研究》2005年第3期。

[2] 周峰:《论金末的东北边政》,《辽金史论集》10辑,中国社会科学出版社2007年版。

[3] 王国维:《元朝秘史之主因亦儿坚考》,《观堂集林》,中华书局1959年版。

[4] [日]箭内亘:《辽金糺军及金代兵制考》,陈捷、陈清泉译,商务印书馆1932年版。

[5] 朱子方:《辽金糺军考略》,《东方杂志》1946年第42卷第11期。

[6] 陈述:《糺军考释初稿》,收入《"中研院"历史语言研究所集刊论文类编》(历史编·宋辽金元卷),中华书局2009年版。

[7] 黄时鉴:《木华黎国王麾下诸军考》,《元史论丛》1辑,中华书局1982年版。

由术虎高祺募集的一支新军。[1]程妮娜认为"乣"偏重军事,乣长官女真人较多,契丹人较少。[2]

对金代各个时期契丹人的军事活动进行综合论述的著论主要有,日本学者外山军治在《金朝史研究》一书的相关章节中对金治下的契丹人做了较为详细的论述。[3]陈述先生《辽廷瓦解以后的契丹人》对辽朝瓦解前后契丹人的动向,金治下契丹人的大起义,金末契丹人投效蒙古等军事活动做了深入探讨。[4]冉守祖《金代北方各族人民的反抗斗争》论及了不同时期契丹人的反金及其影响,但并未深入分析。[5]巴雅尔《金国的民族关系和成吉思汗的对金战略》对斡窝起义、耶律留哥反金及金末契丹人对蒙古的归附和在蒙古灭金战争中的作用做了探讨。[6]刘素云《金代东北契丹人民的反抗斗争》对正隆、大定年间的契丹人反金在东北地区的活动及金末乣军、耶律留哥在东北地区叛金的情况做了探讨。[7]此外,关于金代契丹族族际关系及经济生活的文章有张荣铮《论金代民族融合》和夏宇旭《略论金代猛安谋克组织下契丹人的经济生活》。[8]

(二)奚族研究

关于金代奚族的研究论著主要有下述数篇,冯继钦《金代奚族初探》探讨了奚族归附金政权及金代奚族猛安谋克分布、演变及特征等问题。[9]李涵、张星久《金代奚族的演变》认为,金代奚族与其他民族融合的客观条件业已成熟。[10]王淑英《奚人萧裕与海陵王的关系——兼释复辟辽朝活动的失败》,对

---

[1] 蔡美彪:《乣与乣军之演变》,《元史论丛》2辑,中华书局1983年版。

[2] 程妮娜:《金朝西北部契丹等游牧民族的部族、乣制度研究》,《中国史研究》2007年第3期。

[3] [日]外山军治:《金朝史研究》,李东源译,黑龙江朝鲜民族出版社1988年版。

[4] 陈述:《辽廷瓦解以后的契丹人》,收入《契丹政治史稿》,人民出版社1986年版。

[5] 冉守祖:《金代北方各族人民的反抗斗争》,《河南大学学报》1987年第4期。

[6] 巴雅尔:《金国的民族关系和成吉思汗的对金战略》,《内蒙古师院学报》1981年第9期。

[7] 刘素云:《金代东北契丹人民的反抗斗争》,《博物馆研究》1991年第3期。

[8] 张荣铮:《论金代民族融合》,《天津师大学报》1984年第3期;夏宇旭:《略论金代猛安谋克组织下契丹人的经济生活》,《吉林师范大学学报》2010年第1期。

[9] 冯继钦:《金代奚族初探》,《求是学刊》1986年第2期。

[10] 李涵、张星久:《金代奚族的演变》,《武汉大学学报》1986年第6期。

奚人萧裕与海陵王关系的产生、发展及其相连带的"反金复辽"活动做深入细致的探讨。[1]孟广耀《金朝对奚族的基本政策》一文,强调金朝对奚族实施拆迁诸部、改变领属的政策。[2]日本学者三上次男《金代女真研究》认为,世宗"诏徙遥落河、移马河两猛安于大名、东平等路安置"的两个猛安可能是奚、契丹户。认为抹白猛安、谋克是以北京路所属东部奚住地为根据地。[3]刘浦江《金朝的民族政策与民族歧视》认为"金朝对于奚和契丹的政策基本上是一致的,所以人们理所当然地将他们视为同一个民族等级"。[4]

(三)渤海研究

渤海是金代多民族国家中的几个主要民族之一,在金朝的政治舞台上曾扮演过十分重要的角色。金朝统治时期渤海的遗民状况,长期以来始终是渤海史研究的薄弱环节。20世纪三四十年代,日本学者外山军治对金代的渤海人进行了开创性的研究。见《金朝统治下的渤海人》《世宗的即位与辽阳渤海人》,其中许多结论已得到今日学术界的普遍认同。[5]对于渤海世家与宗室完颜氏的联姻问题,三上次男先生在《金世宗对汉人的统治方针》一文中对此项举措有不同的理解,他认为太祖时选入诸王邸的渤海女子实际上是一种"质子"。[6]

张博泉先生《东北地方史稿》一书相关章节对金代辽东渤海大族及其与金王朝的关系进行了细致的分析。[7]刘肃勇在《金代辽阳渤海人述略》一文中认为金朝开国之初对辽阳渤海人优礼相待,并同其大族之间联姻,在推行数代后,使辽阳渤海人以金朝外戚的身份对金政权施以多方面的影响。[8]都兴智

---

[1] 王淑英:《奚人萧裕与海陵王的关系——兼释复辟辽朝活动的失败》,《北方论丛》1998年第1期。
[2] 孟广耀:《金朝对奚族的基本政策》,《辽金史论集》4辑,书目文献出版社1989年;后收入《北方民族史研究(二)》,中州古籍出版社1994年版。
[3] [日]三上次男:《金代女真研究》,金启孮译,黑龙江人民出版社1984年版。
[4] 刘浦江:《金朝的民族政策与民族歧视》,《历史研究》1996年第3期,收录《辽金史论》,辽宁大学出版社1999年版。
[5] [日]外山军治:《金朝史研究》,李东源译,黑龙江朝鲜民族出版社1988年版。
[6] [日]三上次男:《金代女真研究》,金启孮译,黑龙江人民出版社1984年版。
[7] 张博泉:《东北地方史稿》,吉林大学出版社1984年版。
[8] 刘肃勇:《金代辽阳渤海人述略》,《东北民族史研究》1986年第4期。

《金代的科举制度》将渤海人在金朝各个时期的官员人数统计列表。[1]刘浦江《渤海世家与女真皇室的联姻——兼论金代渤海人的政治地位》认为，从金太祖开始到世宗时期，与渤海世家的联姻成为女真-渤海政治联盟的重要组成部分，但是由于渤海人集团卷入了世宗后期的皇室内争，章宗即位后即着手清除宗室内的渤海人势力，从而直接导致了渤海世家与女真皇室间联姻关系的破裂。金代渤海人的政治势力也伴随着这一过程经历了一个从膨胀到萎缩的变化过程。[2]此外邹宝库、张博泉也对金代渤海人问题进行了探讨。[3]

三、金代北京路地区经济问题研究

对金代经济史的研究，现当代学者予以一定的重视，取得相当丰硕的研究成果，为进一步详细了解金代北京路地区的经济状况提供了重要依据。张博泉先生《金代经济史略》一文对临潢府和大定府所属县数、人口户数、重要物产、工商业点的分布以及设置情况进行了简要介绍。[4]漆侠、乔幼梅《辽夏金经济史》论述了金代奴隶制的发展，农业、手工业、商业等经济部门的情况，以及金代的土地制度、赋役制度等经济制度，金代社会阶级结构及其演变等。[5]张立岭《新石器时期至辽金时期的内蒙古农业》充分利用近年来内蒙古地区的出土文物，认为古代塞外民族并非单纯的狩猎游牧民族，他们同汉族人民一起为内蒙古的农业发展做出过巨大贡献；内蒙古地区农业的起源可上溯到新石器时代，而并非始于近代、盛于现代。[6]关涉金代北京路地区经济问题的著作还有葛金芳《宋辽夏金经济研析》、乔幼梅《宋辽夏金经济史研究》、韩茂莉《草原与田园——辽金时期西辽河流域农牧业与环境》、刘森《宋金纸币

---

[1] 都兴智：《金代的科举制度》，《金史论稿》2卷，吉林文史出版社1992年版。

[2] 刘浦江：《渤海世家与女真皇室的联姻——兼论金代渤海人的政治地位》，《北大史学》1995年第十期。

[3] 邹宝库：《辽阳市发现金代〈通慧圆明大师塔铭〉》，《考古》1984年第2期；张博泉：《〈辽阳市发现金代通慧圆明大师塔铭〉补正》，《考古》1987年第1期。

[4] 张博泉：《金代经济史略》，辽宁人民出版社1981年版。

[5] 漆侠、乔幼梅：《辽夏金经济史》，河北大学出版社1994年版。

[6] 张立岭：《新石器时期至辽金时期的内蒙古农业》，《中国农史》1992年第3期。

史》。[1]

关于金代北京路地区农业经济的研究以韩茂莉为著。韩茂莉《辽金农业地理》论述了金代农业地理的各方面情况、金代主要农作物的地理分布与农业耕作方式、金代畜牧业及其他非农业生产部门的地域分布等。[2]《金代主要农作物地理分布与种植制度》一文对金代农作物地理分布与种植制度进行了论述。[3]韩茂莉在《辽金时期西辽河流域农业开发核心区的转移与环境变迁》一文重点探讨了辽金时期西辽河流域人口与农业核心开发区从西拉木伦河流域、乌尔吉木伦河流域向老哈河流域、大凌河流域，自北向南的空间转移过程，以及与环境变迁间的对应关系。[4]《辽金时期西辽河流域农业开发与人口容量》一文阐述了辽金时期西辽河流域农业核心区屡次转移，与人口数额、资源禀赋以及由此而产生的环境压力相关。[5]

关涉金代北京路地区经济的论文有，王瑞明《金代经济发展简况》[6]、贾洲杰《辽金元时期内蒙古地区的城市建筑和城市经济》[7]、张博泉《金代女真"牛头地"问题研究》[8]、张英《略述金代畜牧业》[9]、王瑞明《关于金地社会经济的几个问题》[10]、冷鹏飞《论金代女真"牛头地"分配制度》[11]、葛金芳《宋辽夏金时期的经济干扰与经济波动》[12]、郭正忠《金代食盐业的经

---

[1] 葛金芳：《宋辽夏金经济研析》，武汉出版社1991年版；乔幼梅：《宋辽夏金经济史研究》，齐鲁书社1995年版；韩茂莉：《草原与田园——辽金时期西辽河流域农牧业与环境》，三联书店2006年版；刘森：《宋金纸币史》，中国金融出版社1993年版。

[2] 韩茂莉：《辽金农业地理》，社会科学文献出版社1999年版。

[3] 韩茂莉：《金代主要农作物地理分布与种植制度》，《国学研究》7卷2000年版。

[4] 韩茂莉：《辽金时期西辽河流域农业开发核心区的转移与环境变迁》，《北京大学学报》（自然科学版）2003年第4期。

[5] 韩茂莉：《辽金时期西辽河流域农业开发与人口容量》，《地理研究》2002年第5期。

[6] 王瑞明：《金代经济发展简况》，《历史教学》1963年6期。

[7] 贾洲杰《辽金元时期内蒙古地区的城市建筑和城市经济》，《内蒙古大学学报》1979年3、4期合刊；收入《中国考古集成·东北卷·辽》，北京出版社1997年版。

[8] 张博泉：《金代女真"牛头地"问题研究》，《历史研究》1981年第4期。

[9] 张英：《略述金代畜牧业》，《求是学刊》1983年第2期。

[10] 王瑞明：《关于金地社会经济的几个问题》，《中国古代史论丛》9辑，福建人民出版社1985年版。

[11] 冷鹏飞：《论金代女真"牛头地"分配制度》，《中国史研究》1991年第2期。

[12] 葛金芳：《宋辽夏金时期的经济干扰与经济波动》，《湖北大学学报》1992年第5期。

营体制》[1]、乔幼梅《金代的畜牧业》[2]、刘浦江《春水秋山——金代捺钵研究》[3]、王德朋《金代榷盐制度述论》[4]、吉成名《论金代食盐产地》[5]。关涉金代北京路地区城市经济发展的文章有韩光辉《宋辽金元建制城市的出现与城市体系的形成》和武玉环《金代城市管理制度述论》。[6]

  关于金代北京路地区税收研究的文章据不完全统计约有10篇，刘浦江先生极为关注金代税收问题，《论金代的物力与物力钱》指出金代物力与物力钱是两个完全不同的概念，物力指按照规定的税率对物力征收的一种资产税。[7]通过对物力与物力钱的分析可以得知金代赋役制度的两个明显特征，一是赋役标准的统一性，主要表现在以物力（或物力钱）为统一的征取尺度；二是赋役规范的一律性，应归因于在全国范围内统一实施的通检推排以及由此形成的以物力为准绳的赋役规范。刘浦江《金代"通检推排"探微》首先定义："推排"是指调查核实民户的户口、物力状况，然后据此征派赋役，由中央政府进行的全国性推排就称为"通检推排"，简称"通推"。[8]通检推排只实行于世宗、章宗两朝，但局部地区的推排在章宗后仍时有所见。通检推排是通过转运司路实施的，是确定民户物力的一个行之有效的措施，其有效实施，使世宗、章宗朝成为赋役最轻、社会最安定的时期。但是通检推排也有妄增物力、豪强滑吏舞弊弄假、各路物力畸轻畸重等弊端。刘浦江《金代杂税论略》对金源一代国家赋税总体结构和赋税类别作了探讨。[9]赵光远发表研究通检推排的系列文章，其《金代的"通检推排"》一文对金代通检推排的社会背景，对州县

---

[1] 郭正忠：《金代食盐业的经营体制》，《河北学刊》1997年第2期。

[2] 乔幼梅：《金代的畜牧业》，《山东大学学报》1997年第3期。

[3] 刘浦江：《春水秋山——金代捺钵研究》，《文史》49、50辑，1999年版12月、2000年版7月；后收入《松漠之间——契丹女真史研究》，中华书局2008年版。

[4] 王德朋：《金代榷盐制度述论》，《中国社会经济史研究》2007年第1期。

[5] 吉成名：《论金代食盐产地》，《盐业史研究》2008年第3期。

[6] 韩光辉：《宋辽金元建制城市的出现与城市体系的形成》，《历史研究》2007年第4期；武玉环：《金代城市管理制度述论》，《辽金史论集》9辑，中州古籍出版社1996年版。

[7] 刘浦江：《论金代的物力与物力钱》，《中国经济史研究》1995年第1期。

[8] 刘浦江：《金代"通检推排"探微》，《中国史研究》1995年第4期。

[9] 刘浦江：《金代杂税论略》，《中国经济史研究》1996年第3期。

民户、猛安谋克户的通检推排以及两者之间的比较进行了概述。[1]此后又发表《试论金世宗对州县民户的"通检推排"》和《金章宗为何对州县民户"通检推排"》二文，[2]在其论文《再论金代的通检推排》一文比较了对州县民户与猛安谋克户进行"通检推排"的不同，认为从表面上看，两者是为了革除完颜亮赋役之弊，实质上则不同，对州县民户"通检推排"，可适当均平赋役，建立巩固的赋役制度，保证赋役来源，解决财政匮乏困难；对猛安谋克的"通检推排"，是以均平差役，调整猛安谋克户的经济力量为手段，去达到保障金政权的兵源，以便继续维护猛安谋克对州县民户监督、镇压的职能的目的，这就明显地反映出金代"通检推排"的阶级压迫与民族压迫的实质。[3]曾代伟《金朝物力通检推排法浅论》论述了金代通检推排法的颁布、修订、施行及经验教训，认为不能将通检推排简单地看成是对普通民户的掠夺搜刮。[4]

四、北京路地区人口和户籍研究

国内学界关于金代人口和户籍研究的论文，据不完全统计有20余篇，多集中于《金史·地理志》户数系年正误的辨析、户口特点、户籍制度、阶级结构等方面。近年有关金代户口问题研究的论著，有高树林《金朝户口问题初探》[5]、韩光辉《〈金史·地理志〉户数系年正误》[6]、王育民《〈金史·地理志〉户口系年辨析》及《金朝户口问题析疑》[7]。

关于《地理志》户数的系年问题，存在几种不同的说法。梁方仲《中国历代户口、田地、田赋统计》一书将之定为金末户数："《金史·地理志》

---

[1] 赵光远：《金代的"通检推排"》，《学习与思考》1982年第4期。
[2] 赵光远：《试论金世宗对州县民户的"通检推排"》，《中央民族学院学报》1981年第3期；《金章宗为何对州县民户"通检推排"》，《北方文物》1996年第3期。
[3] 赵光远：《再论金代的通检推排》，《辽金史论集》1辑，上海古籍出版社1987年版。
[4] 曾代伟：《金朝物力通检推排法浅论》，《民族研究》1997年第5期。
[5] 高树林：《金朝户口问题初探》，《中国史研究》1986年第2期。
[6] 韩光辉：《〈金史·地理志〉户数系年正误》，《中国史研究》1988年第2期。
[7] 王育民：《〈金史·地理志〉户口系年辨析》，《学术月刊》1989年第12期；《金朝户口问题析疑》，《中国史研究》1990年第4期。

未系年，然所记各地之废置沿革，有迟至金宣宗元光二年者，故可推想为金代末年的户数。"[1]高树林《金朝户口问题初探》归纳金代户口特点：分布极不平衡；金朝户口的增长与同时期南宋相比大有不同；金朝前期户口长期停留在较低水平；户口众多。认为从大定初至金末的70余年，户数的年平均增长率为17‰，是中国封建社会户数增长率最高的时期。[2]王育民《〈金史·地理志〉户口系年辨析》一文认为，《金史·地理志》的户数并无一个标准年代，各州府户数系由不同年代的数字拼凑而成。[3]对此葛剑雄《中国人口发展史》指出了它的悖理，此说是出于王育民先生对《地理志》体例的误解。[4]刘浦江在《金代户口研究》一文中对金朝各个时期的户口消长作了系统考察，认为《金史·地理志》虽未明言何时建制，经仔细考究不难发现，所记载系以章宗泰和八年（1208年）的行政建制为准。[5]金朝户口的变化呈大起大落的趋势；金朝人口的负增长和零增长的年份多于人口正常增长的年份。刘浦江《金代猛安谋克人口状况研究》对金朝中期猛安谋克户口的民族构成比例做了粗略估计，女真人约占猛安谋克户口的80%左右。[6]出于种种政治、军事上的原因而进行的人口大规模迁徙，造成了猛安谋克人口的地理分布状况在各个不同时期的变化极大，但金代北京路仍是猛安谋克的分布区。张博泉、武玉环《金代的人口与户籍》认为金代的人口与辽、宋相比有很大增长，民族间的大调动与大迁徙使金代人口的布局发生重大变化，户籍是金代征收赋役的基础，而确定户籍的内容是人口和资产。[7]通括户口、推排物力以定户籍，主要是为保证国家赋役征收，但也起着均赋役的作用。金代所确立的对多民族户籍管理的制度与经验，对后世产生了一定影响。刘浦江《金代户籍制度刍论》一文对金代的户口类别、户等制、户口统计与户籍管理措施等问题进行了探讨，认为从国家户籍管

---

[1] 梁方仲：《中国历代户口、田地、田赋统计》，上海人民出版社1980年版。
[2] 高树林：《金朝户口问题初探》，《中国史研究》1986年第2期。
[3] 王育民《〈金史·地理志〉户口系年辨析》，《学术月刊》1989年第12期。
[4] 葛剑雄：《中国人口发展史》，福建人民出版社1991年版。
[5] 刘浦江：《金代户口研究》，《中国史研究》1994年第2期。
[6] 刘浦江：《金代猛安谋克人口状况研究》，《民族研究》1994年第2期。
[7] 张博泉、武玉环：《金代的人口与户籍》，《学习与探索》1989年第2期。

理体系的角度着眼，金代户口分成州县民户、猛安谋克户和乣户三大类。[1]户等分为上、中、下三等，与差役、杂役和租税有着密切的关系。金代的户口统计有一套完善的措施，保证了统计结果的正确性。对于户籍登记、统计及申报的程序和期限也有着严格的规定。王曾瑜《金朝户口分类制度和阶级结构》一文中深入探讨了金朝户口分类制度和阶级结构。[2]

五、金代北京路地区官署机构及职官研究

学界对官署机构及职官的研究更多地着眼于制度史的大视野，即把关涉北京路地区的官署机构作为金代政治制度的一部分来加以研究和探讨。相继出现了一系列的研究成果，主要有：谭其骧先生《金代路制考》考述了金代诸总管府、转运司、按察司及招讨司、统军司的设置。[3]李涵《金初汉地枢密院试析》就金初枢密院的设置沿革、职能、机构、隶属关系等进行探讨。[4]蒋松岩《金代御史台初探》肯定了御史台在澄清吏治、平理冤狱、纠察不法官吏等方面发挥的积极作用。[5]《金代提刑司与按察司初探》论述了两司的产生、组成、职权、发展演变及其作用。[6]孟繁清《金代的令史制度》论述了金代令史的配置、选拔与出职等。[7]程妮娜《金初府、州、县考略》认为金初府、州、县制度仅实行于原辽、宋封建地区，具有鲜明的时代和地域特征。[8]经历了辽、宋、女真制度的共存阶段，进而发展成为统一的金朝府、州、县制度，是金政权封建化变革的重要起点和组成部分，对金初府、州、县制度进行了详细的考辨。韩光辉《金代防刺州城市司候司研究》一文认为，金代诸防刺州司候

---

[1] 刘浦江：《金代户籍制度刍论》，《民族研究》1995年第3期；后收入《辽金史论》，辽宁大学出版社1999年版。
[2] 王曾瑜：《金朝户口分类制度和阶级结构》，《历史研究》1993年第6期。
[3] 谭其骧：《金代路制考》，《中国历史地理论丛》1981年版第1辑。
[4] 李涵：《金初汉地枢密院试析》，《辽金史论集》4辑，书目文献出版社1989年版。
[5] 蒋松岩：《金代御史台初探》，《辽金史论集》4辑，书目文献出版社1989年版。
[6] 蒋松岩：《金代提刑司与按察司初探》，《平原大学学报》1987年第3期。
[7] 孟繁清：《金代的令史制度》，《辽金史论集》2辑，书目文献出版社1987年版。
[8] 程妮娜：《金初府、州、县考略》，《北方文物》1989年第3期。

司，与诸京都市警巡院、诸府节镇城市录事司一样，属于不同等级的城市行政管理机构，具有独立的职能。[1]在系统探讨金代都市警巡院和诸府节镇录事司的基础上，尽力发掘史料，对金代诸防刺州司候司进行力所能及的蠡测。徐松巍《金代监察制度特点刍议》探讨了金代监察制度及监察官员职能、选任、考课状况。[2]韩光辉《金代都市警巡院研究》对金代诸京警巡院的建置、职能、性质等进行了研究，认为凡是设置了警巡院的城市就是当时的建制城市。[3]程妮娜《金代京、都制度探析》探讨了金代京、都制度，在女真统治集团对国内各民族的种族统治的运作中，发挥了极其重要的地位。[4]程妮娜《东北史》认为金朝对于北京路内从事农业生产的各族人户实行府州统治，但在府州之下实行两种制度，即对于汉人和渤海人以州县进行统治；对于契丹、奚人则以猛安谋克制度进行统辖。[5]金代保留契丹族政治制度，一是群牧制度，二是契丹族地方部族制度。相关的研究还有杨树藩《辽金地方监察制度论略》、程妮娜《金代监察制度探析》及韩光辉《金代诸府节镇城市录事司研究》等文。[6]

既有的研究结论和方法，可资借鉴之处较多，是对金代北京路地区做进一步研究的基础。然而，由于多数研究以金源一代整体的统辖区域为研究对象，并非限于金代北京路地区，因此，具体研究难免有诸如文献的搜求应用不全或方法上的以点代面、以偏概全等弊端的存在，使得其研究程度不同地存在不足，有碍于真实、全面地反映金代北京路地区的历史面貌。

学界关于金代经济方面的研究相继出现了一批代表性成果，就农业经济而言，如韩茂莉先生《辽金农业地理》一书中将金朝疆域分为金本土与中原地区两部分，对金代主要农作物地理分布与种植制度、金代畜牧业及其他非农业生产部门的地域分布进行论述，并非仅限于金代北京路一个区域的研究，但韩

---

[1] 韩光辉：《金代防刺州城市司候司研究》，《北京社会科学》1999年第4期。
[2] 徐松巍：《金代监察制度特点刍议》，《求是学刊》1991年第3期。
[3] 韩光辉：《金代都市警巡院研究》，《北京大学学报》1999年第5期。
[4] 程妮娜：《金代京、都制度探析》，《社会科学辑刊》2000年第3期。
[5] 程妮娜：《东北史》，吉林大学出版社2001年版。
[6] 杨树藩：《辽金地方监察制度论略》，《中国历史论文集》，台北商务印书馆1986年版；程妮娜：《金代监察制度探析》，《中国史研究》2000年第1期；韩光辉：《金代诸府节镇城市录事司研究》，《文史》52辑，2000年版。

先生对金代经济史的研究模式为笔者提供了范式依据。

户口问题在分析使用历史文献资料中还存在不少缺陷和问题。如刘浦江《金代户籍制度刍论》一文从国家户籍管理体系的角度着眼将金代户口进行了分类阐释。但对金代特定地区北京路地区某时段内的人口规模（州县人户、猛安谋克户、部族人口）及发展水平的定量分析研究甚少。

民族问题上，金代北京路地区所在的西拉木伦河与老哈河流域是契丹、奚人的发祥地，金中期以后大定府是契丹、奚人故乡——松漠地区唯一的京府。辽西地区还有部分汉人和少量的渤海人。以往学界的研究更多地是着眼于金代契丹或奚族研究，较少具体去探讨某一区域内的各个民族分布格局的演变。

关于金代北京路地区官署机构及职官问题，学界对此没有深入探讨，研究甚显薄弱，对官署机构及职官的研究更多地着眼于制度史的大视野，即把关涉北京路地区的官署机构作为金代政治制度的一部分来加以研究和探讨。

第二节　研究方法与主要内容

本书以金代北京路地区这一区域研究为中心，借鉴地理学的理论方法，强调从区域特征和区域差异来考察金代北京路地区的社会历史发展状况，突显该区域在金朝社会发展与历史文化上的独特性。考察这一地区的行政建置、民族分布格局与民族政策、经济发展与环境变迁、对蒙古诸部军事防御、区域文化及其与周边地区的互动关系。通过考察这一区域的地方统治，探讨北京路地区在女真统治者治理西北边疆中的重要地位和作用。

全面研究金代北京路地区的政治、经济、文化，分为金代北京路地区地方行政建置、区域经济、民族构成与分布、军事防御及金代北京路地区与周边地区的互动5大板块，全方位、多侧面展现金代北京路地区的历史面貌。在具体研究中，充分利用历史研究最基本的方法即考证和实证研究方法，注意运用统计学研究方法，对官、私史书文献外的碑刻、考古资料乃至笔记文集、诗文所承载的原始资料进行搜集、整理、解读，以做数量分析和科学论证，做到实证研究与理论研究相结合，通过分析金代北京路地区不同层次的地方行政建置、民族构成及分布、区域经济、官署机构、军事防御、区域文化及其与周边的经济文化互动关系等，探讨金代北京路地区作为具有特色的政治统治区域在金代的地位和作用。鉴此，笔者根据在《金史》研究中所旁涉的相关文献，从历史学、民族学、社会学、历史地理学的角度对金代北京路地区做一番再考察。在具体的研究过程中，对学术界存在争议的问题进行具体考察，对已有研究但尚需探讨的问题进行认真考辨，对过去论及较少甚至不曾注意的问题进行详细论证。

第三节　创新点与难点

创新点一，金代北京路地区州县民户人口数2455103，猛安谋克户数355488，见于记载的迭剌、唐古二部人口数137544，北京路地区农业人口共有2948135人，加上六部族游牧人口有412632人，总人口共计3360767人。金代北京路地区生态环境敏感，过度垦殖加速了土地沙化现象，影响了西辽河流域泥沙含量以及辽河口古海岸线的变迁。

创新点二，否定了金界壕"四路"说，力主"三路"说，并非存在"东北路"和"临潢路"两路界壕，持"四路"说的学者显然搞错了《金史》原意。金代东北路界壕自太宗初年婆卢火初建，中经世宗年间加固、安排成堡，章宗承安三年（1198年）完颜襄之续建，终至泰和三年（1203年）宗浩行省督役全线贯通。

创新点三，否定了王国维先生《金界壕考》一文中认为《金史》卷93《宗浩传》"殊为失实"的观点，而事实上《宗浩传》不误。否定了唐长孺先生在《张万公谏开筑界壕及东北路壕堑毕工年月》文中所言《金史》卷95《张万公传》颠倒错乱的观点，认为《张万公传》叙事次序不误。

创新点四，吕贞幹《大金故少中大夫知南京路提刑使事兼劝农使采访事王公墓志铭》是研究金代北京路地区礼俗的一则珍贵资料。世宗大定初年，王元德出知泰州长春县，曾利用祀蛇之法祷雨，即采用民间巫术感动神祇以弥天灾。可知金代北京路地区祈雨也是地方官吏一项重要职责。在某些祭礼习俗上既延续了汉族的祭祀传统，又杂糅金源旧俗。

难点一，北京路地区是金朝西北边境军事重镇，战事始终未曾间断。女真统治者于北京路所辖临潢、泰州屯戍重兵防御蒙古草原诸部侵扰，管领边境地带诸部族。由于元修《金史》对蒙古早期历史多有避讳，北京路地区所辖军事防御机构及其镇戍职能的撰述，只能是阶段性成果，更深入的研究尚有待来日。

难点二，研究金代北京路地区的区域文化、北京路地区与金境内其他区域的互动联系，仅仅依靠《金史》中有限的史料远远不够，不得不借助考古资料、碑刻资料。所得观点尚有疑义可资商榷，研究受到一定限制。

难点三，目前学界对于金代北京路地区石刻、考古资料搜集整理不多。虽有一些先行成果可以利用，笔者着力搜集散见石刻、考古资料，然受学历、经历所限，难免挂一漏万，有待在未来的研究中继续完善。

第一章　金代北京路地区行政建置及官署机构

金朝地方行政区划，大体上是承袭辽宋制度，采取因族、因地、因制而设的方针，在全国各地普遍设置路、府、州、县等行政管理机构，体现了女真猛安谋克制和汉族封建州县制度并存的特点，这种双重体系的地方政治制度是金代政治制度的一大特色。金代北京路地区作为边境高层政区，是防御西北蒙古诸部的军事重镇，女真统治者频频对北京路地区行政设置进行调整。而金代北京路地区又位于欧亚大草原东部，地处蒙古高原向辽河平原过渡带，即东部农业区与西北牧业区过渡的农牧交错地带，该区域呈现出了特殊的自然景观。

第一节　金代北京路地区地理环境

金代北京路地区是我国传统农业区域与牧业区域相交汇的地带。从自然环境的观点看，北京路地区地貌以海拔1000～1500m波状起伏温带高原为特征，这一地区分布着众多低缓丘陵、河流湖泊、沙地，属于中国北方半干旱半湿润区。

从自然环境的观点看，北京路地区地貌以海拔1000～1500m波状起伏温带高原为特征，地带性土壤以栗钙土和棕钙土为主，气候变化异常。在这一农牧过渡地带分布着众多低缓丘陵、河流湖泊、沙地，属于中国北方半干旱半湿润区。

大兴安岭山脉位于内蒙古高原边缘，是北京路地区西北部的天然屏障。大兴安岭，蒙古语称为"兴安达巴罕"，北起黑龙江右岸漠河，南至西拉木伦河上游谷地，全长约1400km，阔约150~300km，主要由中山、低山、丘陵、山间盆地及冲积平原组成，是我国最大的原始林区和北疆"生态屏障"。大兴安岭大致以洮儿河为界，分为南北两段，北段长约670km，海拔在1000m左右，个别山峰可高达1700m以上，东坡较陡，水系发育，西坡平缓，切割较弱。南段山势较低，个别高峰达1950m，具有特色的森林草原景观。山地东坡局部存在森林，自然地理特征与西部内蒙古高原及东部西辽河平原存在较大相似性，大兴安岭南段区域属于内蒙古东部区。金代大兴安岭以东地区由东北路招讨司（治于泰州）管辖，由于北方诸游牧部族经常侵扰边塞，泰州距离边境达三百里之遥，"每敌入，比出兵追袭，敌已遁去。"承安四年，宗浩拜枢密使后"奏徙之金山（大兴安岭），以据要害，设副招讨二员，分置左右，由是敌不敢犯"[1]。

北京路地区的主要河流有西拉木伦河、老哈河、乌尔吉木伦河、大凌河及主要支流教来河、查干木伦河、嫩江、西辽河等。

嫩江和西辽河是北京路地区主要的外流河。嫩江，蒙语意为"碧绿的江"。古名难水，明代称脑温江，清初名诺尼江。源出大兴安岭支脉伊勒呼里山，南流于嫩江县以上接纳大兴安岭东坡及小兴安岭西坡流出的许多支流。出山后进入松嫩平原，在扶余县三岔河附近与第二松花江汇合后东流入松花江。全长约1300km左右，流域面积283000km^2。

西辽河，是辽河主流上游老哈河汇合西拉木伦河后的称呼。西辽河于内蒙古自治区通辽市开鲁县台河口分为南北二支，南支为主流西辽河，北支为新开河，两只水系于双辽汇合后南下，至福德店汇合东辽河后始称辽河。西辽河水系为通辽境内第一大水系，由西向东穿过通辽地区腹地，全长367.7km，在辽宁省昌图县福德店村附近与东辽河相汇，最后流入渤海。《山海经》所载"潦水"即辽河，《吕氏春秋·有始览》列"潦水"为中国六大川之一。郦道元《水经注·大辽水》云："辽水，亦言出砥石山，……自塞外东流，直辽东之望平县西……屈而西南流，经襄平县故城西，……又南经辽队县故城西"，[2]西南至安市，入于海。

---

[1] 《金史》卷93《宗浩传》，第2074页。
[2] （北魏）郦道元著，王先谦校：《水经注》，巴蜀书社1985年版，第274—275页。

辽河上源的两条重要支流西拉木伦河和老哈河从草原南部流过，蒙古草原在西辽河地区向平原过渡，在西辽河地区形成了大片的沙地——科尔沁沙地。西辽河地区是从草原进入东北平原的最便捷通道，在经济上亦农牧皆宜，因而成为农耕民族和游牧民族势力交汇之所，这里也是众多民族迁入迁出最频繁、形势最复杂的区域。

西拉木伦河是北京路地区腹地的内流河，属西辽河水系，源出蒙古高原，西自大兴安岭南段东麓，东至科尔沁沙地北缘。自西而东流经北京路地区，沿流域内大的地貌单元包括了大兴安岭南段低山丘陵、内蒙古高原、冲积洪积平原、沙地、黄土台塬及燕山北麓低山丘陵区。西拉木伦河流域地势西高东低，海拔高度多在600~800m之间，河间谷地狭窄。该流域北靠大兴安岭东南麓，南倚昭乌达高原，左侧山脉基本呈西北向东南走向，右岸山脉主要沿东北方向延伸，山岭与盆地交错呈现，沿所汇支流走向均依山势，形成狭长的河川谷地，形成了西拉木伦河流域特殊的地理单元。[1]

老哈河是北京路地区的一条重要河流，是西辽河的重要支流。发源于河北省平泉县西北山区柳溪满族乡，从宁城县甸子乡入赤峰市境内，流经赤峰市东南部喀喇沁、元宝山、松山区、敖汉，在翁牛特旗大兴乡以东与奈曼旗交界处，与西拉木伦河合流为西辽河南源。全长约426km，在内蒙古境内为368km，流域面积33076km^2；老哈河水系共有大小河流165条，其中内蒙古境内有94条，主要支流有八里罕河、坤都冷河、英金河、羊肠子河等10条。

科尔沁沙地是北京路地区半干旱——干旱沙地景观。科尔沁沙地位于西辽河平原，是水分和植被较好的沙区，固定和半固定沙丘占据沙地面积的90%。沙丘上生长各种禾草、灌木和乔木，植物覆盖率达20%~40%。沙丘与草甸子相间平行分布，草甸子地势平坦，植被有羊草、芨芨草、披碱草、苔草、马蔺草等，属于草甸及沼泽类型。农田零散分布于甸子地中，与沙丘相间交错。[2] 为避开干旱、风沙侵扰等不利自然条件限制，金初北京路地区北部在行政设置上，省去辽原有的十二行政州、十六头下州、三十一县的规模，只保

---

[1] 朱永刚、塔拉：《西拉木伦河上游考古调查与试掘》，《内蒙古文物考古》2002年第2期，第1—11页。
[2] 任美锷主编：《中国自然地理纲要》，商务印书馆1992年版，第314页。

留临潢府、庆州、兴州、泰州四个州府及所辖九县。[1]

自金代以后，北京路地区地貌变化的总趋势是沙地沙漠扩张、水土流失、河流湖泊萎缩等环境问题突出，农业生产条件严酷，生态环境敏感而脆弱。造成这种趋势的原因除了风力和降水等主要自然因素外，人类的作用也加速了这一自然演化进程。

北京路地区土壤资源丰富多样，主要有黑钙土、栗钙土、棕钙土。此外还有草甸土、沼泽土、碱土、盐土及沙土，这样的土壤组合有利于农林牧业的全面发展。

黑钙土主要分布于北京路地区所辖内蒙古东部草原地带。土壤肥沃，水分条件好，干燥度在1度左右，适合禾草、杂草的生长，是优良的天然牧场。黑钙土是由腐殖质层、腐殖质舌状淋溶层、钙积层和母质层组成，有机质含量3.5%～7%，氮素含量比较丰富，含有磷钾等有机质，肥力虽不及黑土，但也是一种潜在肥力较高的土壤。黑钙土的地区性差异明显，腐殖质层的厚度和有机质含量由西向东、自南向北逐渐增多、变厚。在钙积层内石灰的含量会增加，盐渍化特征渐趋明显。

栗钙土广泛分布于北京路地区所辖大兴安岭东南部山间盆地区。栗钙土地区水分不足，干燥度在1～2度之间，生长着以禾草为主的植被属草原类型，草质优良，由旱生多年生的草类组成，草原灌木与半灌木也占有相当比重，适合于发展畜牧业，也可旱作。栗钙土由栗色腐殖质层、灰白色钙积层与母质层组成，具有季节性淋溶特点。栗钙土剖面及中部易溶性盐类淋湿后，剖面中部积淀了大量石灰形成钙积层。由于易溶性盐类基本流失，钙积层深厚，石灰含量高，表层有机质含量多在1.9%～3.8%，肥力中等。大兴安岭东南部山间盆地区的栗钙土中有碱化现象。

棕钙土也分布于北京路地区内温带草原向荒漠过渡地带。这种地带性土壤介于栗钙土与漠土之间，干燥度在2～4度之间，主要生长超旱生灌木和小禾草，无灌溉即无农业，牧草质量高，但产量低，适合于游牧业。棕钙土剖面由浅棕色腐殖质层、灰白色钙积层与母质层构成，其水分状况具有季节性弱淋溶

---

[1]《金史》卷24《地理志上》，第561—563页。

特点，钙基层位较高。棕钙土土层较薄，剖面含有数量不等的粗沙和砾石；腐殖质层薄，结构性差，有机质含量在1.0%—2.0%之间。棕钙土地表沙砾化，其植物灌丛下多积沙成包，在未曾沙砾化地段的土壤表面，存在发育微弱的多角形裂缝及薄的假结皮，上着生黑色地衣，有别于栗钙土。

黑钙土、栗钙土、棕钙土是北京路地区代表性的土壤，均呈地带性分布，形成典型的温带草原土壤特征。富钙性的土壤虽然对植物生长没有明显的影响，但对动物的机能却有决定性的意义。蒙古草原上的马以含钙丰富的野草为生，体格健壮，中原的饲料中含钙量不足，即使是品种优良的骏马一到中原，尽管精心喂养也难以发挥其性能，十有八九会变成驽马。

北京路地区地处中温草原带。这种地带分异受海陆位置与湿气团走向的影响，自东向西气候的大陆性逐渐增强，在自然景观上以森林草原为主。森林草原处于森林向草原的过渡地带，是草原区的外围，气候半湿润，年降水量350～550mm，植被种类丰富，以草甸草原与林缘草甸为主，丘陵地带阴坡多有岛状森林分布，适合农、林、牧业的发展，开发潜力巨大。中温草原带广泛分布着贝加尔针茅草原、大针茅草原、克氏针茅草原、戈壁针毛草。该地带冬季漫长严寒，夏季短促温暖，植物生长季短，喜暖的杂粮作物难于成熟，适合发展畜牧业。

中温带草原植被以多年生草本植物为主，丛生禾草作用最大，其次是根茎禾草和杂类草。此外，半灌木、灌木、一年生植物、地衣及藻类也起到重要作用。

草本植物中以禾本科为主，约300种，其中30余种是建群植物，在草原群落建成中起着决定性作用。这些植被构成了草原生态系统的基础，他们通过光合作用为系统内其他成分提供能量，保证并维持整个系统的正常运转。根茎禾草中的羊草可形成大面积草原群落，是森林草原至典型草原过渡带的重要建群种。羊草营养价值极高，叶层分布位置较高，既适于放牧又适宜于割草，是天然的割草场。锦鸡儿是北京路地区草原地带分布最广的豆科灌木，散布于草本植物背景上形成灌丛化草原，其极具耐寒性，并具有饲用价值。蔷薇科、毛茛科、莎草科、百合科、藜科、十字花科，种数约在100种以上。虽然部分杂草不具有饲用价值，但对于保持草原植被稳定及防止水土流失有重要作用。

中温草原带植物区系的发展促进了动物区系的演化，形成了独特的森林草原动物群。善于奔跑的蹄类、地下穴居的啮齿动物、鸟类、昆虫和肉食动物共同构成了森林草原动物群。

蹄类动物主要有野骆驼、野马、野驴、黄羊等。它们善于奔跑，有利于寻找食物、水源及躲避敌害，有的动物奔跑速度甚至高达每小时70km。

啮齿类动物是森林草原上的优势种群之一。它们利用洞穴防御和躲避天敌、保护幼崽、储备食物、防避不良气候。典型的啮齿类动物主要有达呼尔鼠兔、草原黄鼠、布氏田鼠及草原鼢鼠。啮齿类动物的习性是喜群聚穴居生活，终年白日活动，依靠贮草过冬。他们所居洞系复杂，有洞口、洞道、巢室、仓库、厕所等部分。尤其是草原鼢鼠以植物嫩芽、根、地下茎为食，对草原破坏严重。肉食动物则有狼、沙狐、艾鼬、兔狲、伶鼬、草原鹰等。数量众多的昆虫在草原生态系统中亦占有重要地位，蝗虫的爆发有时可以改变森林草原的面貌。

北京路地区部族游牧区有辽阔的草原和天然牧场，是金代官营畜牧业的重要基地，畜牧业经济在游牧区经济中占有重要地位和比重。金初承袭辽制，设有群牧所，海陵天德间设置五群牧，世宗时期增置七处，其中合鲁椀、耶鲁椀两群牧在临潢、泰州以及大定府武平县境内。[1]游牧区内有女真皇帝专用的围猎场所。

金代北京路地区地理位置偏北，多旱少雨，寒暑变化异常剧烈。有学者指出11世纪80年代，燕北地区气温就已经变得比较寒冷了，由暖向冷的转变时间比黄淮海地区要早约30年。[2]竺可桢也指出，12世纪初期，中国气候加剧转冷，并且这种寒冷的气候也流行于华南和中国西南部。[3]《中国自然地理·历史自然地理》一书指出，自10世纪下半叶，中国气候加剧转冷，至13世纪初开始转暖，持续一个世纪后，我国气候又转入寒冷时期。[4]冬季在蒙古高压气团的控制下，北京路地区干燥、寒冷而漫长，夏季受海洋季风气候影响，温暖

---

[1] 《金史》卷44《兵志》，第1004页。
[2] 邓辉：《论燕北地区辽代的气候特点》，《第四纪研究》1998年第2期，第46—52页。
[3] 竺可桢：《中国近五千年来气候变迁的初步研究》，《考古学报》1972年版第1辑，第23页。
[4] 谭其骧主编：《中国自然地理·历史自然地理》，科学出版社1982年版，第10—11页。

多雨，春季姗姗来迟，秋季一闪而过。春、夏、秋季平均不到两个月，春季常有风沙和风，马牛羊等牲畜需要特别精心的照料，才能安全度过春乏期。夏季七八月的降雨量约占全年降雨量的60%，这对牧草和农作物的生长极其有利。冬季西伯利亚寒流席卷这一地区，异常严寒干燥，一年中大约有一半的时间是冬天。大兴安岭地区几乎没有夏天。1月份平均气温自南向北由-10℃至-32℃，极端最低气温可达-50℃左右。尤其是北京路地区所辖临潢府以北地区，寒潮侵袭频繁，即使不发生白灾，这一地区的冬季也是漫长难熬的。

金代北京路地区大部分区域属于半干旱地区，降雨量少，蒸发旺盛，蒸发量大于降雨量的3~5倍。年平均降水量一般在150~450mm，自东南向西北逐渐减少。雨量分布不均，变率极大，常常会带来意想不到的灾害。夏季降水量约占全年降水总量的60%~70%；冬春两季雨雪稀少，只占全年降水总量的10%左右，春季尤为干旱。蝗灾和瘟疫也是与气候有关的两种天灾，此外还有风灾、霜灾、冰雹、雷击、野火等自然灾害。气候因素对北京路地区的发展和社会、经济、文化的形成产生了巨大的影响。

第二节　金代以前北京路地区政区设置

金代北京路地区，在战国时期即已设置郡县，自两汉、三国魏至晋相继沿袭、重新调整规划，魏晋时期这一地区出现了州一级地方行政建置。十六国时期，前燕、后燕、北燕、后赵、前秦等均在此设立过郡县。隋唐时期于该地设立边地州县，州设都督府，其下统辖州县和内置的羁縻州。辽朝在此建皇都，设立上京、中京。

一、辽之前历代区划沿革

1. 战国至隋以前

战国中期燕昭王时期，于这一地区设置右北平、辽西（郡）以拒胡。辽西郡治所在今辽宁省义县西南、小凌河之北，[1]右北平郡治所在今内蒙古自治区宁城县西南120里黑城村古城。[2]右北平郡只有部分地区在金代北京路地区辖境之内。秦代辽西郡治不变，右北平郡郡治迁至无终（今天津蓟县）。

汉代承袭燕秦在金代北京路地区的郡县设置。西汉辽西郡下辖十四县：且虑、海阳、新安平、柳城、令支、肥如、宾徒、交黎、阳乐、狐苏、徒河、文成、临渝、絫，郡治且虑（今辽宁省朝阳市附近），辖境大体包括今辽河西至河北省东部地方。[3]

东汉时，辽西郡、右北平郡部分地区、辽东属国部分地区在金代北京路地区境内。辽西郡辖令支、肥如、阳乐、临渝、海阳五县，郡治阳乐（今辽宁省义县西南、小凌河之北），辖境相当于今渤海湾西北岸河北省东部及辽宁省西部地区。[4]辽东属国辖宾徒、交黎、徒河三县，郡治昌辽（今辽宁省朝阳市东南），辖境大体在今辽宁省锦州、海城、朝阳一带。右北平郡辖俊靡（今河北省遵化县）、徐无（今河北省遵化东）二县。

魏晋时期，于金代北京路地区设置辽西郡和昌黎郡。辽西郡下辖阳乐、海阳、令支、肥如、临渝五县，郡治阳乐县（今辽宁省义县西南、小凌河北）。昌黎郡即辽东属国，下辖昌黎、宾徒二县，郡治昌黎（今辽宁省朝阳市西大凌河东）。

前燕设置平州（治襄平）领10郡，其中辽西、昌黎、乐浪、成周、营丘、冀阳、带方、唐国八郡在金代北京路地区。昌黎郡下辖昌黎、宾徒、龙城、徒河、棘五县，郡治昌黎（今辽宁省朝阳市西南大凌河东岸）。带方郡可能在今辽宁省义县万佛堂北和西北地区。乐浪郡在今辽宁省西部大凌河南岸，成周、营丘、冀阳、唐国等郡应在今大凌河下游滨海地区。[5]

前秦合平州于幽州。380年分幽州置平州。平州领有6郡，其中，辽西、昌黎、乐浪、带方治址及领县与前燕同。后燕仍沿袭前燕旧制，昌黎郡除旧有

---

[1] 参见张博泉、苏金源、董玉瑛：《东北历代疆域史》，吉林人民出版社1981年版，第45页。本书中历史地名未注明出处者皆见此书。
[2] 参见张博泉：《东北地方史稿》，吉林大学出版社1985年版，第45页。
[3] 佟冬：《中国东北史》，吉林文史出版社1998年版，第312页。
[4] 程妮娜：《东北史》，吉林大学出版社2001年版，第87页。
[5] 同上书，第89页。

5郡外，新置石城、广都、白狼、建安、宿军五县，均在金代北京路地区，领县规模在前燕基础上有所扩大。

北燕又增设并、青二州。平州治于宿军（今辽宁省北镇县），领6郡，其中昌黎、带方、冀阳三县在金代北京路地区。昌黎郡辖5县：昌黎、宾徒、龙城、徒河、棘城，与前燕同。冀阳、带方领县不详，约在辽西地区。并州领2郡：建德、石城，治于白狼城（今辽宁省建昌县东）。其中，建德郡辖3县：建德、白狼、广都。石城郡辖1县石城，郡治石城（今敖木伦河支流生机河上游之北）。青州领2郡：营丘、成周，治于营丘（今大凌河下游近海处），成周在营丘东部近海地。

北魏攻灭北燕后，承袭了"三燕政权"在这一地区的政区设置，设营州重点统治这一区域。营州领6郡14县，治于和龙（今辽宁省朝阳市）。昌黎郡，与营州同治和龙，领3县：龙城、广兴（今辽宁省义县义州镇）、定荒（今辽宁省喀左县），辖今辽宁省朝阳、喀左一带。建德郡，治于白狼城（今喀左西南大房子附近），领3县：广都（今辽宁省建昌县建昌镇）、石城（今辽宁省建昌县西）、阳武（今辽宁省喀左县城西南），辖今大凌河上游地区。乐浪郡，治于连城（今辽宁省义县西北大凌河东岸），领2县：永乐（今辽宁省北票东南大凌河两岸）、带方（今辽宁省北票东南），辖今辽宁省义县北万佛堂地区。营丘郡，治于武宁城（今辽宁省锦县东大凌河东岸），领2县：富平（今辽宁省锦州东境）、永安（今辽宁省锦州东境），辖今大凌河下游近海及其以东地区。冀阳郡，治于冀阳城（今辽宁省凌源县南大凌河南岸），领2县：平刚（今辽宁省凌源县南）、柳城（今辽宁省凌源县东），辖今辽宁省朝阳以南地区。辽东郡，治于固都城（今辽宁省北镇县），领2县：襄平、新昌，辖今辽宁省义县以东地区。

北魏分裂为东魏和西魏，营州隶属于东魏。北齐代东魏，营州复入北齐。北齐罢昌黎郡，仅存龙城县；罢乐浪郡，仅存永乐、带方二县；实际上营州仅存建德、冀阳二郡，郡治及辖县同北魏。北周代北齐后未在这一地区设置行政机构。

2. 隋唐时期

隋朝重新规划了这一地区的行政设置。据《隋书·地理志》及《太平寰宇记》卷71记载，隋文帝开皇元年（581年），这一地区已有建德郡及其属县龙城。开皇二年（583年），隋王朝在北齐营州基础上设置营州总管府，废建德郡，改龙城县为龙山县。开皇十八年（598年）复改龙山县为柳城县。

隋炀帝时期，于辽西设三郡：燕郡（今辽宁省义县一带）、襄平郡（今辽宁省朝阳市东北青山附近）、辽东郡（今辽宁省北镇东180里处）。[1]炀帝大业初年，废营州总管府，改称柳城郡。大业十一年（615年），改柳城郡为辽西郡，郡治柳城（今辽宁省朝阳）。隋大业八年（612年）为安置内附粟末靺鞨人另设一辽西郡，治于汝罗故城（今辽宁省义县大凌河东王民屯），[2]下辖3县：辽西（与郡同治汝罗故城）、怀远（辽宁省大凌河流域北镇以南）、[3]泸河（今辽宁省锦州一带）。

唐朝时期先后设置都督府及少数民族羁縻府州等专门机构管辖这一地区。

正州正县 唐高祖武德元年（618年），改隋郡制为州制，将隋柳城郡改为营州总管府，营州总管府成为金代北京路地区的最高行政建置，府治柳城（今辽宁省朝阳），领辽、燕二州，柳城一县。武德七年（624年），改为营州都督府，辖营、辽二州。"贞观二年，又督昌州。三年，又督师、崇二州。六年，又督顺州。十年，又督慎州。"[4]共督7州。699年营州都督府移至幽州（今北京城西南）境内，领有渔阳（今天津蓟县）、玉田（今河北省东北部地区）二县。直至开元五年（717年）契丹、奚人款塞归附，方徙回辽西柳城。史载，唐玄宗"乃诏庆礼及太子詹事姜师度、左骁卫将军邵宏等充使，更于柳城筑营州城，兴役三旬而毕"。[5]开元八年，契丹再次发生内乱，联盟军事首长可突于击败安东都护薛泰与饶乐都督李大辅联军，营州都督府又一次迁往渔阳。至开元十一年（723年），迁回柳城。天宝元年（724年）改名柳城郡，取消都督称号。

羁縻府州设置 唐代的羁縻州，存在着部落羁縻州和入内侨置羁縻州两

---

[1] 李治亭：《东北通史》，中州古籍出版社2003年版，第158—159页。
[2] 孙进己等：《东北历史地理》2卷，黑龙江人民出版社1989年版，第210—211页。
[3] 王绵厚：《唐"营州至安东"陆路交通地理考实》，《辽海文物学刊》1986年版创刊号，第76—81页。
[4] 《旧唐书》卷39《地理志二》，第1521页。
[5] 《旧唐书》卷185下《宋庆礼传》，第4814页。

种形式。所谓部落羁縻州，即以各少数民族本土部落组成的羁縻州。所谓入内侨置羁縻州，又称为"入内侨蕃羁縻州"，是由投降唐朝的部落人口组成。内侨置羁縻州隶属于营州都督府，侨置部落保持固有的组织形式和生活习惯，但范围仅局限于一州、一县之内，相互之间并不发生直接或整体的联系。[1]

营州府级建置除仅设一个正州——营州外，还在营州境内设置羁縻州安置移徙到此的少数民族部落。[2]营州管辖13个羁縻府州，安置归附的契丹、奚、靺鞨、突厥等部落。

以契丹部落设置的羁縻州有辽州、昌州、师州、带州、玄州、沃州、信州。

辽州，又称威州、归诚州。[3]唐武德四年（621年）以契丹内稽部落设置，酋长孙敖曹为辽州总管。最初治营州附近燕支城，[4]后侨置于营州城内。贞观元年（627年）更名威州。[5]武则天垂拱初年（685年以后）复更名归诚州[6]，孙万荣时任归诚州刺史。

昌州，贞观二年（628年）以契丹松漠部落"侨治营州之静蕃戍"，约在营州东北今辽宁省朝阳北奈曼旗境内。[7]武则天万岁通天二年（697年）迁于

---

[1] 任爱君：《唐代契丹羁縻制度与"幽州契丹"的形成》，《中国边疆史地研究》2008年第1期，第9页。

[2] 宋卿：《唐代营州研究》，博士学位论文，吉林大学，2008年，第32页。

[3] 孙进己、冯永谦认为辽州、威州、归诚州三州实际上是一个州在不同时期的三个名称（孙进己、冯永谦等主编：《东北历史地理》第2卷，黑龙江人民出版社1989年版，第281页）；舒焚认为归诚州大概是从威州中析出（舒焚：《辽史稿》，湖北人民出版社1984年版，第35页）。

[4] 学界对于燕支城的位置说法不一：张博泉先生认为在今辽宁新民市东北辽滨塔附近（参见张博泉：《东北地方史稿》，吉林大学出版社1985年版，第195页）；王绵厚认为在今辽宁义县南大凌河西岸七里河一带（王绵厚：《隋唐辽宁建置地理述考》，《东北地方史研究》1986年第1期，第85页）；刘统认为燕支城当在今辽宁省朝阳市东（刘统：《唐代羁縻府州研究》，西北大学出版社1998年版，第163页）。

[5] 《新唐书》卷43下《地理志七下》在记叙营州都督府所督诸羁縻州之后，言："右初隶营州都督，及李尽忠陷营州，徙瑞州于宋州之境。神龙初北还，亦隶幽州都督府。"（第1126页）辽州在契丹陷营州前应该已更名为威州。郭声波在《唐贞观十三年政区考辨》一文中认为，辽州在神龙元年更名为威州，显然有误。参见郭声波：《中国历史地理论丛》1988年第2辑，第184页。

[6] 据《资治通鉴》卷204《唐纪二十》胡三省注："贞观二十二年，以契丹别部置归诚州"。

[7] 张博泉《东北地方史稿》，吉林大学出版社1985年版，第195页。

青州；神龙初年隶属于幽州，[1]"迁于安次县古常道城"，今河北省廊坊市以西地区。[2]昌州领龙山一县，州治龙山。

师州，贞观三年（629年）以契丹、室韦部落"侨治营州之废阳师镇"，[3]关于阳师镇的地理位置学界虽多有争议，[4]综合诸观点认为，大体在营州东北地区。万岁通天元年"迁于青州安置"；神龙初年还隶幽州，"寄治于良乡县之故东闾城"，良乡即今北京市房山区良乡地区，而东闾城确址则无考。[5]师州领阳师一县，州治阳师。

带州，贞观十九年（645年）以契丹乙失革部落设置。[6]初治于营州界，即今辽宁省朝阳以南葫芦岛市西北孤竹营子村。[7]万岁通天元年迁至青州；神龙初年，还隶幽州"寄治于昌平县之清水店"，即今北京市昌平区境内。带州领孤竹一县，州治孤竹。

玄州，贞观二十年（646年）以契丹辱纥主曲据部落设置。[8]最初治于今内蒙古宁城县东南，[9]万岁通天元年徙至徐州、宋州；神龙初年还隶幽州"侨治范阳之鲁泊村"，即今河北范阳地区，玄州领静蕃一县，州治静蕃。

---

[1] 《旧唐书》卷39《地理志二》，第1525页。

[2] 刘统：《唐代羁縻府州研究》，西北大学出版社1998年版，第163页。

[3] 《旧唐书》卷39《地理志二》，第1523页。

[4] 王绵厚认为阳师镇在牤牛河下游今辽宁朝阳西南境大凌河北（王绵厚：《隋唐辽宁建置地理述考》，《东北地方史研究》1986年第1期，第85页）；孙进己、冯永谦认为其地在今辽宁朝阳东北（孙进己、冯永谦等主编：《东北历史地理》第2卷，黑龙江人民出版社1989年版，第283页）；于俊玉、韩国祥依据考古遗迹的具体位置判断，认为阳师镇在今辽宁北票市哈尔脑乡辖区顾洞河中游岸边的庄头营子及附近地区。（于俊玉、韩国祥：《北票下杖子唐墓及附近遗址调查》，《辽海文物学刊》1993年第2期，第35页。）

[5] 刘统：《唐代羁縻府州研究》，西北大学出版社1998年版，第163页。

[6] 《旧唐书·地理志》记为"贞观十九年"，《新唐书·地理志》记为"贞观十年"。《旧唐书·地理志》"营州"条载有贞观十年，营州都督府又督慎州，并未提及带州，因此，带州的设置时间应从《旧唐书》所载为贞观十九年（645年）。《旧唐书》卷39《地理志二》，第1524页。

[7] 王绵厚：《隋唐辽宁建置地理述考》，《东北地方史研究》1986年第1期，第86页。

[8] 关于玄州的设置时间，《新唐书》卷43下《地理志七下》记为"贞观二十年以纥主曲据部落置"；而《资治通鉴》卷199《唐纪十五》所载玄州置于贞观二十二年。宋卿认为，《资治通鉴》的记载是错误的，"贞观二十二年"之"二"应是一衍字。参见宋卿：《唐代营州研究》，博士学位论文，吉林大学，2008年，第42页。

[9] （清）顾祖禹：《读史方舆纪要》卷18《直隶九·大宁卫》元州城条。

沃州，载初年中（689年）析昌州以安置契丹松漠部落而设。最初侨治营州之静蕃戍，即今辽宁朝阳北奈曼旗境内。万岁通天二年营州陷落于契丹，沃州具体废于何时，史籍无载。神龙初年还隶幽州侨治"蓟县东南回城"[1]，即今河北蓟县东南。沃州领滨海一县，州治滨海。

信州，武则天万岁通天元年以契丹失活部落置。最初置于今内蒙古宁城县西北，万岁通天二年（706年）徙于青州。[2]玄宗天宝年间"寄治范阳县"，即今河北省涿州市。[3]信州领黄龙一县，州治黄龙。

以奚人部落设置的羁縻州有鲜州、崇州、归城州、归义州。

鲜州，唐高祖武德五年（622年）分饶乐都督府奚部落置。最初置于今内蒙古宁城县东，[4]万岁通天元年迁至青州，[5]神龙初年还隶幽州。鲜州领宾从一县，州治宾从。

崇州，武德五年（622年）析奚人饶乐都督府而置。[6]贞观三年更名北黎州，神龙初年还隶幽州，"徙治于潞县之古潞城"，即今北京通县东。[7]崇州领昌黎一县，州治昌黎。[8]

归化州，据《新唐书》卷43下《地理志七下》所载，以奚人部落置。最初治于今辽宁北宁东南大亮甲古城，[9]领怀远县。武则天万岁通天元年（696年）契丹反唐，辽西陷落，营州境内各民族羁縻州随之迁徙至内地，自此顺化州史籍无载。

---

[1] 《旧唐书》卷39《地理志二》，第1524页。

[2] 《旧唐书》卷39《地理志二》，第1526页。

[3] 刘统：《唐代羁縻府州研究》，西北大学出版社1998年版，第164页。

[4] （清）《读史方舆纪要》卷18《直隶九·大宁卫》鲜州城条。

[5] 据《旧唐书》卷39《地理志二》所载万岁通天元年鲜州徙于青州，契丹叛唐发生于万岁通天元年五月，因而鲜州徙至青州的时间应发生于万岁通天元年五月后。第1523—1524页。

[6] 《旧唐书·地理志》记载为"分饶乐郡都督府置"，《新唐书·地理志》记载为"析饶乐都督府"置，然据《旧唐书》卷38《地理志一》："高祖受命之初，改郡为州，太守并称刺史。"宋卿认为，唐初无郡级建制，《旧唐书·地理志》中"分饶乐郡"之"郡"字为衍字。参见宋卿：《唐代营州研究》，博士学位论文，吉林大学，2008年，第39页。

[7] 刘统：《唐代羁縻府州研究》，西北大学出版社1998年版，第160页。

[8] 《旧唐书》卷39《地理志二》，第1523页。

[9] 王绵厚：《隋唐辽宁建置地理述考》，《东北地方史研究》1986年第1期，第86页。

归义州，唐高宗总章中（699年）以新罗户置。[1]最初治于今辽宁建昌县北博罗科旧城。[2]唐玄宗开元二十年（732年），复以奚李诗部落五千帐投附唐朝复置归义州。归义州领归义一县，州治归义。[3]

以靺鞨部落设置的羁縻州有燕州、慎州、黎州、夷宾州。

燕州，唐高祖武德元年（621年），以粟末靺鞨地突地稽部落置。[4]"以突地稽为太守，理营州东二百里汝罗城，后遭边寇侵掠，又寄理于营州城内。"[5]州治汝罗故城东，即今辽宁义县王民屯。[6]燕州领县3：辽西、泸河、怀远，州治辽西。[7]武德六年（623年）"徙其部落于幽州之昌平城"[8]，改隶幽州。

慎州，唐高祖武德初年（618年后），以粟末靺鞨乌素固部落置。[9]最初置于今辽宁凌源西十八里保。[10]武则天万岁通天二年（697年）营州陷落后南

---

[1] 《新唐书》卷43下《地理志七下》，第1126页。

[2] （清）李慎儒：《辽史地理志考》卷3《中京道》："唐时归义州未侨治良乡之前，本在博罗科，则未可料，而唐志无明文也。"考订其地在今辽宁建昌县北博罗科旧城。

[3] 据《旧唐书》卷39《地理志二》载，"旧领县一，……归义"。岑仲勉先生考证，归义州当为归义州在贞观十三年所领，这与《新唐书·地理志》与《新唐书·高丽传》所言归义州于总章二年（669年）置相矛盾（岑仲勉：《〈旧唐书·地理志〉"旧领县"之表解》，载氏著《岑仲勉史学论文集》，第564页）。翁俊雄考证，归义州条"旧领"之"旧"字为衍文（翁俊雄：《唐初政区与人口》，北京师范学院出版社1990年版，第55页）。

[4] 《旧唐书》卷39《地理志二》，第1521页。

[5] 贾耽：《郡国县道记》，载（清）王谟辑《汉唐地理书钞》。

[6] 孙进己、冯永谦等主编：《东北历史地理》第2卷，黑龙江人民出版社1989年版，第202页。

[7] 张博泉、苏金源、董玉瑛认为，辽西在义县附近；泸河在今牤牛河与大凌河合流处；怀远在今北宁附近（张博泉、苏金源、董玉瑛：《东北历代疆域史》，吉林人民出版社1981年版，第108页）；王绵厚、李健才认为辽西在大凌河下游义县之南；泸河在小凌河下游今锦州一带；怀远在两者稍东的大凌河以东，即今北宁市南石山镇一带（王绵厚、李健才：《东北古代交通》，沈阳出版社1990年版，第146页）。

[8] 《旧唐书》卷199下《靺鞨传》，第5359页。

[9] 《旧唐书》卷39《地理志二》，第1522页；（清）罗士琳等《旧唐书校勘记》卷21《地理志》所载"涑沫靺鞨即粟末靺鞨"。

[10] 王绵厚：《隋与唐初粟末靺鞨的南迁及其驻地考》，载氏著《东北古族古国古文化研究》中卷，黑龙江教育出版社2000年版，第248页；刘统：《唐代羁縻府州研究》，西北大学出版社1998年版，第158页；张博泉、苏金源、董玉瑛认为慎州在今农安县东。（张博泉、苏金源、董玉瑛：《东北历代疆域史》，吉林人民出版社1981年版，第110页。）

迁至淄、青二州（今山东临淄、青州）。神龙初年，由青州迁回幽州"寄治良乡之故都乡城"[1]，相当于今北京市房山区良乡地区与河北省涿州之间。[2]慎州领逢龙一县，州治逢龙。

黎州，武则天载初元年由慎州析置，以安处浮渝靺鞨乌素固部落。[3]万岁通天元年（696年）迁于"宋州之境"，神龙初年还隶幽州。黎州领县新黎一县，州治新黎。

夷宾州，唐高宗乾封年间（666—668年）以靺鞨愁思岭部落置。[4]万岁通天二年（697年）迁于徐州（今江苏徐州地区）。神龙初年迁回幽州"寄于良乡县之古广阳城"，相当于今北京市房山区良乡地区东北一带。[5]夷宾州领来苏一县，州治来苏。

以突厥部落设置的羁縻州有顺州和瑞州。

顺州，唐太宗贞观四年（630年）以突厥突利部落置。[6]最初治于今内蒙古达赉诺尔一带。[7]贞观六年改治营州南五柳戍城，后析分突厥思农部置燕然县，思结部为怀化县。万岁通天二年（697年）侨治于幽州城中，[8]相当于今北京顺义区。顺州领宾义一县。

瑞州，唐贞观十年（636年）以突厥乌突汗达干部落置威州。[9]最初治于今辽宁省绥中县境，[10]咸亨年间（670—674年）更名为瑞州。万岁通天二年，迁至宋州，神龙初年，北迁幽州"移治于良乡县之故广阳城"，相当于今北京市房山区良乡地区东北。[11]瑞州领县来远一县。

武则天万岁通天元年（696年）契丹反唐，辽西地区陷入混乱，营州境内

---

[1] 《新唐书》卷43下《地理志七下》，第1127页。

[2] 刘统：《唐代羁縻府州研究》，西北大学出版社1998年版，第15—159页。

[3] 《新唐书》卷43下《地理志七下》，第1127页。

[4] 《旧唐书》卷39《地理志二》，第1523页。

[5] 刘统：《唐代羁縻府州研究》，西北大学出版社1998年版，第159页。

[6] 《通典》卷一九七《边防十三·突厥上》。

[7] 艾冲：《唐前期东突厥羁縻都督府的置废与因革》，《中国历史地理论丛》2003年第2辑，第139页。

[8] 《新唐书》卷43下《地理志七下》，第1125页。

[9] 《旧唐书》卷39《地理志二》，第1525页；《新唐书》卷43下《地理志七下》，第1125页。

[10] 张博泉、苏金源、董玉瑛：《东北历代疆域史》，吉林人民出版社1981年版，第108页。

[11] 刘统：《唐代羁縻府州研究》，西北大学出版社1998年版，第160页。

各民族羁縻州被徙至内地。至唐中宗神龙初年（705年）平定辽西契丹叛乱，才将内徙的羁縻州迁回今河北省地区，改隶幽州。

表1-1　唐代于这一地区设置的羁縻府州[1]

府州县名	始置时间	民族	今地	备注
辽州	武德四年	契丹	辽宁省新民市东北辽滨塔附近	又称威州、归诚州
昌州	贞观二年	契丹	辽宁省朝阳北奈曼旗境内	
师州	贞观三年	契丹	辽宁省朝阳东北地区	贞观三年"侨治营州之废阳师镇"
带州	贞观十九年	契丹	辽宁省朝阳以南葫芦岛市西北孤竹营子村	
玄州	贞观二十年	契丹	内蒙古宁城县东南	
沃州	载初年	契丹	辽宁省朝阳北奈曼旗境内	
信州	万岁通天元年	契丹	内蒙古宁城县西北	
鲜州	武德五年	奚	内蒙古宁城县东	
崇州	武德五年	奚	辽宁省朝阳东北	贞观三年更名北黎州
归城州	不详	奚	辽宁省北宁东南大亮甲古城	
归义州	高宗总章中	奚	辽宁省建昌县北博罗科旧城	
燕州	武德元年	靺鞨	辽宁省义县王民屯	武德六年"徙其部落于幽州之昌平城"，改隶幽州
慎州	武德初年	靺鞨	辽宁省凌源西十八里保	
黎州	载初元年	靺鞨	辽宁省凌源西	
夷宾州	乾封年间	靺鞨	辽宁省辽西地区	
顺州	贞观四年	突厥	内蒙古达赉诺尔一带	后析分突厥思农部置燕然县，思结部为怀化县
瑞州	贞观十年	突厥	辽宁省绥中县北	咸亨年间更名为瑞州

[1] 统计表中羁縻府州均参考《旧唐书》卷39《地理志二》、《新唐书》卷43下《地理志七下》、《资治通鉴》卷204《唐纪二十》，今地名参照张博泉：《东北地方史稿》，吉林大学出版社1985年版。

北京路地区于隋朝及唐初已经在此设置羁縻府州，至唐太宗时期进一步设置羁縻都督府。除上述羁縻州外，唐朝在此地区还设置有松漠都督府、饶乐都督府、居延都督府三个羁縻府。

松漠都督府，唐太宗贞观二十二年（648年）于契丹地设置。[1]治于内蒙古翁牛特旗境内。[2]松漠都督府领部落羁縻州10：峭落州，以达稽部置；万丹州，以坠斤部置；日连州，以突便部置；弹汗州，以纥便部置；匹黎州，以伏部置；赤山州，以伏部分置；无逢州，以独活部置；徒河州，以芮奚部置；羽陵州，以芬问部置；此外又以松漠都督大贺氏为一州。[3]各州下设羁縻县，[4]但具体位置史书无载。天宝十四年（755年）安史之乱爆发后，松漠都督府随之撤消。[5]王成国认为，唐于契丹民族地区设置羁縻府州，虽在行政建置、职权机制方面与中原地区府州有所差异，但作为唐中央政府授予设置的契丹羁縻府州，说明契丹民族政权已正式纳入了唐王朝的地方行政建置系统是勿庸置疑的。[6]

饶乐都督府，唐高祖武德五年（622年）于奚地置。治于今西拉木伦河北岸，内蒙古林西县西南60里小城子乡城址。[7]饶乐都督府领部落羁縻州6：弱水州，以阿会部置，即在今西拉木伦河附近；祁黎州，以处和部置，即在今老哈河下游与松岭山脉北麓之间；洛瑰州，以奥失部置，即在今英金河，在赤峰境内饶乐水南源地区；太鲁州，以度稽部置，即在今洮儿河地区；渴野州，以元俟折部置，其地不详；此外还以饶乐都督府所在地为一州。[8]各州下辖羁縻县。武则天万岁通天元年（696年），饶乐都督府废止。8世纪初，突厥衰落，复以其地置饶乐都督府。开元二十二年（734年），饶乐都督府更名为奉诚都

---

[1] 《旧唐书》卷199下《契丹传》，第5350页。

[2] 张博泉：《东北地方史稿》，吉林大学出版社1985年版，第110、147页。

[3] 程妮娜：《东北史》，吉林大学出版社2001年版，第128页。

[4] 《册府元龟》卷971《外臣部·朝贡第四》：开元十四年七月条载，"契丹部落刺史出利，县令苏固多等来朝"。（第11408页）《册府元龟》卷979《外臣部·和亲第二》：开元十二年三月，"遣使赍绢锦八万段，分赐奚及契丹。……一万段与燕郡公主，松漠王、衙官、刺史、县令"。（第11500—11501页）

[5] 刘统：《唐代羁縻府州研究》，西北大学出版社1998年版，第108页。

[6] 王成国：《论唐代契丹》，《社会科学战线》2004年第2期，第163—167页。

[7] 张博泉：《东北地方史稿》，吉林大学出版社1985年版，第195页。

[8] 程妮娜：《东北史》，吉林大学出版社2001年版，第152页。

督府。天宝初年（735年），奉诚都督府恢复原名饶乐都督府。唐玄宗大中元年（847年），唐玄宗大中元年（847年）奚人叛乱被平定后，遭受沉重打击，余部依附契丹，饶乐都督府最终废止。

居延都督府，唐高宗显庆五年（660年）于霫地设置居延都督府。治于今西拉木伦河以北地区。[1]霫人部落分为居延部、无若没部、潢水部三部，按照唐朝设置羁縻府州以部为州的惯例，居延都督府下辖三或四州，州名不载。[2]

二、辽代政区设置及演变

辽代上京道和中京道在金代北京路地区之内。辽代在这一地区设置了三个京府、四十三方州、二十四头下军州、一城。

1. 京府建置

辽时于金代北京路地区设置上京临潢府、中京大定府、兴中府三个京府。

上京临潢府 辽太宗会同元年（938年）十一月，辽太宗下诏以皇都为上京，府曰临潢（治于今内蒙古巴林左旗南1里波罗城）。[3]上京临潢府于部落时代称"西楼"。《辽史·国语解》云："辽有四楼：在上京者曰西楼，木叶山曰南楼，龙化州曰东楼，唐州曰北楼。岁时游猎，常在四楼间。"[4]陈述认为"四楼"确有其地，即后来辽之上京。[5]《金史》卷24《地理志上》记载："临潢府，下，总管府，地名西楼，辽为上京"。[6]

临潢府统县10：临潢、长泰、潞、定霸、保和、宣化、兴仁、易俗、迁辽、渤海。初建皇都，并未有属县。太祖天赞（922—926年）后，以所俘渤

---

[1] 张博泉：《东北地方史稿》，吉林大学出版社1985年版，第196页。
[2] 程妮娜：《东北史》，吉林大学出版社2001年版，第134页。
[3] 《辽史》卷4《太宗纪》，第45页。
[4] 《辽史》卷116《国语解》"西楼条"，第1535页。
[5] 陈述：《契丹社会经济史稿》附录《阿保机营建四楼说证误》，人民出版社1978年版，第199页。
[6] 《金史》卷24《地理志上》，第561页。

海、汉人置临潢、长泰（今内蒙古长泰县）、[1]潞（今内蒙古巴林左旗林东镇波罗城东北）三县。圣宗统和八年（990年），增置定霸（今内蒙古巴林左旗波罗城西）、保和（今内蒙古巴林左旗林东镇波罗城西南）、[2]宣化（今河北省宣化县）三县。开泰二年（1013年）增置兴仁县（今内蒙古巴林左旗林东镇波罗城东）。太平十年（1030年）复增置易俗（今内蒙古巴林左旗林东镇波罗城西北）、迁辽（今内蒙古巴林左旗林东镇波罗城东北）、渤海（今内蒙古巴林左旗林东镇波罗城附近）三县。

中京大定府，圣宗统和二十五年（1007年）置中京大定府（今内蒙古宁城县西34里大明镇城址）。[3]辖县9：大定、长兴、富庶、劝农、文定、升平、神水、归化、金源。圣宗统和二十七年前后置大定、长兴二县。开泰二年，置富庶（今辽宁省建平县东27里北公营子镇公营子古城）、[4]劝农（今内蒙古宁城县西南96里甸子乡黑城村古城址）、[5]文定（今辽宁省建平县西北）、升平（今辽宁省建平县西）、[6]归化（今辽宁省朝阳市西南）、神水（今辽宁省朝阳市南）、[7]金源（今辽宁省建平县东北102里喀喇沁镇）。其中，归化县置于穆宗以前，初隶霸州，开泰二年改隶大定府。

兴中府，原为唐营州所在，太祖神册中（916—922年）置霸州彰武军节度。兴宗重熙十二年（1043年）升兴中府（治于今辽宁省朝阳市）。[8]辖县4：兴中、营丘、象雷、闾山。太祖时置霸城县，重熙十二年改兴中县，倚

---

[1] 杨保隆先生断定《辽史·地理志》长泰县条，说在'京西北'，不确。是金代移该县于辽'西北'，此误乃因《辽史》作者为元代人所致。"参见杨保隆：《辽代渤海人的逃亡和迁徙》，《民族研究》1990年第4期，第97页。

[2] 张修桂等据《辽史·圣宗纪》所载，谓保和县初置于统和八年，后省，开泰二年复置。《地理志》仅初置之年为定，而略于其后沿革。参见张修桂、赖青寿：《〈辽史·地理志〉平议》，《历史地理》第15辑，第330页。

[3] 内蒙古自治区昭乌达盟文物工作站：《辽中京遗址》，《文物》1980年第5期，第89页。

[4] 贾敬颜：《〈晋出帝北迁记〉疏证稿》，《五代宋金元人边疆行记十三种疏证稿》，中华书局2004年版，第10页。

[5] 冯永谦、姜念思：《宁城县黑城古城址调查》，《考古》1982年第2期，第164页。

[6] 余蔚：《中国行政区划通史·辽金卷》，复旦大学出版社2012年版，第262页。

[7] 张博泉认为辽、金神水县同为一地，在今锦州西五十里处。参见张博泉：《东北历代疆域史》，吉林人民出版社1981年版，第203页。

[8] 都兴智、田令坤：《辽秦德昌墓志考》，《辽海文物学刊》1995年第2期，第61页。

郭。营丘县，重熙十二年析霸城县置营丘县，倚郭。开泰二年置象雷（今辽宁省朝阳市西）、闾山（今辽宁省朝阳市西）二县，[1]初隶中京大定府，重熙十二年改隶兴中府。

2. 方州

祖州，本辽右八部世没里地。太祖时始置西楼，辽太宗天显二年（927年），置祖州天城（成）军节度，治今内蒙古巴林左旗西南44里哈达英格乡石房子村古城。[2]辖县2：咸宁、长霸，城1：越王城。

咸宁县，天显二年置长宁县，后改称咸宁，倚郭。《辽志》云："（州城内）东为州廨及诸宫廨舍……东南横街，四隅有楼对峙，下连市肆。东长霸县，西咸宁县。"

长霸县，辽圣宗开泰二年置，倚郭。[3]

越王城，辽建国前为阿保机伯父释鲁头下城，按《辽志》："太祖伯父于越王述鲁西伐党项、吐浑，俘其民放牧于此，因建城"。治于今巴林左旗西南36里哈达英格乡西店村古城。[4]

怀州[5]，辽太宗天显中（926年），置怀州奉陵军节度，治于今内蒙古巴

---

[1] 史为乐主编：《中国历史地名大辞典》，中国社会科学出版社2005年版，第1956页。

[2] 据闵宣化考证，满济克山后城址即祖州城，即今石房子村古城址（[法]闵宣化：《东蒙古辽代旧城探考记》，冯承钧译，中华书局2004年版，第23、26页）；岛田正郎经过实地踏查认定该遗址确是辽祖州城址（[日]岛田正郎：《祖州城》，日本长野：中泽印刷株式会社，1956年1月刊行）；占·达木林斯荣则提出不同意见，辽祖州遗址应在"庆陵东约二百五十里"的查干浩特城。(占·达木林斯荣：《辽祖州遗址考疑》，《昭乌达蒙族师专学报》1999年第6期，第6—9页；《辽祖州考》，《内蒙古社会科学》2000年第9期，第68页。)

[3] 《辽史》卷15《圣宗纪六》，开泰二年夏四月甲子置。第173页。

[4] 冯永谦于祖州城东南16里巴林左旗哈达英格乡西店村北发现一座大型城址，城周长3640米，当即辽越王城（冯永谦：《辽上京道州县丛考》，《辽金史论集》第8辑，吉林文史出版社1994年版，第133页）。

[5] 贾敬颜释曰：《旧五代史》及《契丹国志》所载"怀密州即怀州"。(贾敬颜：《晋出帝北迁记疏证稿》，《五代宋金元人边疆行记十三种疏证稿》，中华书局2004年版，第7页)；都兴智认同此说，以怀密州为怀州（都兴智：《辽金史研究》，人民出版社2004年版，第199页）；冯永谦以为怀密州不应是怀州，而是另有其地。(冯友谦：《辽史地理志考补——上京道、东京道失载之州军》，《社会科学战线》1998年第4期，第195页。)

林右旗西北50里查干木伦河苏岗根村古城。[1]《辽志》云："太宗行帐放牧于此。天赞中，从太祖破扶余城，下龙泉府，俘其人，筑寨居之。会同中，掠燕、蓟所俘亦置此。太宗崩，葬西山，曰怀陵。大同元年，世宗置州以奉焉。"辖县2：扶余、显理。

扶余县，太宗天显中置，倚郭，治所不详。

显理县，太宗天显中置，治所不详。《辽史地理志汇释》引《索引》"祖州西、庆州东"之说，定于巴林左旗境。[2]据冯永谦考古调查认定，显理县旧址位于巴林左旗西北124里白音勿拉乡牛头白其古城。[3]余蔚认定显理县似应在巴林右旗境内。[4]

庆州，穆宗置黑河州建城，圣宗统和八年（990年）废。[5]兴宗景福元年（1031年）建庆州玄宁军节度，以奉圣宗陵寝，[6]后军额一度改为"大安"、"兴平"[7]、"玄宁"[8]。治于今内蒙古巴林右旗北151里索博日嘎苏木白塔子村古城。[9]辖县3：玄德、孝安、富义。

玄德县，景福元年（1031年）与庆州同置，倚郭。

孝安县，兴宗重熙（1032—1055年）以后置。《辽史·兵卫志》并未记载存有该县。关于孝安县具体位置，据闵宣化考订在浩珀都河流域之南大城；[10]冯永谦调查认定庆州所辖孝安县在今林西县五十家子乡大城村古城址；[11]杨福瑞认为是因相邻玄德、富义二县移民增多，析出部分人口置孝安

---

[1] 1943年，田村实造实地勘踏考订，巴林王府北三十里岗岗村（又称小城子）为怀州遗址（[日]田村实造：《辽代的移民政策和州县制的建立》，《日本学者研究中国史论著选译》，中华书局1993年版，第515页）。

[2] 张修桂、赖青寿：《辽史地理志汇释》，安徽教育出版社2001年版，第32页。

[3] 冯永谦：《辽上京道州县丛考》，《辽金史论集》第8辑，吉林文史出版社1994年版，第133—134页。

[4] 余蔚：《中国行政区划通史·辽金卷》，复旦大学出版社2012年版，第150页。

[5] 《辽史》卷37《地理志一》，第444页。

[6] 《辽史》卷18《兴宗纪一》，第212页。

[7] 《辽史》卷24《道宗纪四》大康十年冬十二月，"改庆州大安军曰兴平"。第290页。

[8] 向南、张国庆、李宇峰辑注：《辽代石刻文续编》，辽宁人民出版社2010年版，第312页。

[9] 闵宣化认为在巴林右旗西北一百三十里，喀喇木伦旁的插汉城（察罕城）即白塔子，为辽庆州之所在。参见[法]闵宣化：《东蒙古辽代旧城探考记》，冯承钧译，中华书局2004年版，第45页。

[10] [法]闵宣化：《东蒙古辽代旧城探考记》，冯承钧译，中华书局2004年版，第63、66页。

[11] 冯永谦：《辽上京道州县丛考》，《辽金史论集》第8辑，吉林文史出版社1994年版，第134页。

县。[1]

富义县，太宗时迁渤海义州民于庆州附近重建义州。[2]崇熙元年（1032年）废州建义丰县，后改名富义县，隶属于庆州。治于今巴林左旗西北87里杨家营子镇蒙古营子村辽代城址。[3]

泰州，"本契丹二十部族放牧之地"[4]，辽兴宗时（1031—1055年）内徙通化州民置泰州德昌军节度。治于今黑龙江泰来县西北56里塔子城镇古城。关于泰州的具体位置，在辽金政区研究中，学界讨论颇为激烈。大体主要有两种观点：罗继祖、贾敬颜、孙秀仁、景爱、冯永谦、宋德辉等人认为，塔子城为辽代泰州，城四家子古城为辽代长春州（金长春县）新泰州。[5]王国维、金毓黻、张博泉、李建才、陈相伟、三上次男等学者认为城四家子古城为辽泰州、金新泰州（辽长春州）在吉林前郭县他虎城。[6]余蔚认为黑龙江省泰来县塔子城为辽泰州，吉林白城市城四家子古城为辽代长春州。[7]关于泰州所在，津田

---

[1] 杨福瑞：《辽朝徙民置州考论》，《昭乌达蒙族师专学报（汉文哲学社会科学版）》1990年第3期，第80—81页。

[2] 《辽史》卷37《地理志一》，第444页。

[3] 冯永谦：《辽史地理志考补——上京道、东京道失载军州》，《社会科学战线》1998年第4期，第193页。

[4] 《辽史》卷37《地理志一》，第444页。

[5] 罗继祖：《跋黑龙江泰来县塔子城出土的辽大安残刻》，《考古》1960年第8期，第39页；贾敬颜：《东北古地理古民族丛考》，《文史》第12辑，中华书局1981年版，第129页；孙秀仁：《黑龙江历史考古述论》，《社会科学战线》1979年第1期，第224页；景爱：《辽金泰州考》，《辽金史论集》第1辑，上海古籍出版社1987年版，第175页；冯永谦：《辽上京道州县丛考》，《辽金史论集》第8辑，吉林文史出版社1994年版，第135页；宋德辉：《吉林省白城市城四家子古城应为辽代长春州金代新泰州》，《博物馆研究》2008年第1期，第26页。

[6] 王国维：《金界壕考》，《观堂集林》，中华书局1959年版，第723页；金毓黻：《东北通史》上编，重庆五十年代出版社1941年版，第427页；张博泉：《东北历代疆域史》，吉林人民出版社1981年版，第145页；李建才：《东北史地考略》，吉林文史出版社1986年版，第119页；陈相伟：《吉林省辽金考古综述》，《北方文物》1995年第4期，第42页；[日]三上次男：《金代女真研究》，金启孮译，黑龙江人民出版社1984年版，第112页。

[7] 余蔚：《中国行政区划通史·辽金卷》，复旦大学出版社2012年版，第157页。

左右吉最初考订在今吉林省洮南市东南[1]，后改定在今洮南市西南[2]；池内宏则将其定于今吉林省通榆县东之哈拉乌苏附近[3]，松井等人认为在今吉林省农安县西南[4]。

泰州辖县2：乐康、兴国。

乐康县，辽兴宗时置，倚郭。

兴国县，辽兴宗时置，据冯永谦考订泰来县塔子城以西、内蒙古扎赉特旗西131里宝力根花苏木青山屯城址为辽泰州兴国县。[5]

长春州，辽兴宗重熙八年（1039年）置韶阳军节度。[6]兴宗后期置有长春钱帛司。[7]治于今吉林省白城市东南德顺乡城四家子古城，长春州下辖长春一县。

乌州，"本乌丸之地"，太宗时（926—947年）北院大王拔剌建城。治于今内蒙古突泉县西北107里宝石镇宝城村，下辖爱民一县。关于乌州城址，学界存有争议，谭其骧先生在《中国历史地图集》将该州置于今吉林省双辽市以北；而张博泉则将乌州定于今内蒙古突泉县双城子古城址[8]；冯永谦认为今内蒙古科尔沁左翼中旗烟灯吐乡中满金敖村古城址即乌州所在[9]。

永州，"承天皇太后所建。太祖于此置南楼。"[10]乾亨三年（981年）置永昌军观察，治于今内蒙古翁牛特旗东北新苏莫苏木巴彦诺古城。[11]下辖县3：长宁、义丰、慈仁。

---

[1] ［日］津田左右吉：《达卢古考》，《满鲜历史地理研究》（二），《津田左右吉全集》第12卷，第154页。

[2] ［日］津田左右吉：《金代北边考》，《满鲜历史地理研究》（二），《津田左右吉全集》第12卷，第271页。

[3] ［日］池内宏：《辽代春水考》，《满鲜历史地理研究》中世第一册，东京都，吉川弘文馆1979年，第295页。

[4] ［日］松井等：《满洲与辽代疆域》，《满鲜历史地理》第2卷，第86页。

[5] 冯永谦：《辽上京道州县丛考》，《辽金史论集》第8辑，吉林文史出版社1994年版，第136页。

[6] 《辽史》卷37《地理志一》，第445页。

[7] 关树东：《辽朝州县制度中的"道""路"问题探析》，《中国史研究》2003年第2期，第140页。

[8] 张博泉：《东北历代疆域史》，吉林人民出版社1981年版，第146页。

[9] 冯永谦：《辽上京道州县丛考》，《辽金史论集》第8辑，吉林文史出版社1994年版，第138页。

[10] 《辽史》卷37《地理志一》，第445页。

[11] 姜念思：《辽代永州调查记》，《文物》1982年第7期，第30页。

长宁县，太祖灭渤海后迁其民于此。乾亨三年（981年）建永州，以长宁为倚郭县。

义丰县，太宗初年乔治渤海铁利府义州于此。重熙元年（1032年）废义州建义丰县，治于今内蒙古阿鲁科尔沁旗东南44里白城子乡驻地白城子村古城。[1]

慈仁县，"太宗以皇子只撒古亡，置慈州坟西。"[2]重熙元年（1032年）废义州建慈仁县。确址无考，当在今内蒙古翁牛特旗东部。[3]

仪坤州，"本契丹右大部地。应天皇后建州。"[4]太祖时置仪坤州启圣军节度。治于今内蒙古敖汉旗东北58里玛尼罕乡五十家子村古城址。关于仪坤州所在，谭其骧先生于《中国历史地图集》中认定在今内蒙古克什克腾旗东南境之土城子乡土城子村附近；舒焚于《辽史稿》中指出在"翁牛特旗西北，西拉木伦河以南"[5]；贾敬颜认定仪坤州位置在今北山根五十家子庙一带[6]；冯永谦考订仪坤州在今"内蒙古自治区敖汉旗双庙乡五十家子村古城址"。[7]仪坤州下辖广义一县。

龙化州，"契丹始祖奇首可汗居此，称龙庭。太祖于此建东楼。"[8]唐天复二年（902年），太祖建州于此，太宗时升为兴国军节度。治于今内蒙古库伦旗西南111里扣河子镇酒局子村城址。顾祖禹定龙化州在"临潢东（南）二百里"[9]，《中国历史地图集》将其定于今内蒙古奈曼旗八仙筒镇。冯永谦对此提出质疑并指出八仙筒一带迄未发现过辽代城址，在库伦旗扣河子镇酒局子村西北一公里处发现一座城址，城址由东西二城构成，西城周长1600米，东城较西城更大，故定龙化州于此。[10]龙化州下辖龙化一县，为太祖东伐女直、

---

[1] 冯永谦：《辽上京道州县丛考》，《辽金史论集》第8辑，吉林文史出版社1994年版，第140页。

[2] 《辽史》卷37《地理志一》，第446页。

[3] 余蔚：《中国行政区划通史·辽金卷》，复旦大学出版社2012年版，第159页。

[4] 《辽史》卷37《地理志一》，第446页。

[5] 舒焚：《辽史稿》，湖北人民出版社1984年版，第144页。

[6] 贾敬颜：《胡峤陷辽记疏证》，《史学集刊》1983年第4期，第8页。

[7] 冯永谦：《辽上京道州县丛考》，《辽金史论集》第8辑，吉林文史出版社1994年版，第144页。

[8] 《辽史》卷37《地理志一》，第447页。

[9] （清）顾祖禹：《读史方舆纪要》卷18《北直九》"万全都指挥使司"附考。

[10] 冯永谦：《辽上京道州县丛考》，《辽金史论集》第8辑，吉林文史出版社1994年版，第145—148页。

南掠燕、蓟民建城置邑，倚郭。

降圣州，"本大部落东楼之地。"[1]辽穆宗应历中（951—969年）置降圣州开国军刺史。治于今内蒙古库伦旗西南70里水泉镇昆都岭村西城子屯古城址。[2]下辖永安一县。原为太祖平灭渤海，破怀州之永安，徙其众置寨于此。

饶州，"本唐饶乐府地。贞观中置松漠府。"[3]太祖时建饶州匡义军节度，治于今内蒙古林西县东南77里双井店乡西英桃沟村古城。饶州下辖县3：长乐、临河、安民。

长乐县，太祖伐渤海后徙其民建县，倚郭，治于今巴林侨西北六十里的旧城[4]。

临河县，太祖天显元年（926年）置，治于今内蒙古林西县东南61里的双井店乡上火村古城址。据林西县文物考古部门考订林西县林西镇东南50公里的熬包吐上伙村旁[5]；闵宣化定饶州及临河县为巴林侨西北六十里的旧城废址[6]；冯永谦认为临河县在今内蒙古克什克腾旗东南境土城村古城址[7]。

安民县，《辽志》云："太宗以渤海诸邑所俘杂置。"治于今内蒙古克什克腾旗东138里土城子镇古城址。[8]

丰州（澄州），辽圣宗统和十五年（997年）置丰州，咸雍中改为澄州。治于今内蒙古翁牛特旗境内[9]；岛田正郎认为"丰州的位置，大体为今天热河省乌丹城"[10]。

---

[1]《辽史》卷37《地理志一》，第447页。

[2] 冯永谦：《辽代部分州县今地考》，《北方文物》1994年第4期，第84页。

[3]《辽史》卷37《地理志一》，第448页。

[4] 林西县文化馆：《辽饶州故城调查记》，《考古》1980年第6期，第512—514页；冯永谦、降念思：《辽代饶州调查记》，《东北考古与历史》第1辑，文物出版社1982年版，第217页。

[5] 林西县文物管理所：《辽饶州及长乐临河安民三县调查》，《内蒙古文物考古》，1998年第1期，第37页。

[6] [法]闵宣化：《东蒙古辽代旧城探考记》，冯承钧译，中华书局2004年版，第17页。

[7] 冯永谦：《辽代部分州县今地考》，《北方文物》1994年第4期，第86页。

[8] 林西县文物管理所：《辽饶州及长乐临河安民三县调查》，《内蒙古文物考古》1998年第1期，第37—38页。

[9] 贾敬颜：《薛映〈辽中境界〉疏证稿》，《五代宋金元人边疆行记十三种疏证稿》，中华书局2004年版，第105页。

[10] [日]岛田正郎：《大契丹国——辽代社会史研究》，何天明译，内蒙古人民出版社2007年版，第77页。

镇北州，辽重熙二十四年（1055年）之前置，治于今吉林省松原市以西地区。[1]

莫州，始置时间不详，治于今内蒙古科尔沁左翼后旗东86里吉尔嘎郎镇苏莫台苏古城。冯永谦认为莫州在"科尔沁左翼后旗乌勒顺艾勒乡苏庙辽代城址"[2]。

泉州，据《武经总要》所载："龙化州……东至泉州二十里。"治于今内蒙古库伦旗西南95里水泉镇文家杖子一带。

渭州，辽圣宗开泰中置渭州高阳军节度，为驸马萧昌裔头下州。治于今辽宁彰武县西北90公里四堡子乡韩家杖子村城子地城址。[3]而张博泉先生推算，渭州所在"当在懿州（今阜新县东北108里塔营子古城址）东北五十里处"[4]。

唐州，契丹建国前置，后废。《辽史·国语解》云："辽有四楼：在上京者曰西楼，木叶山曰南楼，龙化州曰东楼。唐州曰北楼。岁时游猎，常在四楼间。"[5]《资治通鉴长编》天圣九年（1031年）六月己卯条也有同样的记载，辽"又有四楼，在上京者曰西楼，木叶山曰南楼，龙化州曰东楼。唐州曰北楼。"[6]陈述认为"四楼"乃后人穿凿附会之说，并不存在。[7]冯永谦对"四楼"说暂且存疑，唐州之地绝非无中生有。[8]唐州应在临潢北三百里今内蒙古巴林左旗北境。[9]

---

[1] 冯永谦认为镇北州当于吉林省前郭、扶余、大安、乾安、镇赉、洮安等县求之。参见冯永谦：《辽史地理志考补——上京道、东京道失载之州军》，《社会科学战线》1998年第4期，第195页。

[2] 冯永谦：《辽史地理志考补——上京道、东京道失载之州军》，《社会科学战线》1998年第4期，第196页。

[3] 孙杰、高庆升：《阜新地区辽城考记》，收入阜新市辽金元契丹女真蒙古族历史考古研究会编《阜新辽金史研究》第2辑，新天出版社1995年版，第59页。

[4] 张博泉：《东北历代疆域史》，吉林人民出版社1981年版，第149页。

[5] 《辽史》卷116《国语解》"西楼条"，第1535页。

[6] 《资治通鉴长编》卷110。

[7] 陈述：《契丹社会经济史稿》附录《阿保机营建四楼说证误》，三联书店1963年版，第199页。

[8] 冯永谦：《辽史地理志考补——上京道、东京道失载之州军》，《社会科学战线》1998年第4期，第194页。

[9] 余蔚：《中国行政区划通史·辽金卷》，复旦大学出版社2012年版，第168页。

通化州，不知始置何时，建有通化州节度。兴宗时废州，内徙民建泰州。治于今内蒙古陈巴尔虎旗东北浩特陶海古城；[1]而张博泉则云"通化州似在海拉尔河浩特陶海古城"[2]。

义州，太宗初年置。重熙元年废州降为义丰县，隶属永州。治于今内蒙古阿鲁科尔沁旗东南44里白城子乡驻地白城子村古城址[3]。

慈州，建于太宗时期，重熙元年废州降为慈仁县，隶属永州。治于今内蒙古翁牛特旗东部。

杏埚州（新州），契丹建国前后建杏埚城，后建新州刺史。圣宗统和八年（990年）废上京道新州，徙至中京道建杏埚新城，治于今内蒙古奈曼旗北130里平安地镇西孟家段古城。

迁（惠州），太祖时置惠州，治于今内蒙古翁牛特旗东北四十里处[4]。圣宗时期迁至中京道。

恩州，太宗建恩州怀德军下刺史，治于今内蒙古喀喇沁旗东64里西桥镇七家村遗址[5]。恩州下辖开泰一县，开泰中（1012—1021年）置，倚郭。

惠州，圣宗迁上京道惠州至中京道境内，为惠和军中刺史。治于今辽宁省建平县北130里二十家子镇周家湾[6]。惠州下辖惠和一县，惠州徙至中京后置，倚郭。

高州，开泰三年置高州观察，治于今内蒙古赤峰市东北87里太平地乡哈拉木头村遗址[7]。高州下辖三韩一县，与州同时置，倚郭。

武安州，圣宗统和八年（990年）建杏埚新城，即上京道新州。后改称武安州，升观察，改隶中京道。治于今内蒙古敖汉旗东55里丰收乡白塔子村古城

---

[1] 孙秀仁：《关于金界壕边堡的研究与相关问题》，《辽金史论集》第10辑，中国社会科学出版社2007年版，第252页。

[2] 张博泉：《东北历代疆域史》，吉林人民出版社1981年版，第145页。

[3] 冯永谦：《辽上京道州县丛考》，《辽金史论集》第8辑，吉林文史出版社1994年版，第140页。

[4] 李慎儒：《辽史地理志考》，《二十五史补编》，第8118页。

[5] 项春松：《辽代历史与考古》，内蒙古人民出版社1996年版，第144页。

[6] 同上书，第143页。

[7] 张博泉：《金史简编》，辽宁人民出版社1984年版，第311页。

址[1]。武安州下辖沃野一县,始置时间不详,倚郭。

利州,圣宗统和十六年(998年)建利州,刺史,二十九年(1001年)升为中观察。[2]治于今辽宁喀喇沁左翼蒙古族自治县大城子镇。[3]利州下辖阜俗一县,始置于统和四年,初隶建州。统和十六年以县建利州,仍以阜俗县为倚郭。[4]

榆州,太宗天显五年(930年)以前置头下榆州,高平军下刺史。开泰中(1012—1021年)没入,隶中京。治于今辽宁凌源市西14里城关镇十八里堡古城址[5]。榆州下辖和众、永和二县。

和众县,开泰中置,倚郭。

永和县,建于乾亨三年(981年)以前,隶建州;开泰中建榆州,隶属榆州,治于今辽宁凌源市西南。[6]

泽州,开泰中置泽州广济军下刺史。[7]治于今河北平泉县西南22里南五十家子乡会州城村。[8]泽州下辖神山、滦河二县。

神山县,开泰州置,倚郭。

滦河县,始置时间不详,治于今河北省迁西县50里滦阳镇。[9]

北安州,圣宗统和二十五年建中京后不久建城,置北安州兴化军上刺

---

[1] 余蔚:《中国行政区划通史·辽金卷》,复旦大学出版社2012年版,第266页。

[2] 《金史》卷24《地理志上》,第558页;《元一统志》卷1《辽阳等路行中书省·大宁路》"建置沿革条"。

[3] 张博泉:《东北历代疆域史》,吉林人民出版社1981年版,第153页;乌凤丽:《辽、金、元时期的利州》,《黑龙江民族丛刊》2004年第2期,第78—79页。

[4] 张修桂认为,《辽志》阜俗县条所谓"更隶中京,后置州,仍属中京"一语,是承上利州下之文而来,是修史之人为了使文意完整而添加的,其实利州条文已误。(参见张修桂:《〈辽史·地理志〉平议》,《历史地理》第15辑,上海人民出版社1999年版,第335页。)

[5] 张博泉:《东北历代疆域史》,吉林人民出版社1981年版,第154页。

[6] 据顾祖禹《读史方舆纪要》卷18《北直九》"万全都指挥使司·永和城"条云:辽之永和县"在渝(榆)州西南。"

[7] 《辽史》卷39《地理志》曰:"太祖俘蔚州民,立寨居之,采炼陷河银冶。隶中京留守司。开泰中置泽州。"第484页。

[8] 项春松:《辽代历史与考古》,内蒙古人民出版社1996年版,第145页。

[9] [清]宋琬纂修,张朝琮续修:康熙《永平府志》卷10《古迹》"滦阳县"条,《四库全书存目丛书》史部第213册。

史。治于今河北省隆化县城北偏隆化镇下洼子村土城子古城。[1]北安州下辖兴化一县，与州同时置，倚郭。

潭州，本中京龙山县，开泰中置州（1012—1021年），建潭州广润军下刺史。治于今辽宁省喀喇沁左翼蒙古族自治县西南60里白塔子镇白塔子村古城址[2]。潭州下辖龙山一县，开泰二年置，初隶大定府，后置潭州，倚郭。

松山州，辽朝前期置，圣宗统和八年（990年）废州，开泰二年（1013年）复置松山州胜安军下刺史，称松州。[3]治于今内蒙古赤峰市西南城子乡城子村古城。[4]松山州下辖松山一县，辽初置，统和八年废县，开泰二年复置，倚郭。

南和州，置于重熙十五年（1046年）之前，隶于兴中府尹彰武军节度。治于今辽宁建昌县东北65里谷杖子村古城址。[5]据冯永谦考订南和州治所在辽宁建昌县二道湾子乡西簸箕村后城子屯古城址。[6]

安德州，圣宗统和八年（990年）置安德县，初隶乾州，开泰二年（1013年）改隶霸州，重熙十二年（1043年）置安德州化平军下刺史，隶属于兴中府尹。治于今辽宁省朝阳南90里二十家子镇五十家子古城。[7]安德州下辖安德一县，统和八年初置，隶属乾州，开泰二年归属霸州，重熙十二年以县建安德州，县仍倚郭。

宜州，太祖之宜州崇义军上节度，治于今辽宁义县[8]。宜州下辖弘政一县，世宗天禄中（947—951年），倚郭。

锦州，太祖时置锦州临海军中节度。关于锦州所在，闵宣化指出"在今

---

[1] 郑绍宗：《辽北安州考》，《辽金史论集》第1辑，上海古籍出版社1987年版，第199—207页。
[2] 项春松：《辽代历史与考古》，内蒙古人民出版社1996年版，第146页。
[3] 贾鸿恩、李俊义：《辽萧孝恭萧孝资墓志铭考释》，《北方文物》2006年第1期，第81—88页。
[4] 贾敬颜：《沈括〈熙宁使契丹图抄〉疏证稿》，《五代宋金元人边疆行记十三种疏证稿》，中华书局2004年版，第157页。
[5] 余蔚：《中国行政区划通史·辽金卷》，复旦大学出版社2012年版，第283页。
[6] 冯永谦：《辽史地理志考补——中京道、南京道、西京道失载之州军》，《北方文物》1998年第3期，第69页。
[7] 金殿士：《辽代安德州今地考》，《社会科学辑刊》1982年第2期，第91—92页。
[8] 项春松认为，"宜州，今辽宁省义县城关。……《奉天通志》云：义义县城内有辽代建置大奉国寺及塔，可为宜州治此之确证。"参见项春松：《辽代历史与考古》，内蒙古人民出版社1996年版，第112页。

锦州县治所"[1]；项春松认为锦州"故址即今辽宁省锦州市旧城"[2]。锦州下辖永乐、安昌二县。

永乐县，太祖时置，倚郭。

安昌县，太祖时置。关于安昌县治所，《清一统志》："今（锦县）城西九十里，有古安昌县之永和屯，城基东有一塔，塔下有金大定间碑，即其故址。"[3]张博泉亦据此认定"锦州西九十里有安昌县故城"[4]；张修桂将安昌县定于"锦州市西南虹螺岘古城"[5]。

严州，《辽志》中京道岩州条云："太祖平渤海，迁汉户杂居兴州境，圣宗于此建城焉。隶弘义宫。"圣宗置严州保肃军下刺史，后隶锦州。治于今辽宁兴城西南四城子村[6]，舒焚定严州于兴城市菊花岛[7]。严州下辖兴城一县，圣宗时置，倚郭。

川州，原为太祖弟安端之头下州，太宗会同三年（940年）置白川州长宁军中节度。应历元年（951年）收归国有，辽末改称川州。川州初治于今辽宁北票市西南四角坂古城[8]，后徙至辽宁北票市东北76里黑城子镇黑城子古城[9]。川州下辖县3：咸康、宜民、弘理。

咸康县，应历元年置，倚郭，与州同治。[10]辽末徙州治于宜民县。

宜民县，统和中置，辽末为倚郭。《金志》云："宜民（县），辽川州

---

[1] ［法］闵宣化：《乘轺录笺证》，《东蒙古辽代旧城探考记》，冯承钧译，中华书局2004年版，第90页。
[2] 项春松：《辽代历史与考古》，内蒙古人民出版社1996年版，第134页。
[3] 《清一统志》卷65《锦州府二》"古迹·安昌旧县"条。
[4] 张博泉：《东北历代疆域史》，吉林人民出版社1981年版，第203页。
[5] 张修桂：《辽史地理志汇释》，安徽教育出版社2001年版，第154页。
[6] 张博泉：《东北历代疆域史》，吉林人民出版社1981年版，第156页；项春松谓："岩州……故址在今辽宁兴城县城南四城子村。……考觉华岛上仅有辽代著名大寺院，而无行改建置。"（参见项春松：《辽代历史与考古》，内蒙古人民出版社1996年版，第147页。）
[7] 舒焚：《辽史稿》，湖北人民出版社1984年版，第154页。
[8] 《嘉庆一统志》卷43《承德府二》"古迹·白川州故城"条云："在朝阳县东北六十七里，今县境东北之四角坂，有废城，周三里余，蒙古名卓索喀喇城，城内有辽开泰二年《佛顶尊胜陀罗尼石幢记》，为白川州官吏所建，知即故白川州"。
[9] 余蔚：《中国行政区划通史·辽金卷》，复旦大学出版社2012年版，第289页。
[10] 张博泉：《东北历代疆域史》，吉林人民出版社1981年版，第167页；李文信：《义县清河门辽墓发掘报告》，《考古学报》1954年第8期，第163—202页。

长宁军……国初因之……大定六年降为宜民县。"[1]宜民县治于今辽宁省北票市东北黑城子镇黑城子古城。

弘理县，本名洪理，圣宗统和八年置。道宗时为避道宗之讳改为弘理，辽末省，治于今辽宁省北票市西北16里无间房镇土城子村。[2]

建州，太祖时置建州保静军上节度。初治于今辽宁省朝阳西南83里木头城子镇古城址，辽圣宗时徙治于今朝阳市西南大平房镇黄花滩古城址。[3]建州下辖永霸、永康二县。永霸县，辽初置，倚郭。永康县，始置时间及治所均不详。

来州，太平元年（1021年）置来州刺史，重熙后升归德军下节度。治于今辽宁省绥中县前卫公社明前卫城址。[4]来州下辖来宾一县，太平元年置，倚郭。

隰州，辽圣宗开泰（1012—1021年）中置隰州平海军下刺史，辽末隶属于归德军节度。关于隰州所在，林文将其定于"今辽宁省绥中县南"[5]；刘谦提出"绥中县城北十二华里的崔家河沿生产队的辽代城址"[6]。隰州下辖海滨一县，开泰中置，倚郭。

迁州，辽圣宗太平十年（1030年）置迁州兴善军下刺史，辽末隶属于归德军节度。治于今河北省秦皇岛市东北山海关。[7]迁州下辖迁民一县，太平十年置，倚郭。

润州，太平十年（1030年）置润州海阳军下刺史，后隶属于归德军节度。治于今河北省秦皇岛市海阳镇。[8]润州辖海阳一县，太平十年置，倚郭。

黔州，太祖时置盛吉县，隶属霸州。穆宗时于盛吉县置黔州阜昌军下刺

---

[1] 《金史》卷24《地理志上》"北京路兴中府宜民县"条。第561页。
[2] 谭其骧：《中国历史地图集》第6册，中国地图出版社2006年版，第5页。
[3] 项春松：《辽代历史与考古》，内蒙古人民出版社1996年版，第116页。
[4] 刘谦：《辽隰州来州城考》，《辽宁省考古、博物馆学会成立大会会刊》，第141页。
[5] 林文：《从出土官印看金朝疆界》，《北方文物》1995年第4期，第31页。
[6] 刘谦：《辽隰州来州城考》，《辽宁省考古、博物馆学会成立大会会刊》，第141页。
[7] 贾敬颜：《〈许亢宗行程录〉疏证稿》，《五代宋金元人边疆行记十三种疏证稿》，中华书局2004年版，第235页；张博泉：《东北历代疆域史》，吉林人民出版社1981年版，第158页。
[8] 张博泉：《东北历代疆域史》，吉林人民出版社1981年版，第158页。

史。圣宗统和二十七年隶属于大定府尹。重熙十二年霸州升兴中府，黔州改隶兴中府尹。治于今辽宁省北票市南。[1]黔州辖盛吉一县，太祖时置，穆宗时以县置黔州，倚郭。

顺圣州，穆宗以前置，后废。当治于今内蒙古库伦、奈曼、辽宁省北票、阜新、康平一带。[2]

祥州，穆宗应历以前置，后废。当在今辽宁省朝阳市附近。[3]

济州，穆宗应历以前置，当治于今辽宁省朝阳市附近。[4]

招延州，始置时间不详，辽末尚存。[5]《辽志》失载此州，《亡辽录》记作"招燕州"[6]，《契丹国志》记为招州、燕州，[7]《北蕃地理》记作招贤州、招遥州，[8]《经略幽燕》则作昭延。[9]治于今辽宁省建昌县和河北省青龙县一带。[10]

辽代在金代北京路地区范围内共设43州，详见下表。

---

[1] 余蔚：《中国行政区划通史·辽金卷》，复旦大学出版社2012年版，第284页。

[2] 冯永谦：《辽史地理志考补——中京道、南京道、西京道失载之州军》，《北方文物》1998年第3期，第74页。

[3] 余蔚：《中国行政区划通史·辽金卷》，复旦大学出版社2012年版，第298页。

[4] 向南、冯永谦、张修桂等均认为存在此州。参见向南：《〈辽史地理志〉补正》，《社会科学辑刊》，1990年第5期，第80页；冯永谦：《辽史地理志考补——中京道、南京道、西京道失载之州军》，《北方文物》1998年第3期，第74页；张修桂：《辽史地理志汇释》，安徽教育出版社2001年版，第215页。

[5] 向南、张修桂、余蔚均将其列入《辽志》缺载之州。参见向南：《向南：〈辽史地理志〉补正》，《社会科学辑刊》1990年第5期，第81页；张修桂：《辽史地理志汇释》，安徽教育出版社2001年版，第216页；余蔚：《中国行政区划通史·辽金卷》，复旦大学出版社2012年版，第297页。

[6] 《三朝北盟会编》卷21《政宣上帙二十一》，宣和七年正月二十四日条引《亡辽录》"刺史、观察、团练、防御州"条。

[7] 《契丹国志》卷22《州县载记·刺史州七十余处》。

[8] 《武经总要》前集卷16《边防1北蕃地理》，分见"幽州四面州军·招贤"条、"中京西面诸州·渝州"条。

[9] （宋）李攸：《宋朝事实》卷20《经略幽燕》"刺史上州九"条。

[10] 冯永谦：《辽史地理志考补——中京道、南京道、西京道失载之州军》，《北方文物》1998年第3期，第71页。

表1-2　辽代于这一地区设置的方州统计表[1]

州名	始置时间	居民成分	今地	备注
祖州	辽太宗天显二年	契丹、党项、吐浑	内蒙古巴林左旗西南44里哈达英格乡石房子村古城	下辖咸宁、长霸二县，一越王城
怀州	辽太宗天显中	契丹、渤海、汉	内蒙古巴林右旗西北50里查干木伦河苏岗根村古城	下辖扶余、显理二县
庆州	辽穆宗时期	契丹	内蒙古赤峰市巴林右旗	下辖玄德、孝安、富义三县
泰州	辽兴宗时期	契丹	黑龙江泰来县西北56里塔子城镇古城	下辖乐康、兴国二县
长春州	辽兴宗重熙八年	契丹	吉林省白城市东南德顺乡城四家子古城	兴宗后期置有长春钱帛司，长春州下辖长春一县
乌州	辽太宗时期	契丹	内蒙古突泉县西北107里宝石镇宝城村	下辖爱民一县
永州	承天皇太后时期	契丹	内蒙古翁牛特旗东北新苏莫苏木巴彦诺古城	下辖长宁、义丰、慈仁三县
仪坤州	应天皇后时期	契丹	内蒙古敖汉旗东北58里玛尼罕乡五十家子村古城址	下辖广义县
龙化州	辽太祖时期	契丹、女真、汉	内蒙古奈曼旗八仙筒镇	下辖龙化县
降圣州	辽穆宗应历中	契丹、渤海	内蒙古库伦旗西南70里水泉镇昆都岭村西城子屯古城址	下辖永安县
饶州	辽太祖时期	契丹、渤海	内蒙古林西县东南77里双井店乡西英桃沟村古城	下辖长乐、临河、安民三县
丰州	辽圣宗统和十五年	契丹	内蒙古翁牛特旗境内	咸雍中改为澄州
镇北州	辽重熙二十四年之前	契丹	吉林省松原市以西地区	
莫州	不详	契丹、汉	内蒙古科尔沁左翼后旗东86里吉尔嘎郎镇苏莫台苏古城	

---

[1] 统计表中辽代方州均参考《辽史》卷37《地理志一》、《辽史》卷39《地理志三》，今地名参照张博泉：《东北地方史稿》，吉林大学出版社1985年版。

续表

州名	始置时间	居民成分	今地	备注
渭州	辽圣宗开泰中	契丹	辽宁省彰武县西北90公里四堡子乡韩家杖子村城子地城址	
唐州	契丹建国前	契丹	内蒙古巴林左旗北境	
通化州	不详	契丹、汉	海拉尔河浩特陶海古城	兴宗时废州，内徙民建泰州
义州	辽太宗初年	契丹	内蒙古阿鲁科尔沁旗东南44里白城子乡驻地白城子村古城址	重熙元年废州降为义丰县，隶属永州
慈州	辽太宗时期	契丹	内蒙古翁牛特旗东部	重熙元年废州降为慈仁县，隶属永州。
杏堝州	契丹建国前后	契丹	内蒙古奈曼旗北130里平安地镇西孟家段古城	圣宗统和八年（990年）废上京道新州，徙至中京道建杏堝新城
恩州	辽太宗时期	契丹	内蒙古喀喇沁旗东	下辖开泰县
惠州	辽圣宗时期	契丹	辽宁省建平县北130里二十家子镇周家湾	下辖惠和县，圣宗迁上京道惠州至中京道境内置
高州	辽圣宗开泰三年	契丹	内蒙古赤峰市东北87里太平地乡哈拉木头村遗址	下辖三韩县
武安州	辽圣宗统和八年	契丹	内蒙古敖汉旗东55里丰收乡白塔子村古城址	下辖沃野县
利州	辽圣宗统和十六年	契丹	辽宁省喀喇沁左翼蒙古族自治县大城子镇	下辖阜俗县，始置于统和四年，初隶建州
榆州	辽太宗天显五年	契丹	辽宁省凌源市西14里城关镇十八里堡古城址	下辖和众、永和二县
泽州	辽圣宗开泰中	契丹	河北平泉县西南22里南五十家子乡会州城村	下辖神山、滦河二县
北安州	辽圣宗统和二十五年	契丹	河北省隆化县城北偏隆化镇下洼子村土城子古城	下辖兴化县
潭州	辽圣宗开泰中	契丹	辽宁省喀喇沁左翼蒙古族自治县西南60里白塔子镇白塔子村古城址	下辖龙山县，开泰二年置，初隶大定府

续表

州名	始置时间	居民成分	今地	备注
松山州	辽朝前期	契丹	内蒙古赤峰市西南城子乡城子村古城	圣宗统和八年（990年）废州，开泰二年（1013年）复置，称松州。松山州下辖松山县
南和州	辽兴宗重熙十五年之前	契丹	辽宁省建昌县东北65里谷杖子村古城址	
安德州	辽圣宗统和八年	契丹	辽宁省朝阳南90里二十家子镇五十家子古城	下辖安德县，统和八年初置，隶属乾州，开泰二年归属霸州
宜州	辽太祖时期	契丹	辽宁省义县	下辖弘政县
锦州	辽太祖时期	契丹	今辽宁省锦州市旧城	下辖永乐、安昌二县
严州	辽圣宗时期	渤海、汉	辽宁省兴城西南四城子村	下辖兴城县
川州	辽太宗会同三年		初治于今辽宁省北票市西南四角坂古城，后徙至辽宁省北票市东北76里黑城子镇黑城子古城	下辖咸康、宜民、弘理三县
建州	辽太祖时期	契丹	辽宁省朝阳西南	下辖永霸、永康二县
来州	辽圣宗太平元年	契丹	辽宁省绥中县前卫乡明前卫城址	下辖来宾县
隰州	辽圣宗开泰	契丹	辽宁省绥中县南	下辖海滨县
迁州	辽圣宗太平十年	契丹、汉	今河北秦皇岛市东北山海关	下辖迁民县
润州	辽圣宗太平十年	契丹、汉	今河北秦皇岛市海阳镇	下辖海阳县
黔州	辽太祖时期	契丹	辽宁省北票市南	太祖时置，穆宗时以县置黔州
招延州	不详	契丹	辽宁省建昌县和河北省青龙县一带	

3. 头下军州

契丹建国后，由朝廷赐给宗室、外戚拥有的头下城以州、军称号者，便成为投下军州。辽代共有23个投下军州设置在金代北京路地区。

表1-3 辽代于金代北京路设置头下军州统计表[1]

州名	始置时间	居民成分	今地	备注
徽州	辽景宗乾亨三年	契丹	辽宁省阜新县北	
壕州	辽太祖天显十二年	契丹、汉	辽宁省彰武县西	又名豪州、濠州
原州	辽圣宗统和四年至六年	契丹、汉	辽宁省康平西北	
福州	辽圣宗统和中	契丹、汉	辽宁省康平县西北	属萧排押
横州	圣宗朝	契丹	辽宁省彰武县东	
成州	不详	契丹	辽宁省阜新蒙古族自治县红帽子	
丰州	辽圣宗统和十三年		内蒙古敖汉旗北境	
顺州	辽太宗会同元年之前	契丹、汉	辽宁省阜新县东	
闾州	辽太宗会同、辽世宗天禄年间	契丹、党项	辽宁省阜新县东85里豆芽铺镇烧锅屯城址	
松山州	不详	契丹、渤海	内蒙古巴林右旗东南	
豫州	辽兴宗末	契丹、渤海	内蒙古扎鲁特旗西北	
全州	辽圣宗统和九年	契丹、渤海	内蒙古巴林左旗西北	
黑河州	辽道宗大康元年之前	契丹、渤海	巴林右旗前进村古城址	
灵安州	不详	契丹、渤海	内蒙古库伦旗西南108里扣河子镇黑城子村	
懿州	辽道宗清宁七年	契丹、渤海	辽宁省阜新东北108里塔营子屯古城	

---

[1] 统计表中辽代头下军州均参考《辽史》卷37《地理志一》，今地名参照张博泉：《东北地方史稿》，吉林大学出版社1985年版。

续表

州名	始置时间	居民成分	今地	备注
渭州	不详	契丹、渤海	辽宁省彰武县境地	
遂州	不详	契丹、渤海	辽宁省彰武县东北	辽圣宗统和八年省遂州
宁州	不详	契丹、渤海	内蒙古扎鲁特旗西北	圣宗统和八年废州
义州	不详	契丹、渤海	内蒙古赤峰市元宝山区小五家回族乡大营子村	
懽州	不详	契丹、渤海	辽宁省阜新县大巴乡	《契丹国志》与《亡辽录》所载"驩州",当为懽州
穆州	辽圣宗统和十八年以前	契丹、渤海	辽宁省阜新	
晖州	辽圣宗统和十八年以前	契丹、渤海	辽宁省阜新市西一带	见李攸《宋朝事实》卷20《经略幽燕》"下州三十四",为耶律休哥之头下州
禄州	辽圣宗统和十八年以前	契丹、渤海	辽宁省阜新市东北一带	禄州与穆州、晖州同列入"于越王城",为耶律休哥之头下

4. 城

回纥城 大定府下辖之军城,始置何时不详,辽末尚存。位于今内蒙古宁城县北小城子镇一带。[1]

越王城 辽建国前为阿保机伯父释鲁头下城,位于今巴林左旗西南36里哈达英格乡西店村古城。[2]

---

[1] 余蔚:《中国行政区划通史·辽金卷》,复旦大学出版社2012年版,第298页。
[2] 冯永谦于祖州城东南16里巴林左旗哈达英格乡西店村北发现一座大型城址,城周长3640米,当即辽越王城。参见冯永谦:《辽上京道州县丛考》,《辽金史论集》8辑,吉林文史出版社1994年版,第133页。

第三节　金代北京路地区行政建置

金代北京路地区，金初设有中京大定府（今内蒙古宁城）和上京临潢府（辽上京，今内蒙古巴林左旗）。金熙宗天眷元年（1138年）改上京临潢府为北京临潢府，海陵天德二年（1150年）改为临潢府路。海陵贞元元年（1153年）改中京大定府为北京大定府。大安（1209—1211年）以后将临潢府路并入北京路。《金史·地理志》的记载是以章宗泰和八年（1208年）的行政建制为准，对北京路地区政区发展历程未有清晰的表述，本篇重在研究金代北京路地区的行政区划沿革全貌。

一、临潢府路

太祖天辅四年（1120年）至天眷元年（1138年）承袭辽制，置上京临潢府（今内蒙古巴林左旗）。辖有临潢府及永、庆、祖、怀四州。同年攻克龙化、降圣州，皆隶属于临潢府。太宗天会二年（1124年）置会平州，后旋废。天会八年（1130年）改祖州为奉州，以庆州为支郡。天眷元年（1138年）去"上京"之号，改为北京临潢府。熙宗皇统三年（1143年）废永、奉、怀三州，其中废永州为长宁县来属。海陵天德二年（1150年）去"北京"之号改为临潢府路。明昌七年（1196年）置安丰县，翌年，安丰改隶全州，后全州卢川县来属。承安元年（1196年）废路，承安末年复置。泰和元年（1201年）复置宁塞县。泰和八年（1208年），临潢府统支郡庆州。大安以后废临潢府路并入北京路（大定府）。张博泉、程妮娜认为世宗大定以后方将临潢府并入新改名的北京路。[1]

临潢府治于今内蒙古巴林左旗南1里波罗城。章宗泰和八年（1208年）辖有府一：临潢府，刺史州一：庆州。

---

[1] 张博泉、苏金源、董玉瑛：《东北历代疆域史》，吉林人民出版社1981年版，第204页；本节今地名未注明者皆见此书。程妮娜：《东北史》，吉林大学出版社2001年版，第201页。

临潢府辖县5：临潢、长泰、长宁、卢川、宁塞。临潢县治于今内蒙古巴林左旗南故城，长泰县治于京城内偏西处，长宁县治于今内蒙古翁牛特旗东北大兴西南，[1]皆是对辽旧的继承。卢川县原隶全州，治于今内蒙古巴林右旗东南24里大板镇友爱古城。[2]章宗泰和元年（1201年）析临潢县置宁塞县，顾祖禹以为宁塞县在临潢东南一带，张博泉亦沿袭此说，谭其骧则认为在今内蒙古扎鲁特旗格日朝鲁苏木一带。[3]

太祖天辅四年（1120年）攻克辽庆州，仍立庆州。太宗天会八年（1130年）降为玄宁军刺史州，为临潢府支郡。明昌五年（1194年），改隶大定府。大安元年（1209年），仍改隶临潢府路。贞祐二年（1214年）废弃。治所朔平县，在今内蒙古巴林右旗北175里索博日嘎苏木白塔子村古城。金初庆州下辖玄德、孝安二县。太宗天会八年（1130年）改玄德县为朔平，孝安县为庆民。熙宗皇统三年（1143年），废庆民县。庆民县，治于今内蒙古林西县东北大城村古城址。

永、龙化、降圣、仪坤、祖、饶、怀皆辽旧州，隶属临潢府路，天辅四年（1120年）攻克，皇统三年废。永州，治于今内蒙古翁牛特旗东北新苏莫苏木巴彦诺尔古城。熙宗皇统三年以前，下辖长宁一县。龙化州治于龙化县。降圣州，治于永安县。仪坤州，治于广义县。祖州，治于今内蒙古巴林左旗林东镇西南哈达英格乡石房子村古城。皇统三年前袭辽制，下辖长霸、咸宁二县。长霸县，为倚郭。皇统三年，咸宁县废入朔平县，治于今内蒙古巴林左旗林东西小城子。饶州，治长乐县。怀州，治于今内蒙古巴林右旗西北查干沐沦木岗根村古城。怀州辖扶余、显二县，皇统三年后废。

天辅四年更丰州为全州，隶属临潢府路，皇统三年废。承安二年复置，下辖安丰一县，治于今内蒙古翁牛特旗乌丹城。承安二年，析安丰、三韩、松山县立静封县，隶属全州，承安三年改隶高州，以高州为全州支郡。泰和四年

---

[1] 冯永谦：《辽代永州调查记》，《文物》1982年第7期，第31页。

[2] 闵宣化认为卢川县址应在"黑河与潢河之汇流处"之四方城。[法]闵宣化：《东蒙古辽代旧城探考记》，中华书局2004年版，第64、66页。

[3] 谭其骧：《中国历史地图集》6册，中国地图出版社2006年版，第7页。

改隶大定府，治于今内蒙古赤峰市北郊。[1]天辅二年，袭辽静州，治于金山县（今内蒙古乌兰浩特市东北二十五里前公主岭古城）。[2]太宗天会元年，隶属会宁府路。皇统三年废。承安四年复置，改隶临潢府路。泰和八年废。

金天辅元年克辽泰州，天辅五年（1121年）置泰州都统，治于今黑龙江省泰来县西北塔子城古镇古城。[3]海陵天德三年（1151年）置德昌军节度。承安三年（1198年），徙治新泰州（长春县），治于今吉林省白城市洮安城四家子古城。泰和（1201—1208年）初，复自新泰州徙治金山县。泰和八年（1208年）还治新泰州。贞祐二年（1214年）徙治肇州（今黑龙江省肇源县望海屯旧址）。[4]自章宗承安三年，泰州下辖长春、金安、金山三县。泰和四年（1204年）废金安县。长春县为倚郭；金山县，治于今内蒙古乌兰浩特市东北二十五里前公主岭古城；金安县，治于今吉林洮南市东北德顺西南城四家子。[5]

二、北京路

金章宗明昌至泰和年间，金朝对北京路与临潢府路进行了连续的调整。《地理志》所载建制并不以后来的废置为准，涉及废置沿革之处只是附记于原有州县建制之后。因此厘清北京路地区的行政区划建置就显得尤为必要。

金太祖天辅六年（1122年），金攻取中京大定府，仍置中京大定府，府曰大定。[6]辖有大定府及高、泽、松山、恩、榆、惠、北安、武安八州。天辅七年改中京路为奚路。同年宜、锦、川、豪、显、成、海北、严、乾、懿、迁、来、隰、润、茂十五州来属。升显州为广宁府，废豪、成、迁州。太宗天会二年（1124年）奚路改为六部路。同年兴中府及利、潭、宜（天辅七年，宜州归属奚路后旋叛金）、建州来属。太宗天会五年（1127年）改为中京路。天

---

[1] 史为乐主编：《中国历史地名大辞典》下，中国社会科学出版社2005年版，第2774页。
[2] 李逸友：《辽代城郭营建制度初探》，《辽金史论集》3辑，书目文献出版社1987年版，第89页。
[3] 宋德辉：《吉林省白城市城四家子古城应为辽代长春州金代新泰州》，《博物馆研究》2008年第1期，第26—30页。
[4] 张博泉、苏金源、董玉瑛：《东北历代疆域史》，吉林人民出版社1981年版，第196页。
[5] 王颋：《完颜金行政地理》，香港天马出版社2005年版，第74页。
[6] 《金史》卷24《地理志上》，第557页。

会八年（1130年）废乾州；天眷二年（1139年）废恩州；皇统三年（1143年）废高、泽、松山、海北、榆、惠、潭、武安、北安、严润、隰、茂十三州。海陵天德三年（1151年）改宜州为义州，改来州为宗州。贞元元年（1153年）改为北京路。大定六年（1166年）废川州。承安二年（1197年），置全州、惠州、川州。承安三年（1198年）复置高州；五年置兴州。泰和四年（1204年），废惠州、高州、川州；六年更宗州名为瑞州。大安（1209—1211年）至至宁（1213年）间，复置高州。泰和八年（1208年），北京路下辖府3、州8，即大定府、广宁府、兴中府、利州、建州、锦州、瑞州、全州、义州、懿州、兴州。金代北京路"东至医巫闾山，与咸平路接。北与临潢府路，西与西京路、南与中都路接"[1]。

北京大定府，太祖天辅六年因袭辽中京大定府。海陵贞元元年（1153年）更名北京。贞祐三年（1215年）陷于蒙古。治于今内蒙古宁城大明城。

金天辅六年（1122年），大定府下辖8州、4县，即高、泽、恩、惠、榆、松山、北安、武安州，大定、长兴、富庶、金源县。天辅七年（1123年），升高州为节度。天会二年（1124年），利州、潭州隶属大定府为支郡。熙宗天眷二年（1139年），废恩州。皇统三年（1143年），废高、松山、泽、惠、榆、北安州为三韩、松山、神山、惠和、和众、兴化县。废潭州，废武安州为县，隶属川州。大定六年（1166年）废川州，武安县隶属大定府；大定七年（1167年）更名武安县为武平县。承安二年（1197年），置惠州。神山县割隶惠州，惠州为大定府支郡。承安三年（1198年），复置高州，三韩、武平、松山县割隶高州。承安五年（1120年），复置兴州，兴化县割隶兴州。泰和四年（1204年），复废高州，三韩、武平、松山、静封县隶属大定府；废惠州，神山县隶属大定府。卫绍王时期，复置高州，再割三韩县隶属高州，高州为大定府支郡。至章宗泰和八年（1208年），大定府利州1郡。

大定府辖县11：大定县，府治所在；长兴县，治于今内蒙古宁城县西大明。[2]富庶县，天辅六年因袭辽富庶县，倚郭。治于大宁东南公营子；[3]松山

---

[1] 张博泉：《金史简编》，辽宁人民出版社1984年版，第167页。

[2] 王颋：《完颜金行政地理》，香港天马出版社2005年版，第66页。

[3] 张博泉、苏金源、董玉瑛：《东北历代疆域史》，吉林人民出版社1981年版，第202页。

县，治于今内蒙古赤峰市西南城子乡城子村古城。神山县，位于今河北平泉县西南五十家子乡会州城村。惠和县，治于今辽宁省建平县北二十家子镇周家湾。金源县，在今辽宁省建平县东北102里喀喇沁旗；[1]和众县，治于今辽宁省凌源市西土城子；[2]武平县，治于今内蒙古敖汉旗东南白塔子村古城；[3]静封县，治于今内蒙古赤峰市南三眼井乡一带；[4]三韩县，治于今内蒙古赤峰市东北太平地乡哈拉木头村遗址。

利州，天会二年因袭辽利州，[5]隶属大定府，贞祐二年陷于蒙军。[6]治于今辽宁省喀喇沁左翼蒙古族自治县西南白塔子镇白塔子村古城址。金初，利州辖阜俗一县。皇统三年，废潭州为龙山县，隶属利州。阜俗县，治于今辽宁省喀喇沁左翼县（大城子）；龙山县，治于今辽宁省喀喇沁左翼蒙古族自治县西南白塔子镇白塔子村古城址。

义州，金初因袭辽宜州。海陵天德三年更名义州。皇统三年改隶大定府。贞祐三年陷于蒙古。义州辖县4：尧庆、弘政、开义、同昌。尧庆县，治于今辽宁省义县西南头道河南砖城子；弘政县，治于今辽宁省义县东北九道岭北；开义县，治于今辽宁省义县南七里河东北开州；同昌县，治于今辽宁省阜新蒙古族自治县西北。[7]

锦州，金太祖天辅七年因袭辽锦州，隶属广宁府路，治于今辽宁省锦州市。皇统三年，改隶大定府。贞祐二年降蒙。[8]金初锦州下辖永乐、安昌、神水三县及严州（治于今辽宁省兴城市西南曹庄镇四城子）一支郡。皇统三年，

---

[1] 而王颋则根据《乾隆热河府志》卷60引《大元一统志》所载"金源县，东到兴中州（兴中县）一百里"，认定金源县治于今内蒙古敖汉旗东南四家子东南大城。王颋：《完颜金行政地理》，香港天马出版社2005年版，第67页。

[2] 史为乐主编：《中国历史地名大辞典》，中国社会科学出版社2005年版，第1576页。

[3] 同上书，第1424页。

[4] 张博泉、苏金源、董玉瑛：《东北历代疆域史》，吉林人民出版社1981年版，第202页。

[5] 余蔚：《中国行政区划通史·辽金卷》，复旦大学出版社2012年版，第654页。

[6] 《元史》卷147《史天祥传》云：贞祐二年，"略地高州，拔惠和、金源、和众、龙山、利、建、富庶等十五城，惟大宁固守不下"。《元史》卷147《史天祥传》，第3486页。

[7] 史为乐主编：《中国历史地名大辞典》，中国社会科学出版社2005年版，第989页。

[8] 《元史》卷1《太祖纪》云：太祖九年十月，"锦州张鲸杀其节度使，自立为临海王，遣使来降。"贞祐四年（蒙古太祖十一年），张鲸弟张致叛蒙，锦州遂为蒙军所平。《元史》卷1《太祖纪》，第18页。

废严州为兴城县，隶属锦州，并废神水县为镇。泰和八年，锦州辖县4：永乐、安昌、兴城、神水。永乐县，倚郭，治于今辽宁省锦州市；安昌县，治于今辽宁省葫芦岛市西北暖池镇安昌岘古城。兴城县，治于今辽宁省兴城市西南曹庄镇四城子；[1]神水县，治于今辽宁省朝阳市西南。

瑞州，金天辅七年因袭辽来州，治于今辽宁省绥中县西南50里前卫镇。天德三年更为宗州。泰和六年更名瑞州，贞祐三年陷于蒙军。金初辖来宾一县，润州（治于今河北秦皇岛市海阳镇）、隰州（治于今辽宁省兴城市西南东辛庄镇东关站）、迁州（今河北省秦皇岛市东北山海关）三支郡。后废迁州为镇。皇统三年，废润州为海阳县、隰州为海滨县。明昌六年（1195年）更名来宾县为宗安县，泰和六年再更名为瑞安县。至泰和八年，瑞州辖县3：瑞安、海阳、海滨。瑞安县，治于今辽宁省绥中县西南前卫；海阳县，治于今河北秦皇岛市西北海阳；海滨县，治于今辽宁省兴城西南东辛庄北关站。

兴州，金天辅六年因袭辽北安州，隶属于大定府，治于今河北隆化县城隆化镇下洼子村土城子古城。皇统三年废为兴化县。贞祐二年陷于蒙古。金初下辖兴化一县。承安五年后下辖兴化、利民二县。泰和三年置宜兴县，次年废利民县（治于今河北滦平县东北金沟屯镇滦河沿村）。泰和八年兴州辖兴化、宜兴二县。兴化县，治于今河北滦平县西南一里许喀喇河屯故址；宜兴县，治于今河北滦平县东北大屯满族乡兴洲村。[2]

恩、榆、武安、高、松山、泽、惠、潭皆辽旧州，隶属大定府，天辅年间攻克，皇统三年废。恩州，天眷二年废州为恩化镇，隶属大定府所辖之大定县，治于今内蒙古喀喇沁旗西桥乡土城子古城。天辅六年因袭辽榆州，皇统三年废州降为和众县，隶属大定府，治于今辽宁省凌源市西土城子。[3]金天辅元年因袭辽武安州，皇统三年废州降为武安县，隶属川州，治于今内蒙古敖汉旗

---

[1] 关于兴城县之所属问题，王颋将其划定于兴中府之下，而余蔚依据《金史·地理志》所言，"皇统三年废州，隶锦州，有桃花岛"，桃花岛所在之兴城位于锦州东南，不可能于锦州西北之兴中府相连，故认定兴城县应隶锦州。参见王颋：《完颜金行政地理》，香港天马出版社2005年版，第69页。

[2] 郑绍宗：《辽北安州考》，《辽金史论集》1辑，上海古籍出版社1987年版，第206—207页；田淑华、白光：《承德地区辽金时代古城址调查综述》，《辽金史论集》10辑，中国社会科学出版社2007年版，第139页。

[3] 史为乐主编：《中国历史地名大辞典》，中国社会科学出版社2005年版，第2670页。

东白塔子村古城址。[1]皇统三年前下辖沃野一县。

金天辅六年因袭辽之高州，皇统三年降为三韩县。承安三年置高州刺史，为全州支郡。泰和四年罢。卫绍王大安、至宁间，复置高州。[2]贞祐二年陷于蒙古。[3]高州治于今内蒙古赤峰市东北太平地乡哈拉木头村遗址。金初辖三韩一县。承安三年复置高州后，下辖三韩、武平、松山、静封四县。金末再置州时，仅辖三韩一县。

天辅六年因袭辽松山州，治于今内蒙古赤峰市西南城子乡城子村古城址，[4]皇统三年废州降为松山县。熙宗皇统三年前下辖松山一县。金天辅六年因袭辽泽州，皇统三年废州降为神山县。[5]承安二年以县置惠州。泰和四年罢惠州，仍降为神山县，治于今河北平泉县西南五十家子乡会州城村。金初泽州辖有神山一县。承安二年至泰和四年间辖有神山、滦阳二县。滦阳县（废），治于今河北迁西县西北汉儿庄乡汉儿庄村。

金天辅元年因袭辽惠州，治于今辽宁省建平县北部地，[6]皇统三年废州降为惠和县。天会二年因袭辽潭州，治于今辽宁省喀喇沁左翼蒙古族自治县西南白塔子镇白塔子村古城址，[7]皇统三年废州降为龙山县，隶属利州。皇统三年前，下辖龙山一县。

广宁府，天辅七年因袭辽显州，[8]升为广宁府，隶属南路。天会十年改称东南路，广宁隶属东南路。天会十四年东南路改称东京路，广宁遂隶属东京路。天德二年改隶咸平路。大定中再次改隶东京路。泰和元年隶属北京路，泰和八年为下等散府。贞祐三年陷于蒙古。治于今辽宁省北镇市。金初辖有山

---

[1] 魏嵩山主编：《中国历史地名大辞典》，广东教育出版社1995年版，第609页。
[2] 据《元史》卷193《攸哈剌拔都传》记载："金末，避地大宁。国兵至，出保高州富庶寨，射猎以食。屡夺大营孳畜，又射死其追随者。国王木华黎率兵攻寨，寨破，奔高州"。综上可知，贞祐元年时确已有高州。《元史》卷193《攸哈剌拔都传》，第4379—4380页。
[3] 《元史》卷1《太祖纪》；《元史》卷119《木华黎传》；《元史》卷147《史天倪传》皆言蒙军攻下高州的时间是贞祐二年。
[4] 魏嵩山主编：《中国历史地名大辞典》，广东教育出版社1995年版，第619页。
[5] 余蔚：《中国行政区划通史·辽金卷》，复旦大学出版社2012年版，第652页。
[6] 史为乐主编：《中国历史地名大辞典》，中国社会科学出版社2005年版，第2524页。
[7] 同上书，第614页。
[8] 《金史》卷2《太祖纪》，第39页。

东、奉玄二县，统领茂州一支郡。天会八年更名奉玄县为钟秀县（治于今辽宁省北镇满族自治县西五里北镇庙），[1]同年乾州降为闾阳县，隶属广宁府。皇统三年废茂州及钟秀县。大定二十九年更名山东县为广宁，新置望平县。至泰和八年，广宁府辖县3：广宁、望平、闾阳。广宁县，为广宁府倚郭；望平县，治于今辽宁省黑山县北芳山镇公敖村古城；[2]闾阳县，治于今辽宁省北镇市西南闾阳驿镇闾阳驿村。[3]

懿州，天辅七年攻克辽懿州，治于今辽宁省阜新县东北塔营子乡塔营子村古城址。金初懿州下辖顺安、灵山二县。天会中，川州为支郡。皇统三年，废祺州降为庆云县，来属。大定六年废川州，宜民、同昌二县来属，庆云县改隶咸平府。承安二年，宜民、同昌二县隶属川州，川州仍为懿州支郡。泰和四年废川州。至泰和八年，懿州辖顺安、灵山二县。顺安县，为倚郭，治于今阜新蒙古族自治县东北塔营子乡；[4]灵山县，治于今辽宁省彰武县东部。

茂、海北、乾皆辽旧州，天辅七年攻克，皇统三年废。茂州，治于今辽宁省凌海市金城镇以东南。海北州，为乾州支郡，治于今辽宁省义县东南四十里开州屯。[5]天会八年隶属义州。皇统三年废州降为开义县，隶属义州。皇统三年前辖开义一县。乾州，治于今辽宁省北镇市内观音阁街道观音阁。[6]天会八年废州降为闾阳县。

兴中府，金天会二年因袭辽兴中府，治于今辽宁省朝阳市。贞祐三年陷于蒙军。[7]金初兴中府辖有兴中、安德二县。皇统三年，建州来属。大定七年更名安德县为永德县。泰和四年，废川州，宜民县来属。泰和八年兴中府辖3县：兴中、永德、宜民。兴中县，倚郭；永德县，治于今辽宁省朝阳市东南根

---

[1] 史为乐主编：《中国历史地名大辞典》，中国社会科学出版社2005年版，第1899页。

[2] 魏嵩山主编：《中国历史地名大辞典》，广东教育出版社1995年版，第1044页。

[3] 贾敬颜：《王寂〈辽东行部志〉疏证稿》，《五代宋金元人边疆行记十三种疏证稿》，中华书局2004年版，第268页。

[4] 史为乐主编：《中国历史地名大辞典》，中国社会科学出版社2005年版，2977页。

[5] 同上书，第2213页。

[6] 魏嵩山主编：《中国历史地名大辞典》，广东教育出版社1995年版，第990页。

[7] 《元史》卷1《太祖纪》，第18页。

德营子。宜民县，治于今辽宁省北票市东北。[1]

建州，天宗天会二年因袭辽建州，治于今辽宁省朝阳市西南大凌河中游地区。[2]建州下辖永霸一县，倚郭。全州，承安二年置，[3]治于今内蒙古翁牛特旗。[4]承安二年下辖安丰、卢川、静封三县。承安三年，静封县改隶高州，为全州支郡。后卢川改隶临潢。泰和四年罢高州。至泰和八年全州仅辖安丰一县，为倚郭。川州（废），金天辅七年因袭辽川州，[5]治于今辽宁省北票市东北黑城子古城。金初辖宜民、同昌二县。皇统三年废武安州为武安县，改隶川州，辖有宜民、同昌、武安三县。承安二年复置川州，下辖3县：宜民、同昌、徽川。宜民县，治于今辽宁省北票市东北；[6]同昌县，治于今辽宁省阜新蒙古族自治县西北；[7]徽川县（废），治于今辽宁省阜新县城北旧庙镇四家子村西6里古城址。[8]

第四节　金代北京路地区官署机构与职官

路是金代地方最高行政区划。金代北京路地区路级机构主要有兵马都总管府、留守司、招讨司、转运司、提刑司与按察司；府级建置有首府、散府，州级建置有节镇州、刺史州，县级建置有京县（诸京倚郭县）、上县（1万户以上）、中县（3千户以上）、下县（3千户以下），部族管理机构则有群牧所、诸糺。这种不同形式的地方行政管理模式对维护金代中央集权和社会安

---

[1] 魏嵩山主编：《中国历史地名大辞典》，广东教育出版社1995年版，第719页。

[2] 史为乐主编：《中国历史地名大辞典》，中国社会科学出版社2005年版，第1710页。

[3] 《金史》卷24《地理志上》"全州·安丰县"条："承安元年十月改丰州铺为安丰县，隶临潢府，二年置全州盘安军节度使治。"《金史》卷24《地理志上》，第561页。

[4] 贾敬颜：《沈括〈熙宁使契丹图抄〉疏证稿》，《五代宋金元人边疆行记十三种疏证稿》，中华书局2004年版，第160页；［日］三上次男：《金代女真研究》，金启孮译，黑龙江人民出版社1984年版，第490页。

[5] 《金史》卷2《太祖纪》，第39页。

[6] 魏嵩山主编：《中国历史地名大辞典》，广东教育出版社1995年版，第719页。

[7] 史为乐主编：《中国历史地名大辞典》，中国社会科学出版社2005年版，第989页。

[8] 余蔚：《中国行政区划通史·辽金卷》，复旦大学出版社2012年版，第661页。

定，促进北京路地区的开发产生了巨大影响。

一、路级官署机构与职官

金代北京路地区路级机构，除兵马都总管府外，还有留守司、东北路招讨司、转运司、提刑司与按察司等。官员的执掌皆为军政合一，他们掌管辖区内的民政、司法、赋税，负责境内的戍守与治安。

兵马都总管府 卫绍王大安之前（1209—1211年）北京路地区包括临潢府路和北京路两处兵马都总管府。兵马都总管府的职官包括都总管、同知都总管、副都总管、总管判官、府判、推官、知法，此外还有未曾列入品级的司吏、译人、通事、抄事等官职。其中，都总管一员，正三品，同知都总管一员，从四品，副都总管一员，正五品，总管判官一员，从六品，府判一员，从六品，推官一员，正七品。都总管的主要职责是"掌统诸城隍兵马甲杖，总判府事。"[1]兵马都总管府的职掌，除本路兵马事之外，还兼治吏、户、礼、工、刑等行政事务。

北京路留守司 北京路留守司的职官包括留守、同知留守事、副留守、留守判官、推官、司狱，此外还有未列入品级的司吏、译人、通事、知法、抄事等官职。其中，留守一员，正三品，同知留守事一员，正四品，副留守一员，从四品，留守判官一员，从五品，推官一员，从六品，司狱一员，正八品。北京路留守，"带本府尹兼本路兵马都总管"；同知留守事，"带同知本府尹兼本路兵马都总管"；副留守，"带本府少尹兼本路兵马副都总管"。[2]自判官以下，留守司、兵马都总管府、府三个机构的官员不再兼任。

东北路招讨司 东北路招讨司的职官包括招讨使、副招讨使、判官、勘事官、知事、知法，此外还有招讨都监及未曾列入品级的司吏、译人、通事、移剌、抄事、公使等官职。[3]其中，招讨使一员，正三品，副招讨使二员，从四品，判官一员，从六品。招讨司的主要职责是"招怀降附，征讨携离"，即

---

[1] 《金史》卷57《百官志三》，第1310页。
[2] 《金史》卷57《百官志三》，第1305页。
[3] 同上书，第1328页。

招抚诸部，征讨叛离，维护边境安宁。[1]此外招讨司还有修筑界壕边堡、接受各部族贡纳、宴赐、贸易、征收粮秣、赈济、屯田及司法等职能。

北京路转运司 北京路转运司的职官包括都转运司使、同知、都转运司副使、都勾判官、户籍判官、支度判官、盐铁判官、都孔目官、知法。此外还有未曾列入品级的都勾案、户籍案、盐铁案、支度案、开拆案司吏，抄事、译史、通事、押递、监运诸物公使等官职。[2]北京路转运司作为财政管理机构，"掌税赋钱谷、仓库出纳、权衡度量之制"。[3]主要职责是负责本路财赋和漕运事务，[4]具体包括负责土地、户口及财赋的清查管理，水利设施建设，筹集、运输军民钱粮物资，征收赋役与监管贸易榷酤，铸造钱币，办理经济案件、抚恤民生等事务。

北京、临潢府路提刑司与按察司 北京、临潢府路的提刑司主要有提刑使、提刑副使、提刑判官三类官员。[5]据《金史》卷95《董师中传》记载，"明昌元年（1190年），初置九路提刑司"。[6]提刑司的职能是"兼劝农采访事，屯田、镇防诸军皆属焉"。[7]程妮娜认为，提刑司（按察司）设立后，与中央御史台构成金代监察系统，从中央到地方自成体系，在各机构中具有一定独立性，主要对封建皇帝负责。[8]从职责上说，提刑司在刑审方面隶属于大理寺，在廉问方面对吏部负责，在劝农方面对中央劝农司负责，而其自身又要受到御史台的监察。[9]

承安四年（1199年），改提刑司为按察司。[10]路分上仍沿用原提刑司路

---

[1] 王尚：《金代招讨司研究》，硕士学位论文，吉林大学，2011年，第41页。

[2] 《金史》卷57《百官志三》，第1317—1318页。

[3] 同上书，第1317页。

[4] 刘浦江：《金代"使司"银铤考释》，收入《松漠之间：辽金契丹女真史研究》，中华书局2008年版，第335页。

[5] 《金史》卷57《百官志三》，第1307—1308页。

[6] 《金史》卷95《董师中传》，第2113页。

[7] 《金史》卷9《章宗纪一》，第210页。

[8] 程妮娜：《金代政治制度研究》，吉林大学出版社1999年版，第219页。

[9] 余蔚：《中国行政区划通史·辽金卷》，复旦大学出版社2012年版，第569页。

[10] 《金史》卷11《章宗纪三》，第250页。

的区划。[1]据元好问《遗山先生文集》卷18《内相文献杨公（云翼）神道碑铭》云："（泰和）六年，南鄙用兵，以本官从左丞援军驻汴梁。明年，授上京、东京等路按察司佥事。……又明年，改上京、临潢等路按察司佥事兼本路转运副使。"[2]文中"上京临潢等路"当为"北京临潢"之误，此处亦称北京路。[3]北京路按察司职官设置与提刑司大致相同，使一员，正三品；副使一员，正四品，兼劝农事；签按察司事一员，正五品；知事、知法若干员。按察司的主要职责是执掌审察刑狱、照刷案牍、纠察贪官污吏、荐举贤能之事，劝课农桑、督查猛安谋克等。[4]

二、府州县级官署机构与职官

金代北京路地区路级行政机构下设置了府、州、县三种不同形式的管理机构。北京路地区府级建置有首府、散府，州级建置有节镇州、刺史州，县级建置有京县、上县、中县、下县。

府 府分为首府、散府。首府，兼兵马路都总管府事；散府，不兼兵马路都总管府事。金代北京路地区首府1：大定府，散府2：兴中府、广宁府。金代北京路地区府级职官包括府尹、同知、少尹、府判、推官。此外还有未曾列入品级的府教授、知法、司吏、译人、抄事。其中，尹一员，正三品。同知一员，正四品。少尹一员，正五品。府判一员，从六品。推官一员，正七品。府判，"掌纪纲众务，分判吏、户、礼案事，专掌通检推排簿籍。"推官，"掌同府判，分判兵、刑、工案事。"[5]

北京路地区的首府，由北京路留守"带本府尹兼本路兵马都总管"，同知留守事"带同知本府尹兼本路兵马都总管"，副留守"带本府少尹兼本路兵

---

[1] 谭其骧：《长水集》下卷，人民出版社1987年版，第298页。
[2] 姚奠中主编：《元好问全集》，山西古籍出版社2003年版，第421页。
[3] 《金史》卷101《抹撚尽忠传》云：章宗时抹撚尽忠"签北京按察司"。《金史》卷101《孛术鲁德裕传》云：卫绍王时孛术鲁德裕"累官北京路按察使"。《金史》卷101《抹撚尽忠传》，第2227页；《金史》卷101《孛术鲁德裕传》，第2237页。
[4] 《金史》卷57《百官志三》，第1308页。
[5] 同上书，第1311页。

马副都总管"。[1]自判官以下不兼任本路兵马都总管府事。散府官员职掌不涉及兼领兵马都总管府事。

州 据《金史·地理志》记载，章宗泰和八年（1208年）金代北京路地区所辖节度州7：兴州、义州、锦州、瑞州、全州、懿州、泰州，刺史州3：利州、建州、庆州。

北京路地区节镇州职官包括节度使一员，同知节度使一员，副使一员，节度判官一员，观察判官一员，知法、州教授、司狱各一员。此外还有未曾列入品级的司吏、译人、通事、抄事及公使人。节镇州作为军事要地，主要职责是镇抚防御、刺史诸军，统领本州兵马兼管本州政务。[2]

北京路地区刺史州置刺史、同知、判官、签判州事、司军、知法、军辖兼巡捕使，此外还有未曾列入品级的司吏、公使、知印、孔目官、运司押司官等。刺史州的职责是专治州事，不领兵。[3]

县 金代北京路县级建置有京县（诸京倚郭县）、上县（1万户以上）、中县（3千户以上）、下县（3千户以下）；北京路地区共有42县，[4]金制规定，诸京县置令一员，正七品；丞一员，正九品；主簿一员，正九品；尉一员，正九品。诸县置令一员，从七品；置丞一员，正九品；主簿一员，正九品；尉一员，正九品。惟有中县以下不置丞，下县不置尉。[5]

县令掌养百姓、按察所部、宣导风化、劝课农桑、平理狱讼、捕除盗贼、禁止游惰，同时兼管常平仓及通检推排簿籍，总判县事。丞即县令副职；主簿，掌同县丞；尉，专掌巡捕盗贼。县令作为一县的长官，除主管行政事务外，还负责地方防御，尤其是针对各地小股的抗金武装，县官组织的防务起着重要作用。

---

[1]《金史》卷57《百官志三》,第1305页。
[2] 同上书,第1311—1312页。
[3] 同上书,第1313页。
[4]《金史》卷24《地理志上》,第557—564页。
[5]《金史》卷57《百官志三》,第1314—1315页。

三、部族机构与职官

金代对边疆部族的管理,大体上是保留了契丹族的政治制度,即部族制度和群牧所制度。北京路地区内的部族管理机构则有群牧所、诸乣。

群牧所 金代先后设有群牧所12处,其中合鲁椀、耶鲁椀两处群牧所在北京路地区武平县、临潢、泰州之境。[1]据《金史》卷57《百官志三》记载:诸群牧所,又国言谓'乌鲁古'。提控诸乌鲁古一员,正四品,明昌四年置。……使一员,从四品。(国言作乌鲁古使。)副使一员,从六品。掌检校群牧畜养蕃息之事。判官一员,正八品,掌签判本所事。知法一员,从八品。(女直司吏四人,译人一人,挞马十六人,使八人,副五人,判三人。又设扫稳脱朵,分掌诸畜,所谓牛马群子也。)[2]

诸群牧所置使、副使、判官(正八品)、知法(从八品)及司吏、译人、挞马等吏员。群牧官制是以契丹官制群牧使、副使为主,以低级汉官职判官、知法为补充。提控诸乌鲁古为诸群牧长官。直接掌管畜群者称为群子,又称之详稳脱朵(或曰扫稳脱朵)。群子下辖契丹牧户。

群牧司官员升黜,是以他们所畜养牲畜增加与亏损为标准。《金史》卷54《选举志四》"功酬亏永"条记载了群牧官员的升黜标准:"群牧官三周岁为满,所牧之畜以十为率,驼增二头,马增二匹,牛亦如之,羊增四口,而大马百死十五匹者,及能征前官所亏,三分为率,能尽征及征二分半以上,为上等,升一品级。驼增一,马牛增二,羊增三,大马百死二十五,征前官所亏二分以上,为中等,约量升除。驼不增,马牛增一,羊增二,大马百死三十,征亏一分以上,为下等,依本等除。余畜皆依元数,而大马百死四十,征亏不及一分者,降一等。此明昌四年制也。五年,制马牛羊亏元数十之一,骡马百死四十,征亏不及一分者,降一等,决四十。若驼马牛羊亏元数一分、马百死四十,征亏不得者,杖八十,降同前。"[3]大定八年(1168年)七月甲子,

---

[1] 《金史》卷44《兵志》,第1004页。

[2] 《金史》卷57《百官志三》,第1330页。

[3] 《金史》卷54《选举志四》,第1211页。

"制盗群牧马者死，告者给钱三百贯。"[1]章宗泰和四年（1204年）六月乙巳，罢诸群牧提举，而设提控。[2]《金史》卷42《仪卫志》云"其诸糺及群牧官员，若猛安谋克应差本管户民充人力者，并上中户轮当。"[3]

诸糺 金朝先后于北京路地区内设乌古里（乌鲁古）、石垒、助鲁、孛特本、计鲁、唐古、迪烈（又作迭剌）女古诸部节度使。唐古部族，承安三年（1198）改为部罗火扎石合节度使；迪烈女古部族，改为土鲁浑扎石合节度使。在诸部族中迭剌部族为契丹人，唐古部族为唐古人，乌鲁古部族、石垒部族是为乌古、迪烈人，其他诸部族族属不详，当以契丹人部族为主。[4]《金史》卷57《百官志三》记载："诸部族节度使，节度使一员，从三品，统制各部，镇抚诸军，余同州节度。副使一员，从五品。判官一员。知法一员。"[5]诸部族设节度使、副使、判官、知法。诸部族长官的职责主要是统制各部，镇抚诸军，宣风导俗，总判部族各种政务，兼管军政。

四、金代北京路地区主要任职官员

北京路地区主要任职官员中除女真族外，其他民族官员比重多一些，这与北京路地区为契丹、奚、汉等族聚居地有关。出于统治的需要，任用了熟悉当地文化风俗的契丹、奚、渤海族官员，其中尤以契丹人为多。

（一）临潢府路兵马都总管

据统计，历任临潢府路兵马都总管及府尹如下表所示：

---

[1] 《金史》卷6《世宗纪上》，第142页。
[2] 《金史》卷12《章宗纪四》，第268页。
[3] 《金史》卷42《仪卫志》，第964页。
[4] 程妮娜：《中国地方史纲》，吉林大学出版社2007年版，第450—451页。
[5] 《金史》卷57《百官志三》，第1329页。

表1-4　历任临潢府路兵马都总管及府尹一览表

任职者	民族	任职时间	官职	此前官职	此后官职	史料来源
马和尚	不详	海陵贞元年间	临潢府总管	不详	不详	《金史》卷5《海陵纪》
晏本名斡论	女真	熙宗皇统初年	临潢尹	北京留守	左丞相	《金史》卷73《晏传》、《金史》卷6《世宗纪上》
仆散守中	女真	世宗大定末	临潢尹	宿直将军	不详	《金史》卷6《世宗纪上》、《金史》卷8《世宗纪下》
吾扎忽	女真	世宗大定初	临潢尹	咸平尹	不详	《金史》卷71《吾扎忽传》
谋衍	女真	世宗大定七年	临潢尹	河间尹	北京留守	《金史》卷72《谋衍传》
夹谷查剌	女真	世宗初年	临潢尹兼本路兵马都总管	东北路招讨使兼德昌军节度使	西北路招讨使	《金史》卷86《夹谷查剌传》
温迪罕移室懑	女真	海陵正隆四年	临潢尹	乌古里部族节度使，改德昌军	临潢尹	《金史》卷91《温迪罕移室懑传》
蒲察阿虎迭	女真	熙宗末年	临潢尹	咸平尹	武定军节度使，封葛王	《金史》卷120《蒲察阿虎迭传》
乌古论道远	女真	章宗明昌初	临潢总管	不详	不详	《金史》卷94《完颜襄传》
徒单贞本名特思	女真	世宗初年	临潢尹	仪同三司	临潢尹	《金史》卷132《徒单贞传》
乌古论三合	女真	世宗大定年间	临潢尹	永定军节度使	凤翔尹	《金史》卷82《乌古论三合传》
承晖	女真	章宗时期	同知临潢府尹	咸平尹	北京留守	《金史》卷101《承晖传》

通过上述附表统计，对见于记载的12位临潢府路兵马都总管的身份、任职时间、任职途径考察如下：

（1）12位临潢府路兵马都总管除马和尚一人民族成分不详外，其余民族成分均为女真族。女真是金朝的统治民族,女真统治者历来强调女真本位意识,女真族在政治地位上要优于其他民族。临潢府路作为金朝北境重镇,为保证边疆安全稳定,女真统治者派遣重兵戍边,临潢府路兵马都总管几乎清一色任用女真人。

（2）临潢府路兵马都总管在任职时间上,熙宗、海陵时期各2位,世宗时期有6位,章宗时期2位。从见于记载的临潢府路兵马都总管任职人次与各位皇帝在位时间对比看,世宗时期临潢府路兵马都总管任职人数最多。世宗时期为了进一步加强对蒙古草原诸部的控制,严密防范诸部族骚扰边境,加大了临潢府路兵马都总管府的镇戍力量,临潢府路兵马都总管任职人数亦最多。

（3）担任临潢府路兵马都总管12人中,除马和尚一人出身不详外,其余皆为女真猛安谋克。如乌古论三合,曷懒路爱也窟河人,"皇统元年,领汉军千户",大定初年任临潢尹。[1]谋衍,"勇力过人,善用长矛突战。"皇统四年,亲管奥吉猛安。"皇统八年,为元帅右都监。"天德三年任临潢尹。[2]温迪罕移室懑,"性忠正强毅,善骑射,膂力过人。皇统初,袭其兄谋克,积战功"。[3]海陵正隆四年,"以功迁临潢尹"。[4]承晖,"本名福兴。……袭父益都尹郑家塔割刺讹没谋克",章宗时期,"历知咸平、临潢府,为北京留守。"[5]蒲察阿虎迭,"初授信武将军"。熙宗末年,被任命为临潢尹。[6]夹谷查剌,隆州失撒古河人也。大定初年袭父猛安,后"迁临潢尹兼本路兵马都总管,蕃部畏服。"[7]吾扎忽,"善骑射,……袭猛安。"大定初,为"临潢尹,摄元帅左都监。"[8]可见,女真猛安谋克是临潢府路重要的军事镇戍力量,担任临潢府路兵马都总管者几乎悉数为女真猛安谋克。

---

[1] 《金史》卷82《乌古论三合传》,第1846—1847页。
[2] 《金史》卷72《谋衍传》,第1654页。
[3] 《金史》卷91《温迪罕移室懑传》,第2013页。
[4] 同上书,第2014页。
[5] 《金史》卷101《承晖传》,第2223—2224页。
[6] 《金史》卷120《蒲察阿虎迭传》,第2620页。
[7] 《金史》卷86《夹谷查剌传》,第1925页。
[8] 《金史》卷71《吾扎忽传》,第1639页。

（二）北京路兵马都总管

据统计，金代历任北京路兵马都总管如下表所示：

表1-5 历任北京路兵马都总管（留守、同知留守事）一览表

任职者	民族	任职时间	官职	此前官职	此后官职	史料来源
移剌成	契丹	世宗大定年间	北京留守	枢密副使	北京留守	《金史》卷91《移剌成传》
孛术鲁阿鲁罕	女真	海陵时期	北京留守	参知政事	北京留守	《金史》卷91《孛术鲁阿鲁罕传》
石抹荣	契丹	世宗大定初年	北京留守	签书枢密院事	东京留守	《金史》卷91《石抹荣传》
李偲	汉	世宗大定年间	同知北京留守	户部侍郎	沂州防御使	《金史》卷92《李偲传》
宗浩	女真	章宗即位	北京留守	参知政事	同判大睦亲府事	《金史》卷93《宗浩传》
乌古论元忠	女真	章宗明昌年间	北京留守	顺义军节度使	济南府尹	《金史》卷120《乌古论元忠传》
乌古孙兀屯	女真	大安三年	北京留守	元帅右都监	元帅左监军	《金史》卷121《乌古孙兀屯传》
卢克忠	渤海	大定二年	北京副留守	保大军节度使	陈州防御使	《金史》卷128《卢克忠传》
完颜骨只	女真	世宗大定初	同知北京留守事	不详	不详	《金史》卷133《移剌窝斡传》
斡勒忠	女真	章宗即位后	北京副留守	滕州刺史	同签枢密院事	《金史》卷97《斡勒忠传》
刘玑	汉	世宗时期	同知北京留守事	济州尹	管州刺史	《金史》卷97《刘玑传》
承晖	女真	章宗时期	北京留守	临潢府尹	大名府尹	《金史》卷101《承晖传》
王修	汉	大定末年	同知北京留守事	户部侍郎	辽东路转运使	《金史》卷105《王修传》
胙王元	女真	熙宗时期	北京留守	不详	北京留守	《金史》卷4《熙宗纪》、《金史》卷69《胙王元传》
卞	女真	世宗大定时期	北京留守	归德府尹、河平军节度使	知大兴府事	《金史》卷5《海陵纪》、《金史》卷76《宗本传》、《金史》卷59《宗室表》

续表

任职者	民族	任职时间	官职	此前官职	此后官职	史料来源
张晖	汉	海陵正隆年间	北京留守	不详	不详	《金史》卷5《海陵纪》
萧赜	契丹	海陵正隆年间	北京留守	不详	不详	《金史》卷5《海陵纪》、《金史》卷87《纥石烈志宁传》、《金史》卷91《萧怀忠传》
耨盌温敦兀带	女真	大定初期	北京留守	不详	参知政事	《金史》卷6《世宗纪上》
完颜谋衍	女真	大定初期	北京留守	不详	不详	《金史》卷6《世宗纪上》
裔	女真	章宗承安年间	北京留守	不详	参知政事	《金史》卷10《章宗纪二》
思敬本名撒改	女真	世宗大定初期	北京留守	右副元帅	平章政事	《金史》卷6《世宗纪上》《金史》卷70《思敬传》、《金史》卷86《尼厖古抄兀传》
仲本名石古乃	女真	世宗大定时期	北京留守	西北路招讨使	北京留守	《金史》卷72《仲传》
守贞本名左靥	女真	世宗大定初期	北京留守	彰德军节度副使	西京警巡使	《金史》卷73《守贞传》
京本名忽鲁	女真	海陵时期	北京留守	河间尹	益都尹	《金史》卷74《京传》
耨盌温敦兀带	女真	世宗初期	北京留守	会宁尹	参知政事	《金史》卷84《耨盌温敦兀带》
越王永功本名宋葛	女真	世宗大定末期	北京留守	河间尹	东京留守	《金史》卷85《越王永功传》
蒲察斡论	女真	海陵正隆年间	北京留守、大定尹	河南尹兼河南路都统军使	北京留守	《金史》卷86《蒲察斡论传》
完颜蒲速列	女真	世宗时期	北京副留守	不详	不详	《金史》卷88《移剌道传》
移剌斡里朵	契丹	海陵正隆间	同知北京留守事	不详	不详	《金史》卷90《移剌斡里朵传》

对以上29位北京路地区兵马都总管的身份、任职时间、途径考察如下：

（1）从北京路地区兵马都总管的任职时间上看，熙宗时期1人，海陵时期6人，世宗时期16人，章宗时期5人，卫绍王时期1人。从见于记载的北京路地区兵马都总管任职人次与各位皇帝在位时间对比看，世宗时期北京路地区兵马都总管任职人数最多。为了实现对草原各游牧部落有效的羁縻统治，金世宗采取了修筑界壕边堡与派兵征讨相结合的施政方略，进一步加强了对北京路地区兵马都总管府的管理。

（2）受任于北京路地区兵马都总管者，民族成分复杂，尤以女真族居多。据史籍所载担任北京路地区兵马都总管的29位官员中，其中女真族20人，契丹族3人，渤海族1人，汉族5人。与其他京府相比较，北京路地区都兵马总管长官中外族官员比重多一些，这与北京路地区为契丹、奚、汉等族聚居地有关，出于统治的需要，任用了熟悉当地文化风俗的契丹、奚、汉族官员。

（3）通过军功、治边有方两种任职途径担任此职。如完颜谋衍在平定窝斡之乱后，"出为北京留守，上御便殿，赐食，乃御服衣带佩刀"。[1]蒲察斡论大败宋兵，"宋人弃城去，追及于铁索口，复大败之，遂复寿安。改北京留守"。[2]卞，本名吾母。大定二年，为都水监丞。"王汝嘉奏卞前在都水监导河有劳，除北京留守。"[3] "（完颜）思敬与山东路总管徒单克宁议曰：'大军方进伐宋，宜以家属权寓州县，量留军众以为备御。俟边事宁息，猛安谋克各使聚居，则军民俱便。'还奏，上从之。……三年四月，召还京师，以为北京留守"。[4]耨盌温敦兀带"为治宽简，多备御，谨斥候，边郡以宁。改北京留守。"[5]

（三）东北路招讨使

据统计，金代历任东北路招讨使如下表所示：

---

[1]《金史》卷72《谋衍传》，第1654—1655页。
[2]《金史》卷86《蒲察斡论》，第1925页。
[3]《金史》卷66《卞传》，第1568页。
[4]《金史》卷70《完颜思敬传》，第1626页。
[5]《金史》卷84《耨盌温敦兀带传》，第1885页。

表1-6　金代历任东北路招讨使一览表

任职者	民族	任职时间	官职	出身	史料来源
完颜昂	女真	皇统五年后	东北路招讨使	宗室	《金史》卷84《完颜昂传》
斜野	不详	贞元二年前后	东北路招讨使	不详	《金史》卷5《海陵纪》
完颜麻泼	女真	正隆五年	东北路招讨使	不详	《金史》卷133《移剌窝斡传》
乌林答蒲卢虎	女真	正隆五年后	东北路招讨使	贵戚	《金史》卷133《移剌窝斡传》
尼厖古钞兀	女真	大定四年后	东北路招讨使	出身细微	《金史》卷86《尼厖古钞兀传》
夹谷查刺	女真	大定九年后	东北路招讨使	大臣子	《金史》卷86《夹谷查刺传》
移剌按答	契丹	大定中	东北路招讨使	大臣子	《金史》卷91《移剌按答传》
温迪罕速可	女真	大定二十九年	东北路招讨使	不详	《金史》卷9《章宗纪一》
瑶里孛迭	奚	承安五年后	东北路招讨使	不详	《金史》卷94《瑶里孛迭传》
完颜铁哥	女真	贞祐二年后	东北路招讨使	大臣子	《金史》卷103《完颜铁哥传》
瑶里孛迭	女真	承安五年	东北路招讨使	承安五年	《金史》卷94《瑶里孛迭传》
萧王家奴	奚	天德二年	东北路招讨都监	天德二年	《金史》卷81《萧王家奴传》
内族襄	女真	大定四年前	宗室	大定四年前	《金史》卷94《完颜襄传》
仆散端	女真	明昌初	猛安民户	明昌初	《金史》卷101《仆散端传》

根据上述附表统计，对东北路招讨司官员的身份、任职时间、任职途径考察如下：

（1）从东北路招讨司官员任职时间上看，熙宗时期1人，海陵时期4人，世宗时期5人，章宗时期4人，宣宗时期1人。这并非有金一代东北路招讨司官员的实际人次，而是见于记载的任职人次。东北路招讨司官员事迹记载多寡与金朝国运联系紧密。海陵、世宗、章宗时期记载人次明显多于其他几位皇帝，在这段时间内蒙古诸部经常入扰北疆，为了加强对西北边境的控制，进一步加强对招讨司的管理。

（2）受任于东北路招讨司官员，女真族占有绝对的优势。在有明确记载出身与民族的15位招讨司官员中，东北路招讨使11人，其中女真族9人，契丹族1人，奚1人，民族成分不详者1人，并无汉人担任此职。出任东北路招讨副使2人均为女真人，招讨都监女真、奚各1人。可见民族成分成为出任招讨司官职的重要因素。招讨使中出现的少数契丹人，主要为投附金朝的辽降将，女真统治者欲利用他们守卫西北边防。

（3）东北路招讨使半数从宗室贵戚中选择。担任东北路招讨使11人中，其中宗室出身者1人、贵戚者1人、大臣子4人、出身低微者1人，4人不详。由此看出，出任招讨使者必得皇帝信任方可，完颜昂"幼时侍太祖"，[1]担任皇宫护卫一职。夹谷查剌"天德初，以功臣子充护卫"。[2]出任东北路招讨使者多善契丹、女真语。如尼厖古钞兀，"初为大杲扎也，补元帅府通事。"[3]夹谷查剌"善女直、契丹书"。[4]

（4）任职途径多是由武将因军功升任招讨使。正隆末至大定初年契丹人和奚人发动大起义，北部和西北部诸游牧民族也屡有反叛行为，尼厖古钞兀参与平乱，事平后因战功迁"西北路招讨使，改东北路"。[5]夹谷查剌，"（天德）二年，授武义将军。"世宗时期以武威军副总管参与金世宗对宋战争，大定九年（1169年）夹谷查剌出任"东北路招讨使兼德昌军节度使，仍赐金带。"[6]贞祐二年（1214年），东北路招讨司治所迁至肇州，但东北路招讨使仍兼任德昌军节度使，并未兼任武兴军节度使。完颜铁哥"迁东北路招讨使，兼德昌军节度使"。[7]

（四）北京路转运司

据统计，金代历任北京路转运司官员如下表所示：

---

[1] 《金史》卷84《完颜昂传》，第1885页。

[2] 《金史》卷86《夹谷查剌传》，第1925页。

[3] 《金史》卷86《尼厖古钞兀传》，第1922页；通事旧指翻译人员。

[4] 《金史》卷86《夹谷查剌传》，第1925页。

[5] 《金史》卷86《尼厖古钞兀传》，第1923页。

[6] 《金史》卷86《夹谷查剌传》，第1925—1926页。

[7] 《金史》卷103《完颜铁哥传》，第2282页。

表1-7 金代北京路历任转运司官员一览表

任职者	民族	籍贯	出身	官职	任职时间	最高任职	史料来源
刘麟	汉	景州阜城人	承荫（刘豫之子）	转运使（含都转运使）	熙宗时期	上京路转运使、开府仪同三司	《金史》卷77《刘豫传》
李三锡	汉	锦州安昌人	辽代军官	转运使（含都转运使）	大定初	河北西路转运使	《金史》卷75《李三锡传》
移剌斡里朵	契丹	系出辽五院司	军功	转运使（含都转运使）	正隆六年九月任职	北京路转运使	《金史》卷90《移剌斡里朵传》
孟奎	汉	辽阳人	大定二十一年进士	转运使（含都转运使）	大定初	北京临潢等路按察转运使	《金史》卷104《孟奎传》
马百禄	汉	通州三河人	大定三年词赋进士第	转运使（含都转运使）	大定间	同知北京留守事	《金史》卷97《马百禄传》
乌林答与	女真	大名路纳邻必剌猛安人	不详	转运使（含都转运使）	卫绍王	兵部尚书	《金史》卷104《乌林答与传》
雷思	汉	浑源人	天德三年进士	同知转运使	世宗大定年间	同知北京转运使	《中州集》卷8
高辅国	渤海	不详	不详	同知转运使	海陵贞元三年在职	不详	《满洲金石志》卷3《宣武将军高松哥墓碣》
高德基	渤海	辽阳渤海人	皇统二年进士第	同知转运使	大定三年下迁任职	中都路转运使、刑部尚书、户部尚书	《金史》卷90《高德基传》
雷渊	汉	应州浑源人	至宁元年词赋进士	同知转运使	宣宗朝在职	翰林修撰	《金史》卷110《雷渊传》
孙德渊	汉	兴中州人	大定十六年进士	同知转运使	世宗朝在职（都勾判官），天辅七年前在职（中京转运使）	工部尚书	《金史》卷128《孙德渊传》

续表

任职者	民族	籍贯	出身	官职	任职时间	最高任职	史料来源
韩企先	汉	燕京	辽进士	同知转运使	不详	尚书右丞相	《金史》卷78《韩企先传》
王维翰	汉	利州龙山人	大定二十八年进士	同知转运使	章宗朝在职（户籍判官）	刑部尚书，拜参知政事	《金史》卷121《王维翰传》
萧贡	汉	京兆咸阳人	大定二十二年进士	副转运使	章宗朝	户部尚书	《金史》卷105《萧贡传》
高锡	渤海	辽阳渤海人	明昌二年进士	转运副使	章宗卫绍王时期	河北东路按察转运使	《金史》卷121《高锡传》
宗亨	女真	不详	承荫军功	转运副使	熙宗、海陵朝	西北路兵马都统	《金史》卷70《宗亨传》。
王晦	汉	泽州高平人	明昌二年进士	转运判官	章宗朝在职（户籍判官）	翰林侍读学士、劝农使	《金史》卷121《王晦传》
赵秉文	汉	磁州滏阳人	大定二十五年进士	转运判官	章宗承安五年在职任支度判官	礼部尚书	《金史》卷110《赵秉文传》、《满洲金石志》卷3《利州精严禅寺盖公和尚行状铭》

根据史书记载粗略统计（参见附表），对金代北京路转运司18位官员身份及任职途径考察如下：

（1）从北京路转运司官员的任职时间上看，6名转运使中，其中熙宗时期1人，海陵时期1人，世宗时期3人，卫绍王时期1人；7名同知转运使中，太宗时期1人，海陵时期1人，世宗时期3人，章宗时期1人，宣宗时期1人；3名转运副使中，熙宗海陵时期1人，章宗时期2人；2名转运判官皆任职于海陵时期。

（2）转运使官员中汉族人占据绝大部分。如表所示，在有明确记载出身与民族的18位北京路转运司官员中，汉人转运使4人，同知转运使5人，副转运使1人，转运判官2人，其中科举出身者10人，承荫者1人，辽降者1人。女真转运使1人，转运副使1人，皆承荫军功。渤海同知转运使2人，转运副使1人，科举出身者2人，1人不详。

（3）转运司官吏出身主要是科举入仕。各族官吏以科举出身者共12人，科举选任官吏中，汉人共10人，渤海人共2人，汉人占据了绝大部分，出任转运司官职的2位女真人皆以荫补和军功入仕。

（4）从北京路历任转运司官员官职上看，有明确记载的18位官员中，任期满后出任六部尚书者6人，转运使乌林答与出任兵部尚书，同知转运使孙德渊出任工部尚书，同知转运使韩企先出任尚书右丞相，同知转运使王维翰刑部尚书、拜参知政事，副转运使萧贡出任户部尚书，转运判官赵秉文出任礼部尚书。其中参知政事为执政，尚书右丞相为宰相。在金朝政权中央机构中，宰执位居百官之首，地位煊赫，为帝王治理国家所倚重之辅佐集团。其人选受到统治者特别关注，6位转运司官员的个人能力和素养得到皇帝赏识，同时也表明转运司在金朝政治生活中的重要作用。

（五）北京路提刑使、按察使

据统计，金代北京路历任提刑司、按察司官员如下表所示：

表1-8　金代北京路历任提刑司、按察司官员一览表

任职者	民族	籍贯	出身	官职	任职时间	最高任职	史料来源
承晖本名福兴	女真		袭父益都尹郑家塔剌讹没谋克	北京路提刑使	章宗时期	右丞相	《金史》卷101《承晖传》
抹撚尽忠本名彖多	女真	上京路猛安人	科举	北京、临潢提刑司知事、北京按察司	章宗时期	平章政事	《金史》卷101《抹撚尽忠传》
李完	汉	朔州马邑人	科举	北京临潢路提刑副使	章宗时期	南京路按察使	《金史》卷97《李完传》
邹谷	汉	密州诸城人	科举	北京、临潢提刑判官	章宗初年	泰宁军节度使	《金史》卷104《邹谷传》

续表

任职者	民族	籍贯	出身	官职	任职时间	最高任职	史料来源
孟奎	汉	辽阳人	科举	北京、临潢等路按察转运使	卫绍王时期	行六部侍郎	《金史》卷104《孟奎传》
移剌福僧	女真	东北路乌连苦河猛安人	荫补	北京、临潢按察使	章宗末年	山东西路转运使	《金史》卷104《移剌福僧传》
高汝砺	女真	东北路乌连苦河猛安人	科举	北京临潢府路按察使	章宗泰和二年	尚书右丞相	《金史》卷107《高汝砺传》
孛术鲁德裕	女真	隆安路猛安人		北京路按察使	章宗末年	临潢府路兵马都总管	《金史》101《孛术鲁德裕传》
杨云翼	汉	平定乐平人	科举	北京临潢等路按察司佥事	章宗泰和年间		《遗山先生文集》卷18《内相文献杨公（云翼）神道碑铭》

对以上9位北京路提刑司、按察司官员的身份、任职时间、途径考察如下：

（1）从北京路提刑司、按察司官员的任职时间上看，章宗时期8人，卫绍王时期1人。从见于记载的北京路提刑司、按察司官员任职人次与两位皇帝在位时间对比看，章宗朝北京路提刑司、按察司官员任职人数最多，这与章宗朝始置提刑司以及章宗对监察"劝农采访事、屯田、镇防诸军"的重视程度密切相关。[1]

（2）受任于北京提刑司、按察司官员者，民族成分以女真族、汉族为主。据史籍所载担任北京路提刑司、按察司官员的9位官员中，其中女真族5人，汉族4人。随着金朝封建化改革的深入，女真统治者对汉人更加信任和倚重，在女真王朝中后期，汉人具有较高的政治社会地位。契丹人在经历了正隆末至大定初年的契丹人大起义后，政治上已完全失去了金朝统治者的信任，再也无法跻身于高层高僚。

（3）其中科举出身者6人，荫补者2人、不详者1人。与其他行政机构相

---

[1] 《金史》卷9《章宗纪一》，第210页。

比较，北京路提刑司、按察司官员中科举出身官员比重多一些，约占总人数的67%。抹撚尽忠，"中大定二十八年进士第"[1]。李完，"经童出身，复登词赋进士第"[2]。邹谷，"中大定十三年进士第"[3]。孟奎，"大定二十一年进士"[4]。高汝砺，"登大定十九年进士第"[5]。这与金朝中后期女真人已普遍趋于汉化密切相关。当时女真人纷纷弃武从文，章宗不得不做出"限丁习学"的规定，保证猛安谋克军队有足够的兵源。[6]

（六）府级主要任职官员

据统计，金代北京路历任广宁府官员如下表所示：

表1-9　金代北京路历任广宁府官员一览表

任职者	民族	籍贯	出身	官职	任职时间	最高任职	史料来源
大兴国	渤海	不详	不详	广宁尹	海陵天德年间	不详	《金史》卷5《海陵纪》、《金史》卷132《大兴国传》
韩王亨	女真	不详	宗室	广宁尹	海陵贞元年间	不详	《金史》卷5《海陵纪》、《金史》卷59《交聘表》
仆散浑坦	女真	不详	军功	广宁尹	世宗大定元年	不详	《金史》卷6《世宗纪》、《金史》卷71《吾扎忽传》
高桢	渤海	辽阳	五世祖牟翰仕辽	广宁尹	太宗天会年间	冀国公	《金史》卷45《刑志》
宗贤	女真	不详	宗室	广宁尹	海陵天德年间	同签大宗正事	《金史》卷66《宗贤传》

---

[1]　《金史》卷101《抹撚尽忠传》，第2227页。
[2]　《金史》卷97《李完传》，第2155页。
[3]　《金史》卷104《邹谷传》，第2288页。
[4]　《金史》卷104《孟奎传》，第2290页。
[5]　《金史》卷107《高汝砺传》，第2351页。
[6]　《金史》卷51《选举志一》"进士诸科"条，承安二年（1197年），"敕策论进士限丁习学，……若猛安谋克女直及诸色人，户止一丁者不许应试，两丁者许一人，四丁二人，六丁以上许三人"。《金史》卷51《选举志一》，第1142页。

续表

任职者	民族	籍贯	出身	官职	任职时间	最高任职	史料来源
阿琐	女真	不详	宗室	广宁尹	大定初年	济南尹	《金史》卷69《阿琐传》
按荅海	女真	不详	宗室	广宁尹	海陵正隆末年	不详	《金史》卷71《宗叙传》、《金史》卷73《按荅海传》
海里	女真	隆安路猛安人	军功	广宁尹	熙宗天眷初年		《金史》卷72《海里传》
完颜晏	女真	平定乐平人	宗室	广宁尹	太宗时期	太尉	《金史》卷73《完颜晏传》
文（本名胡剌）	女真	不详	世袭谋克	广宁尹	大定初年	判大宗正事	《金史》卷74《文传》
完颜亨（本名字迭）	女真	不详	宗室	广宁尹	海陵时期	银青光禄大夫	《金史》卷77《宗亨传》、《金史》卷120《徒单恭传》
张汝弼	渤海	不详	外戚，以父荫补官	广宁尹	世宗时期	参知政事	《金史》卷83《张汝弼传》
越王永功（本名宋葛，又名广孙）	女真	不详	宗室	广宁尹	章宗明昌年间	越王	《金史》卷85《越王永功传》
移剌子敬（本名屋骨朵鲁）	契丹	辽阳	辽五院人	广宁尹	大定年间	广宁尹	《金史》卷89《移剌子敬传》
卢孝俭	汉	不详	科举	广宁尹	大定年间	山东路转运使	《金史》卷92《卢孝俭传》
完颜严雅	女真	不详	不详	同知广宁尹	大定初年	同知广宁尹	《金史》卷92《徒单克宁传》、《金史》卷133《移剌窝斡传》
完颜汝弼	女真	宣德州人	不详	广宁尹	大定二十六年	不详	《金史》卷92《徒单克宁传》
夹谷清臣	女真	不详	世袭猛安	广宁尹	章宗承安末年	尚书左丞相	《金史》卷94《夹谷清臣传》

续表

任职者	民族	籍贯	出身	官职	任职时间	最高任职	史料来源
瑶里孛迭	女真	不详	世袭谋克	广宁尹	承安五年	崇义军节度使	《金史》卷94《瑶里孛迭传》
蒲察阿虎迭	女真	胡里改路桓笃人	贵族	广宁尹	海陵时期	武定军节度使	《金史》卷120《蒲察阿虎迭传》
乌古论元忠（本名讹里也）	女真	北京路窟白猛安陀罗山谋克人	宗室	广宁尹	章宗明昌二年	右丞相	《金史》卷120《乌古论元忠传》
宋宸	汉	不详	科举	广宁府推官	海陵时期	北京、临潢等路按察使	《金史》卷120《宋宸传》、《金史》卷49《食货志四》
耶律固	契丹	上京独拔古人	不详	广宁尹	海陵时期	不详	《金史》卷125《萧永祺传》
牛德昌	汉	中都宛平人	科举	广宁尹	熙宗时期	太原尹	《金史》卷128《牛德昌传》
李老僧	渤海	不详	不详	同知广宁尹事	海陵时期	不详	《金史》卷132《李老僧传》
张大节	汉	蔚州定安人	科举	广宁尹	章宗明昌初期	震武军节度使	《金史》卷97《张大节传》
李完	汉	不详	科举	同知广宁府	世宗时期	北京临潢路提刑副使	《金史》卷97《李完传》
孛术鲁德裕（本名蒲刺都）	女真	代州五台人	世袭猛安	广宁治中	章宗明昌年间	左监军兼临潢府路兵马都总管	《金史》卷101《孛术鲁德裕传》
温迪罕青狗	女真	朔州马邑人	不详	知广宁府事	宣宗兴定年间	不详	《金史》卷103《完颜阿里不孙传》

金代广宁府历任官员根据史书记载粗略统计有29人（参见附表）通过对这些广宁府官员任职时间、身份及任职途径可得出如下认识：

从广宁府官员任职时间上看，太宗时期2人次，熙宗时期2人次，海陵时期9人次，世宗时期9人次，章宗时期6人次，宣宗时期1人次。从广宁府官员人次记载多寡、皇帝在位年平均人次以及所占总人数比重方面综合分析比较，海陵朝至章宗朝，有关广宁府官员事迹记载人次明显多于其他几位皇帝在位时期的记载。海陵时期极力推行封建制改革，发展社会经济；世宗时期提倡农业经济、休养生息；章宗时期"宇内小康"[1]。广宁府官吏在管理地方职能方面也显得极为重要。可见，广宁府官员人次多寡与此关系密切。

受任于广宁府官员，女真族占有绝对的优势。如表所示，在有明确记载出身与民族的29位广宁府官员中。广宁尹23人次，同知广宁府4人，广宁府推官1人，广宁治中1人。[2]汉人5人，女真18人，契丹2人，渤海4人。女真人占总人数的一半以上。

（3）广宁尹半数以上出自女真贵族。担任广宁尹23人中，女真贵族出身者8人，军功荫补出身者6人，科举出身者3人，出身不详者5人。

其一，出自女真贵族者。宗贤，即为宗室，"历广宁尹，封广平郡王。改崇义军节度使，兼领北京宗室事。"[3]阿琐，"宗强之幼子也。……天德二年，以宗室子，授奉国上将军，累加金吾卫上将军，居于中都。"[4]乌古论元忠本名讹里也，其母为太祖女毕国公主。"元忠幼秀异，世宗在潜邸以长女妻之，后封鲁国大长公主。"[5]

其二，出自军功者。按荅海，"又名阿鲁绾，宗雄次子也。性端重，不轻发，有父之风。年十五，太祖赐以一品伞。二十余，……按荅海为班首，……赏之独厚。"[6]文，本名胡刺。"皇统间，授世袭谋克，加奉国上将军，居中京。"[7]"（宗）亨性直，材勇绝人。"[8]瑶里孛迭，"北京路窟白猛安陀罗山谋克人也。以军功历海滨令，迁徐王府掾，以称职，再任御史

---

[1] 《金史》卷12《章宗纪四》，第285页。
[2] 据《金史》卷57《百官志三》所载，并无广宁府治中一职。
[3] 《金史》卷66《宗贤传》，第1566页。
[4] 《金史》卷69《阿琐传》，第1608页。
[5] 《金史》卷120《乌古论元忠传》，第2623页。
[6] 《金史》卷73《按荅海传》，第1683页。
[7] 《金史》卷74《文传》，第1710页。
[8] 《金史》卷77《完颜亨传》，第1756页。

台。"[1]

其三，汉人多为科举出身。宋戾，中都宛平人也。正隆五年进士。[2]牛德昌，"中皇统二年进士第"[3]。张大节，"擢天德三年进士第"[4]。李完，"经童出身，复登词赋进士第"[5]。

---

[1] 《金史》卷94《瑶里孛迭传》，第2095页。
[2] 《金史》卷121《宋戾传》，第2649页。
[3] 《金史》卷128《牛德昌传》，第2758页。
[4] 《金史》卷97《张大节传》，2145页。
[5] 《金史》卷97《李完传》，第2155页。

第二章　金代北京路地区的民族

金代北京路地区西拉木伦河和老哈河流域仍是契丹、奚族的聚居地，此外，这一地区还生活着大量的女真、汉诸多民族。女真统治者在这一地区施行的特殊的民族政策，是随着女真族与诸族关系变化而不断调整的。

第一节　金代北京路地区游牧民族分布格局的演变

由于女真政权统辖区域较契丹政权有所扩大，加上一些政治事态的发展，金代北京路地区契丹、奚人的分布亦相应地发生了变化。总的趋势是契丹人、奚人部分被迁至泰州、金源内地，部分南下中原，大部分留居原住地。总之，终金一世居住于北京路地区的契丹族、奚族仍占有数量优势，北京路地区作为契丹族、奚族的聚居地的地位始终未曾改变。

一、金代北京路地区契丹族分布区域变迁

关于金代北京路地区契丹人分布变动这一复杂问题，由于史料阙如，目前很难做定量分析，就笔者目前掌握的资料只能对北京路地区契丹人分布变动趋势做初步归纳。金代女真统治者对契丹人以猛安谋克组织进行编制统辖，将北京路地区契丹人大批迁往泰州、乌古石垒部、临潢、辽东、女真内地、中都

及中原地区。[1]

金初北京路地区分布着大量的契丹人。海陵正隆五年（1160年）至大定二年（1162年），契丹人撒八、移剌窝斡起义被镇压后，为防范契丹人起义，女真统治者将北京路地区契丹人迁至泰州、乌古石垒部、临潢地区。

世宗大定三年（1163年），女真统治者采取一系列措施，下令"罢契丹猛安谋克，其户分隶女直猛安谋克"[2]。《金史》卷88《纥石烈良弼传》载："上欲徙窝斡逆党，分散置之辽东。良弼奏：'此辈已经赦宥，徙之生怨望。'上曰：'此目前利害，朕为子孙后世虑耳。'良弼曰：'非臣等所及也。'于是，以尝预乱者，徙居乌古里石垒部。"[3]大定十七年（1177年）正月，"诏西北路招讨司契丹民户，其尝叛乱者已行措置，其不与叛乱及放良奴隶可徙乌古里石垒部，令及春耕作。"[4]"是时，诏徙窝斡余党于临潢、泰州。"[5]这样使得北京路地区契丹人的分布发生了重大变动。

为防止北京路边境地区契丹人与西辽交通，完颜雍解散了其余的契丹猛安谋克，派遣同签枢密院事纥石烈奥也、吏部郎中裴满余庆、翰林修撰移剌杰，将参与起义的契丹人徙至辽东地区。契丹人迁徙后，其原居地"皆为亲王、公主、权势之家所占，转租于民"[6]。经过这次迁移，北京路地区的契丹人数量大大减少，然而迁居辽东的契丹人却为金末耶律留哥叛乱埋下了祸根。

《金史》卷44《兵志》也记载："（大定）十七年，又以西南、西北招讨司契丹余党心素狼戾，复恐生事，它时或有边隙，不为我用，令迁之于……上京之地。"[7]世宗还特意诏谕兵部郎中移剌子元道："卿可省谕徙上京、济州契丹人，彼地土肥饶，可以生殖，与女真人相为婚姻，亦汝等久安之计也。卿与奥也同崔发徙之。仍遣猛安一员以兵护送而东，所经道路勿令与群牧

---

[1] 宁波：《浅析金代对北京路契丹、奚族的民族政策》，《北方文物》2016年第2期，第69—73页。
[2] 《金史》卷6《世宗纪上》，第132页。
[3] 《金史》卷88《纥石烈良弼传》，第1954页。
[4] 《金史》卷7《世宗纪中》，第166页。
[5] 《金史》卷73《完颜守能传》，第1691页。
[6] 《金史》卷8《世宗纪中》，第175页。
[7] 《金史》卷44《兵志》，第994页。

相近，脱或有变，即便讨灭。俟其过岭，卿即还镇。"[1]因群牧内有大量契丹人，也有部分阻卜（鞑靼）人，为避免他们声息相同，故有此嘱托。《金史》卷88《唐括安礼传》也记载，"徙西北路契丹人尝预窝斡乱者上京、济、利等路安置"[2]。

　　章宗明昌元年（1190年），胡廷（里）纥于北京路、临潢路之间发动起义。明昌六年（1195年），临潢路与泰州契丹属部再次反抗金朝。承安元年（1196年）十月爆发了一次大规模的契丹人民大起义。完颜襄派遣临潢总管乌古论道远、咸平总管蒲察守纯分道进讨，主事者德寿被擒送京师地区。承安二年（1197年），活动于懿州和锦州地区的千余纥军，被都统瑶里孛迭击败。战乱被平定后，女真统治者"移诸纥居近京地，抚慰之"[3]。

　　金朝末年，蒙古大军挥师南下攻金，北京路地区亦有部分契丹、奚人军队调入中原，南下中原避难。卫绍王大安三年（1211年）十月，徒单镒派遣二万军队自女真内地援助中都。[4]当时泰州（今吉林省洮南城四家子古城）刺史术虎高琪率兵屯于通玄门外，"未几，升缙山县（今北京市延庆县）为镇州，以高琪为防御使，权元帅右都监，所部纥军赏赉有差。"[5]说明术虎高琪管辖的纥军南徙至中都（今北京市）以北地区。蔡美彪先生认为，迪列纥是由术虎高琪招募的以契丹人为主的军队。[6]当时极有可能还有小部分契丹、奚牧民迁入中原避难。

　　宣宗贞祐二年（1214年），北京路地区的居民以府州为单位徙至华北地区，华北地区出现了一些乔置府州。临潢府（今内蒙古巴林左旗西南）、全州（今内蒙古翁牛特旗境）、庆州（今内蒙古巴林左旗西北）皆侨置于平州（今河北省卢龙县）。不久后，完颜合达率领三府州部分移民渡海徙至山东益都。[7]

---

[1]　《金史》卷88《唐括安礼传》，第1964—1965页。

[2]　同上书，第1964页。

[3]　《金史》卷94《完颜襄传》，第2089—2090页。

[4]　《金史》卷13《卫绍王纪》，第294页。

[5]　《金史》卷106《术虎高琪传》，第2340页。

[6]　蔡美彪：《纥与纥军之演变》，《元史论丛》2辑，中华书局1983年版，第31页。

[7]　《金史》卷112《完颜合达传》，第2464页。

尽管有大量契丹人不断迁出北京路地区，但至金后期仍有大量契丹人生活在这一地区。从糺军的分布及契丹人参加灭金复国运动的区域看，北京路地区仍是契丹人的主要聚居区。[1]东北路猛安人移剌塔不也，为泰州刺史高琪部下。因其"泰和（1201—1208年）伐宋，有功，遥授同知庆州（今内蒙古巴林右旗西北）事，权迪列糺详稳"[2]。可见迪烈糺这支糺军活动于北京路地区。王国维认为，这支糺军活动在临潢路、北京路和中都路北。身居迪烈糺的石抹氏家族史书明确其为契丹人。"此项糺军大抵多契丹人，当金之中叶远戍呼伦贝尔两湖之间，与塔塔儿人杂居，故中有塔塔儿人，后复徙泰州。"[3]

金朝末年，有许多契丹人参与灭金复国运动。如王珣，本姓耶律氏，世为大族。海陵正隆末年，契丹窝斡起义，避难辽西，改姓王氏，为义州开义人。"太师木华黎略地奚、霤，珣率吏民出迎，承制以珣为元帅，兼领义、川二州事。"[4]义（今辽宁省义县）、川（今辽宁省北票市东北）二州皆隶属于北京路。移剌捏儿，契丹人，亡辽后未仕金，当听闻成吉思汗举兵，认为复国时机已到，"率其党百余人诣军门献十策。帝召见，与语奇之，赐名赛因必阇赤。又问：'尔生何地？'对曰：'霸州'。因号霸州元帅。"[5]霸州隶属于北京路，在今辽宁省朝阳市。综上，从糺军的分布及契丹人的复国活动看，直至金末契丹人仍分布在锦州、庆州、霸州、义州、懿州、临潢、泰州及其以北地区。

二、金代北京路地区奚族分布区域变迁

金初奚族主要活动于北京路地区，即原辽中京道辖区。《金史》卷2《太祖本纪》：天辅六年（1122年）八月辛丑，"中京将完颜浑黜败契丹、奚、汉六万于高州，孛堇麻吉死之。"[6]归附的奚人集中于高州（今内蒙古赤峰市东

---

[1] 冯继钦：《金代契丹人分布研究》，《北方文物》1990年第2期，第57页。
[2] 《金史》卷106《移剌塔不也传》，第2346页。
[3] 王国维：《元朝秘史之主因亦儿坚考》，收入《观堂集林》，中华书局1959年版，第789页。
[4] 《元史》卷149《王珣传》，第3534页。
[5] 《元史》卷149《移剌捏儿传》，第3529页。
[6] 《金史》卷2《太祖本纪》，第38页。

北太平地乡）地区。天辅六年（1122年），宗翰于北安州（今河北省丰宁县东北一百二十里的波罗和屯古城）大败辽奚王霞末。

北京路地区奚人也被编入猛安谋克。都统杲率金兵攻陷辽上京、中京之时，表请对奚部分南路边界，"设官镇守"，太祖回复道"依东京渤海列置千户、谋克"[1]。据三上次男先生考订，懿州胡土虎猛安、北京路窟白猛安陀罗山谋克、东北路（泰州）乌连苦河猛安除契丹人外，均为奚人。[2]《金史》卷90《移剌道传》载，大定二年（1162年），其"奉诏招抚诸奚。是时，抹白猛安下谋克徐列等皆欲降，制于猛安合住，不敢即降。道发兵掩袭合住子妇孙男女甥，及谋克留住，及蒲辇白撒妻孥。是日，适窝斡遣白撒发抹白猛安军，白撒闻其家人被获，遂来降"[3]。三上次男认为此处提及之抹白猛安谋克恰是以北京路地区东部奚驻地为根据地。[4]

据《金史》卷44《兵志》记载："所谓奚军者，奚人遥辇昭古牙九猛安之兵也。奚军初徙于山西，后分迁河东。"[5]其中所谓"山西"概指今松岭以西，"河东"概指今老哈河以东。奚族的分布范围进一步向北扩展，已徙至泰州即今吉林省洮安城四家子古城，向东北则延伸至金源内地上京附近地区。[6]《金史》卷47《食货志二》记载，大定二十一年（1181年）正月，世宗谓宰臣曰："奚人六猛安，已徙居咸平、临潢、泰州，其地肥沃，且精勤农务，各安其居。"[7]奚人进一步向北迁徙至北京路的北部地区及咸平路。

至金代，进一步打破了奚人各部间的血缘联系，强行将其编入猛安谋克中，重新按照地域划分，命令奚人屯戍边境。自刘豫政权废除后，将奚人、契丹人和女真人一起南徙至中原地区与汉族杂处。如有一部分奚人被迁徙至棣州（今山东省惠民县）、滨州（今山东省滨县镇）、保州（今河北省保定市）境内。上述迁徙造成奚族与其他民族间出现了更大的杂居局面，进一步加速了奚

---

[1]　《金史》卷77《挞懒传》，第1763页。
[2]　[日]三上次男：《金代女真研究》，金启孮译，黑龙江人民出版社1984年版，第489页。
[3]　《金史》卷90《移剌道传》，第1994—1995页。
[4]　[日]三上次男：《金代女真社会研究》，日本中央公论美术出版社1972年，第392页。
[5]　《金史》卷44《兵志》，第997页。
[6]　冯继钦：《金代奚族初探》，《求是学刊》1986年第2期，第91—96页。
[7]　《金史》卷47《食货志二》，第1046页。

族与其他民族的融合过程。[1]

第二节　金代北京路地区农耕民族分布格局的演变

金代北京路地区虽然是契丹、奚族的聚居地，但作为统治民族的女真人也以猛安谋克的方式散居在这一区域，此外州县地区还生活着从事农耕的汉人。据不完全统计，北京路地区生活的女真人主要分布在泰州、临潢、大定府、宗州、兴州、全州等地；以农业经济生活为主的汉族更集中地分布在辽西州县如大定府、广宁府、兴中府等地区。总体来讲，北京路地区的民族分布仍是一个大杂居的格局。[2]

一、金代北京路地区汉人分布区域变迁

女真灭辽以后，占据整个北中国的版图，女真统治者将中原地区汉人大批迁徙至女真内地，其中有汉人被迁至北京路地区。北京路地区的汉人主要集中于临潢府、大定府、广宁府及辽西州县地区。

金初因袭辽南院（南枢密院）制度，天辅七年（1123年），"以左企弓行枢密院于广宁"[3]。《金史》卷44《兵志》也记载，"燕山既下，循辽制立枢密院于广宁府，以总汉军"[4]。说明金初北京路地区广宁府内分布着大量汉人。

《金史》卷3《太宗纪》"太宗天会五年冬十月辛未"条，"宋二帝自燕徙居于中京"[5]。金军攻占开封后，将宋徽宗、钦宗二帝及开封宗室、百官、宫女、宦官、工匠、娼妓数千人掠至燕京，后复自燕京徙至中京大定府地区。

---

[1]　杨若薇：《奚族及其历史发展》，《历史教学》1983年第7期，第39—43页。
[2]　宁波：《金代北京路民族分布格局的演变》，《宋史研究论丛》第16辑，河北大学出版社2015年版，第581—594页。
[3]　《金史》卷55《百官志》，第1216页。
[4]　《金史》卷44《兵志》，第1002页。
[5]　《金史》卷3《太宗纪》，第58页。

据《金史》卷4《熙宗纪》天会十五年十二月癸未条记载，"徙蜀王刘豫临潢府"[1]。《金史》卷77《刘豫传》对此事亦有记载，"天会十五年，……以故齐宰相张孝纯权行台左丞相，遂迁豫家属于临潢府。"[2]

《金史》卷10《章宗纪》承安二年（1197年）九月条记载，"遣官分诣上京、东京、北京、咸平、临潢、西京（治于今山西大同市）等路招募汉军，不足则签补之。……丁卯，分遣官于东、西、北京，河北等路，中都二节镇，买牛五万头。"[3]由此可见，直至金朝后期，北京路地区大定府、临潢府、兴中府仍有大批汉人。

金末蒙古军长驱直入，金朝北方州县无不残破。蒙古攻金战争期间北方各地汉人地主武装应运而生。据元好问：《遗山先生文集》卷29《曹元阡表》记载，辽西隰州城破，州内百姓多逃匿他境，"群不逞之徒，乘乱剽掠"。州人曹元"以资雄乡里者累十数代"，遂"具牛酒集壮士得千人"，"安集境内，还倅于州，群党破散，遗民赖之以安"。[4]曹元是隰州大族，在州县机构瓦解情况下，为寻求"自全之计"，对抗"寇盗"，组织汉人武装"保庇一方"。[5]据申友良统计，在金代，北京路地区的人口比辽代的上京、中京道增加了数倍，增幅的人口主要是迁至此地的汉人。[6]

二、金代北京路地区女真人分布区域变迁

金初女真人的分布地域仅限于上京路、东京路、咸平路。自太祖建国初，中经太宗时代至熙宗天眷末年，为了巩固新领土，金朝实行了女真人集体移住的政策，大量的女真猛安谋克离开原住地向新占据的领土发展和移住。这一时期有大量的女真人迁往北京路地区，主要分布于泰州、临潢府、大定府、

---

[1]　《金史》卷4《熙宗纪》，第72页。
[2]　《金史》卷77《刘豫传》，第1761页。
[3]　《金史》卷10《章宗纪》，第242—243页。
[4]　到何之：《关于金末元初的汉人地主武装问题》，收入南京大学历史系元史研究室编《元史论集》，人民出版社1984年版，第164页。
[5]　元好问：《遗山先生文集》卷29《曹元阡表》，第6—8页。
[6]　申友良：《辽金元时期东蒙古地区人口迁徙研究》，《内蒙古社会科学》1996年第1期，第49—51页。

懿州、宗州、兴州、全州等地。

表2-1 迁入北京路地区猛安谋克统计表[1]

猛安谋克名称	迁出地	迁入地	史料来源
筶栢山猛安	上京安出虎水	北京路	《金史》卷66《阿喜传》、《金史》卷66《赞》
讹鲁古必剌猛安	不详	北京路	《金史》卷100《完颜伯嘉传》
宋阿答阿猛安	不详	北京路	《金史》卷124《术甲脱鲁灰传》
合扎寿吉斡母谋克	上京隆州	北京路	《金史》卷72《海里传》
临潢府路曷吕斜鲁猛安	上京益速河	临潢府路	《金史》卷86《蒲察斡论传》
临潢府赫沙阿猛安	上京路	临潢府路	《金史》卷93《仆散揆传》
泰州颜河谋克	上京胡塔安人	泰州	《金史》卷87《纥石烈志宁传》
兴州梅坚河猛安部	上京梅坚河	兴州	《金史》卷68《蒲查传》、《金史》卷24《地理志》
兴州徒们必罕猛安部	徒们江之源	兴州	《金史》卷24《地理志》
兴州宁江速马剌猛安部	宁江州粟末河	兴州	《金史》卷24《地理志》
东北路按出虎割里罕猛安	上京	泰州	《金史》卷122《蒲察娄室传》
阑子山猛安	不详	北京路	《金史》卷90《移剌斡里朵传》
游古河猛安	不详	北京路	《金史》卷90《移剌斡里朵传》

直至海陵王末年,北京路地区内女真猛安谋克的地理分布状况已基本趋于稳定。世宗时期对女真猛安谋克的迁徙活动只是在局部地区做有限调整,对北京路地区内女真猛安谋克人口分布格局未能造成显著影响。

金朝最早向北京路地区所辖泰州大规模移民,因为泰州地处辽上京道的要冲,是通向大兴安岭以西交通要道据点。太祖天辅元年时,金太祖就曾派遣宗雄最先攻取这一地区,由于军事重要性日益增强,大量迁徙女真猛安谋克至泰州驻守。

据《金史》卷2《太祖本纪》记载,太祖天辅五年,"二月,遣昱及宗雄分诸路猛安谋克之民万户屯泰州,以婆卢火统之,赐耕牛五十。"[2]《金史》卷71《婆卢火传》也记载,"天辅五年,摘取诸路猛安中万余家,屯田于泰

---

[1] 张博泉:《金史论稿》,吉林文史出版社1986年版,第309—314页。

[2] 《金史》卷2《太祖本纪》,第35页。

州,婆卢火为都统,赐耕牛五十。婆卢火旧居按出虎水,自是徙居泰州。而遣拾得、查端、阿里徒欢、奚挞罕等俱徙焉。"[1]

《金史》卷73《宗雄传》中也有关于泰州记事,"既而与蒲家奴按视泰州地土。宗雄包其土来奏曰:'其土如此,可种植也。'上从之。由是徙万余家屯田泰州,以宗雄等言其地可种艺也。"[2]戍将宗雄与蒲家奴在移住泰州之前,首先调查了这一地区的土壤是否宜于耕种。在了解地土适宜种艺后,便从诸路猛安中抽调万余户迁往泰州,并以婆卢火为万户都统,对泰州迁移大量女真猛安谋克。这些移居泰州的女真人,其后在婆卢火及其子孙的率领下,形成了拱卫金朝北疆的重要边防力量。

据《金史》卷129《李通传》记载,海陵正隆四年(1159年),完颜亮欲举兵南侵,下令"遣使籍诸路猛安部族及州县渤海充军","分往……泰州……临潢府……北京……凡年二十以上、五十以下者皆籍之"。[3]此次籍诸路猛安谋克充军,除中都、南京二路免签外,[4]泰州、临潢府、北京地区亦悉数签之。世宗大定五年(1165年),金宋签署"隆兴合议"后,下令裁军将大量猛安谋克放还故里,"临潢府、泰州、北京……,并行放还"[5]。此处所提及之猛安谋克军与海陵正隆四年签军区域范围完全吻合。

据《金史》卷90《移剌斡里朵传》载:"正隆间,转同知北京留守事。会游古河阑子山等猛安契丹谋乱,时方发兵讨之,别遣斡里朵押军南下。至松山县为贼党江哥所执,……且欲害之。"[6]由此可见,"阑子山猛安"和"游古河猛安"并非所属路不明,[7]而是应在北京路地区内。[8]

世宗大定二十三年(1183年),金朝对辖境内猛安谋克进行通检推排,

---

[1] 《金史》卷71《婆卢火传》,第1638页。
[2] 《金史》卷73《宗雄传》,第1679—1680页。
[3] 《金史》卷129《李通传》,第2784页。
[4] 中都路负责修造兵器、南京路负责营建汴京。
[5] 《金史》卷87《仆散忠义传》,第1940页。
[6] 《金史》卷90《移剌斡里朵传》,第2002页。
[7] 李薇:《关于金代猛安谋克的分布和名称问题——对三上次男先主考证的补订》,《黑龙江文物丛刊》1984年第2期,第26—31页。
[8] 胡顺利:《金代猛安谋克名称与分布考订的商榷》,《北方文物》1987年第3期,第46—48页。

《金史》卷47《食货志》"牛头税"条载"上虑版籍岁久贫富不同,……乃令验实推排,阅其户口、畜产之数,其以上京(等)二十二路来上。八月,尚书省奏,推排定猛安谋克户口、田亩、牛具之数。"[1]说明北京路地区内有女真猛安谋克存在。

据明昌元年(1190年)选举制规定女真策论进士府试地点为会宁、咸平、大兴、大同、大定、东平、益都凡七处。"凡上京、合懒、速频、胡里改、蒲与、东北招讨司等路者,则赴会宁府试。咸平、隆州、婆速、东京、盖州、懿州者,则赴咸平府试。中都、河北东西路者,则赴大兴府试。西京并西南、西北二招讨司者,则赴大同府试。北京、临潢、宗州、兴州、全州者,则赴大定府试。山东西、大名、南京者,则赴东平府试。山东东路则试于益都。"[2]这条史料反映出泰州、临潢、大定府、宗州、兴州、全州等地为北京路地区女真人的主要居住区域。

第三节　金代北京路地区民族政策

金朝北京路地区地处西北边陲,不同于其他京府,这一地区生活着女真、契丹、奚等诸多民族。为建立对北京路地区的有效统治,女真统治者对诸族的统治策略及统治手段差异较大。金朝统治者强调女真民族本位意识,通过移民、复兴民族文化、调整猛安谋克等举措,在政治地位上给予女真人特殊的优遇。以世宗朝为分界,世宗前期在政治上对奚人较为信任和重用,后期则转为歧视和排斥。[3]

一、统治北京路地区契丹、奚的政策

金朝北京路地区仍是契丹、奚人的聚居地。终金一世,金朝对亡辽遗民

---

[1]　《金史》卷47《食货志》,第1063—1064页。
[2]　《金史》卷51《选举志一》,第1146页。
[3]　宁波:《浅析金代对北京路契丹、奚族的民族政策》,《北方文物》2016年第2期,第69—73页。

契丹、奚人的统治始终存在一些困难,宋廷时刻关注契丹人动向,伺机煽动他们起义;西辽政权的建立也会扰乱女真对契丹人的统治。女真统治者对这一地区契丹、奚人的民族政策是随着两族关系变化而不断调整的。

(一)金朝前期对契丹、奚人的利用与管理

金初女真统治者对契丹、奚人采取的是和平招抚与重用相结合的政策。金太祖阿骨打在灭辽过程中,一方面派兵对北京路地区反抗的契丹、奚人实行攻伐政策,另一方面运用招降政策感召拉拢北京路地区的契丹、奚人,提出了"服者安抚之"的政策。[1]

天辅四年(1120)年,阿骨打发布诏令:"辽主失道。上下同怨。朕兴兵以来。所过城邑。负固不服者即拔攻之。降者抚恤之。汝等必闻之矣。今尔国和好之事。反覆见欺。朕不欲天下生灵久罹涂炭。遂决策进讨。比遣宗雄等相继招谕。尚不听从。今若攻之。则城破矣。重以吊伐之义。不欲残民。故开示明诏。谕以祸福。其审图之。"[2]

天辅六年(1122年),金太祖再次下诏:"朕顺天吊伐。已定三京。但以辽主未获。兵不能已。今者亲征。欲由上京路进。恐抚定新民。警疑失业。已出自笃密吕。其先降后叛逃入险阻者。诏后出首。悉免其罪。若犹拒命。孥戮无赦。"[3]文中"三京"即指辽东京、上京、中京道,其中辽上京道、中京道在金代北京路地区,为了减轻金军灭辽阻力,阿骨打运用和平的招降政策极力拉拢北京路地区对辽失去信心的契丹、奚人。这些政策在一定程度上得到了北京路地区契丹、奚人的拥护和支持,起到了瓦解辽朝统治的作用。

北京路地区的一些契丹官民相继降金。阿骨打对归降者化敌为友、委以重任,提高了金朝政权的威望,同时也吸引了更多人加入反辽阵营。耶律余睹为辽朝宗室,颇有才干,他率领的军队战斗力强,是抵御金军的一支劲旅。阿骨打在占领辽上京临潢府之后,亲自写信劝耶律余睹投降,但遭到拒绝。天辅五年(1121年)正月,耶律余睹被诬谋反,因"惧不能自明被诛",随即"引

---

[1] 宁波:《金代北京路的民族政策》,《珞珈史苑》第1辑,武汉大学出版社2013年版,第108—124页。
[2] (清)张金吾:《金文最》卷3《谕辽上京官民诏》,中华书局1990年版,第35页。
[3] 同上。

兵千余，并骨肉军帐叛归女直"[1]。六月，阿骨打亲自召见耶律余睹等降将，并谕之曰："若能为国立功，别当奖用。"同时对耶律余睹和他部下酌情给予妥善安置，"赐坐，班同宰相，赐宴尽醉而罢。上命余睹以旧官领所部"[2]。耶律余睹降金，使阿骨打更加了解辽朝的虚实。《金史》卷133《耶律余睹传》中言："自余睹降，益知辽人虚实矣。"[3]耶律余睹在攻取辽中京时充当向导，此举对金辽战争影响巨大，加剧了辽王朝统治阶级的内部矛盾，加速了它的灭亡。

天辅五年（1121年）十二月，阿骨打在大举伐辽的前夕，以忽鲁勃极烈昊为内外诸军都统下诏："辽政不纲，人神共弃。今欲中外一统，故命汝率大军以行讨伐。"[4]诏令下属："勿扰降服，勿纵俘掠。"第二年十月，他又再次强调要"安辑怀附，无或侵扰"[5]。上述政令的颁行很大程度上安抚了北京路地区内的契丹下层民众。

金初阿骨打对于北京路地区内的奚人极尽安抚，以减少反抗阻力。天辅六年（1122年），诏六部奚："汝等既降复叛，煽诱众心，罪在不赦。尚以归附日浅，恐绥怀之道有所未孚。故复令招谕，若能速降，当释其罪，官皆仍旧。"[6]在阿骨打民族招抚政策下，奚人纷纷来降。

天辅六年（1122年）二月，当宗翰等败降奚王霞末，都统杲前来报捷时，太祖诏曰："汝等提兵于外，克副所任，攻下城邑，抚安人民，朕甚嘉之。"又在七年（1124年）正月庚午，诏中京都统斡论曰："闻卿抚定人民，各安其业，朕甚嘉之。"[7]阿骨打对善待奚人的官吏亦给予奖励。

阿骨打对前来归附的北京路奚人，给予了妥善的安置。阿骨打对奚族实施的招抚政策，打击了坚持抵抗金军的奚人力量，同时利用他们骁勇善战的特点效力女真政权。萧仲恭被金军俘获，太宗以仲恭忠于其主，特加礼待。赐予

---

[1] 《辽史》卷102《耶律余睹传》，第1442页。
[2] 同上书，第2848页。
[3] 同上。
[4] 《金史》卷2《太祖纪》，第36页。
[5] 同上书，第38页。
[6] （清）张金吾：《金文最》卷3《谕六部奚诏》，中华书局1990年版，第36页。
[7] 《金史》卷2《太祖纪》，第36、39页。

他利州管内观察使、银青荣禄大夫、检校工部尚书、兼侍御史、上骑都尉、兰陵县开国男,食邑七百户。太宗天会四年(1126年)"仲恭使宋。且还,宋人意仲恭、耶律余睹皆有亡国之感,而余睹为监军,有兵权,可诱而用之,乃以蜡丸书令仲恭致之余睹,使为内应。"[1]但萧仲恭此人一向是忠君之臣,回国之后,马上就把蜡丸书交上。从此以后更是受到信赖而得到重用。

三上次男认为,金朝对于来降的契丹、奚等族的官吏,所授多半是猛安、谋克之职。[2]张博泉先生认同此说,认为金朝主要使用猛安谋克组织对契丹人进行编制。[3]《金史》卷44《兵志》记载:"继而诸部来降,率用猛安、谋克之名以授其首领而部伍其人。"[4]《金史》卷2《太祖纪》对此事也有记载,太祖收国二年(1116)正月下诏:"自破辽兵,四方来降者众,宜加优恤。自今契丹、奚、汉、渤海、系辽籍女直、室韦、达鲁古、兀惹、铁骊诸部官民,已降或为军所俘获,逃遁而还者,勿以为罪,其酋长仍官之,且使从宜居处。"[5]女真统治者将北京路地区有权势的契丹、奚人任命为猛安谋克。

太祖时期即以女真猛安谋克制来对北京路内的契丹、奚人进行整编。北京路地区的契丹、奚人猛安谋克长官与女真猛安谋克一样集政权、军权于一身,且可世袭。以契丹官员出任猛安、谋克"部伍其人",有利于减缓民族矛盾。挞懒攻占辽兴中府(今辽宁省朝阳)、建州(今辽宁省朝阳西南)后,契丹遥辇二部归降。史载,"九百奚营来降"[6]后,收国二年(1116年)五月下诏:"置猛安谋克一如本朝之制"。[7]扩充了金军的基层组织,增强了猛安谋克的战斗力量,对奚人的管理进一步制度化、规范化。据《金史》卷77《完颜昌传》记载,奚六路军帅挞懒在抚定奚部后表请设官镇守,太祖曰:"依东京渤海例置千户、谋克。"兴中府的遥辇昭古牙投降后,"挞懒请以遥辇九营为九猛安。上以夺邻有功,使领四猛安,昭古牙仍为亲管猛安。五猛安之都帅,

---

[1] 《金史》卷82《萧仲恭传》,第1849页。
[2] [日]三上次男:《金代女真研究》,金启孮译,黑龙江人民出版社1984年版,第142页。
[3] 张博泉:《金史简编》,辽宁人民出版社1984年版,第274页。
[4] 《金史》卷44《兵志》,第992页。
[5] 《金史》卷2《太祖纪》,第29页。
[6] 《金史》卷2《太祖纪》,第27页。
[7] 同上书,第29页。

命挞懒择人授之"。[1]为削弱昭古牙的权力,加强女真人对奚军的控制,金太祖将一个奚营编为一个猛安,遥辇九营被编为九猛安。被析分出的四猛安由他人统领,昭古牙亲管的五猛安长官,亦由挞懒另外委任。为了更进一步防范控制奚人,打破奚人血缘联系,将北京路内部分势力较强的奚人猛安谋克迁出分散安置在东北广大的土地上,并设官镇守。[2]

太宗将辽朝彻底灭亡之后,面对契丹民族,也是笼络为主。[3]熙宗天眷三年(1140年)废除辽东汉人、渤海人猛安谋克,保留了契丹、奚人猛安谋克。北京路地区一些深谙统治汉人经验的契丹、奚人被任命为州县官吏,很多契丹人尽忠于金朝。据《金史》卷90《移剌斡里朵传》记载:"正隆间,(移剌斡里朵)转同知北京留守事。会游古河阑子山等猛安契丹谋乱,时方发兵讨之,别遣斡里朵押军南下。至松山县为贼党江哥所执。"[4]阑子山猛安又作兰子山猛安,《金史》卷82《萧拱传》记载:"拱,本名迪辇阿不,初为兰子山猛安。"[5]按,拱为萧仲恭之子,该猛安应为契丹猛安。三上次男认为游古河、阑子山两个猛安均为契丹猛安,其地在今天的赤峰附近。[6]

女真统治者允许契丹人使用契丹文字,作为官方文字使用达半个世纪之久。至熙宗皇统五年(1145年)后,女真大字和女真小字作为御制文字广泛使用时,契丹文字仍与女真文字并用。据《金史》卷57《百官志》记载,金朝许多官署机构均录用契丹人、汉人译史,将女真小字的公文译成汉文和契丹文。直至章宗明昌二年(1191年)废止将公文译成契丹字,"谕有司,自今女直字直译为汉字,国史院专写契丹字者罢之"。[7]自金初至章宗时期,近半个世纪里,官方公文中使用契丹字有利于对契丹人的统治。

海陵时期,在北京路地区行政机构中重用许多契丹人。因完颜亮以篡弑

---

[1] 《金史》卷77《完颜昌传》,第1763页。
[2] 孟广耀:《金朝对奚族的基本政策》,《辽金史论集》4辑,书目文献出版社1989年版,第300页。
[3] 孙维维:《试论金太宗时期的民族政策》,硕士学位论文,吉林大学,2008年,第12页。
[4] 《金史》卷90《移剌斡里朵传》,第2002页。
[5] 《金史》卷82《萧拱传》,第1850页。
[6] [日]三上次男:《金代女真研究》,金启孮译,黑龙江人民出版社1984年版,第516页。
[7] 《金史》卷9《章宗纪》,第218页。

即位，内心颇不自安，在疏忌宗室的同时，"契丹人尤被信任"。[1]天德二年任命奚人萧王家奴为"乌古迪烈招讨都监"。[2]正隆年间，遣移剌斡里朵出任同知北京留守事；正隆六年九月，复任命其为北京路转运使。[3]萧赜也曾出任北京留守。[4]

金朝初期社会矛盾异常尖锐，国家各项政策制度都很不完善。对北京路地区契丹、奚人采取的和平招抚与重用相结合的政策，给予契丹、奚人较高的社会地位，有利于金朝政权的稳定巩固。

（二）金朝中后期对契丹、奚人的镇压与防范

至金朝中叶，女真统治者极力笼络、安抚、利用契丹、奚人为其统治服务，同时亦采取强硬手段大力镇压北京路地区内不服从其统治的契丹、奚人。[5]

据《金史》卷94《完颜襄传》记载，"故事，诸部族节度使及其僚属多用乣人。"[6]日本学者箭内亘认为乣人即契丹人。[7]陈述先生认为，金代乣军虽然承袭辽代，但辽代乣军为抽调出戍之军，金时则固定专防北边。[8]

据《金史》卷44《兵志》记载："东北路部族乣军曰迭剌部（承安三年改为土鲁浑札石合节度使），曰唐古部（承安三年改为部鲁火札石合节度使），二部五乣，户五千五百八十五。其它若助鲁部族、乌鲁古部族、石垒部族、萌骨部族、计鲁部族、孛特本部族数皆称是。西北、西南二路之乣军十，曰苏谟典乣、曰耶剌都乣、曰骨典乣、唐古乣、霞马乣、木典乣、萌骨乣、咩

---

[1] 《金史》卷88《唐括安礼传》，第1965页。
[2] 《金史》卷81《萧王家奴传》，第1828页。
[3] 《金史》卷90《移剌斡里朵传》，第2002页。
[4] 《金史》卷87《纥石烈志宁传》，第1929页。
[5] 刘浦江《金朝的民族政策与民族歧视》一文，对金朝的民族政策进行了宏观论述，其中也涉及到金朝对北京路契丹族的政策，主要是从民族歧视的角度，揭示了金朝对契丹族的歧视政策。参见刘浦江：《金朝的民族政策与民族歧视》，《历史研究》1996年第3期。收入《辽金史论》，辽宁大学出版社1999年版，第58—86页。
[6] 《金史》卷94《完颜襄传》，第2087页。
[7] ［日］箭内亘：《辽金乣军及金代兵制考》，陈捷、陈清泉译，商务印书馆1934年版，第14页。
[8] 陈述：《乣军考释初稿》，《历史语言研究所集刊》1949年20（下册），第251—300页。

糺、胡都糺凡九。"[1]

北京路地区生活的游牧诸部族主要有迭剌（又作迪烈、迭剌女古）部族（章宗承安三年改为土鲁浑扎石合节度使）、唐古部族（章宗承安三年改为部罗火扎石合节度使）、助鲁部族、乌鲁古（又作乌古里）部族、石垒部族、卜迪不部族、萌骨部族、计鲁部族、孛特本部族、卓鲁部族，共10个部族。程妮娜在《金朝西北部契丹等游牧民族的部族、糺制度研究》一文认为，部族以生产为主，糺更注重于军事。[2]无疑是正确的结论。

据徐梦莘《三朝北盟会编》卷242引张棣《正隆事迹记》所载，"计女真、契丹、奚家三色之军，不限丁而尽役之"，[3]由于兵役繁重而引起起义的现象，"奚、霫军民皆南徙，谋克别术者因之啸聚为盗"。[4]海陵正隆末至世宗大定初年，北京路地区许多奚人卷入了契丹人大起义，恶化了女真与奚族的关系。世宗大定二年（1162年），契丹大起义被镇压下去。[5]这次契丹大起义波及范围广，直接导致了女真统治者对北京路地区内契丹、奚人的民族统治政策发生了重大转变。

据《金史》卷6《世宗纪》大定三年（1163年）八月，金世宗下"诏罢契丹猛安谋克，其户分隶女直猛安谋克"。[6]废除契丹猛安谋克，勒令解散契丹人猛安谋克户，编入女真猛安谋克部中。那么女真猛安谋克只剩女真人和少数其他部族。但事隔半年后，至世宗大定四年（1164年）将未参加起义的契丹人，重新编为猛安谋克部，并任命未曾参与起义的契丹官吏为猛安谋克。

世宗再度将契丹、奚人编入猛安谋克，用意恐怕决不是"未尝从乱，可且仍旧"那样简单。主要原因是需要依靠契丹、奚人防守北方边境地区。世宗

---

[1] 《金史》卷44《兵志》，第996页。

[2] 程妮娜：《金朝西北部契丹等游牧民族的部族、糺制度研究》，《吉林大学社会科学学报》2007年第3期，第61页。

[3] （宋）徐梦莘：《三朝北盟会编》卷242张棣《正隆事迹记》，丁集，上海古籍出版社1987年版，第478页。

[4] 《金史》卷84《高桢传》，第1890页。

[5] ［日］三上次男、外山军治：《金正隆大定年间的契丹人叛乱》，《东洋学报》26卷第3、4号，1939年版。

[6] 《金史》卷6《世宗纪上》，第132页。

时期，北方蒙古草原蒙古诸部势力日益强大，不断威胁金朝北疆安全。契丹人经常与北方民族接触，惯于同他们作战。当此危急之时废除契丹、奚人猛安谋克，代之以不谙沙漠作战的女真人，并非明智之举。在这样的情况下，世宗下令恢复了契丹、奚人猛安谋克，令他们继续担任西北边疆的防御任务，但同时也将迁徙至北京路地区的女真猛安谋克插入其中，由女真猛安谋克严密监视契丹、奚猛安谋克。[1]

金世宗采取强硬手段管制北京路地区内的契丹人，同时也利用契丹人为其统治服务。在北京路地区也任用契丹人担任重要官职，如世宗大定初年，契丹人石抹荣为北京留守。[2]大定中期，移剌按答"除武定军节度使，以招徕边部功迁东北路招讨使，改临潢尹"。[3]移剌子敬（本名屋骨朵鲁）出任广宁尹。[4]世宗大定十四年（1174年），钦定开国功臣二十一人、亚次功臣二十二人，图像于衍庆亚圣武殿，耶律马五位列亚次功臣，是唯一的一位契丹人。

章宗以皇太孙的身份即位，基本上继承了世宗时期对契丹、奚族的各项政策。为了缓和尖锐的民族矛盾，章宗泰和元年（1201年）四月，"诏谕契丹人户，累经签军立功者，官赏恩例与女直人同，仍许养马、为吏"。[5]金朝规定从军立功的契丹人，其赏格与女真人相同。因自明昌六年（1195年）后，金朝不断遭受北方蒙古草原诸部侵扰，虽多次遣兵征讨，却多遭败绩，金朝给予契丹人上述待遇，更多是基于对契丹人实施的权宜之计。完颜襄密谓僚属左右："北部犯塞奚足虑。第恐奸人乘隙而动。北京近地军少，当预为之备。"[6]

卫绍王统治时期，蒙古诸部的崛起对金朝构成了巨大威胁，北京路地区

---

[1] 在此以后,有臣僚提出契丹人应分隶女真人猛安谋克的建议。据《金史》卷70《完颜思敬传》载,大定九年"上疏论五事"中有"其二,契丹可分隶女直猛安"。《金史》卷90《完颜兀不喝传》,凡被废罢的契丹猛安谋克,其户口均被改隶女真猛安谋克之下。《金史》卷70《完颜思敬传》,第1626页；《金史》卷90《完颜兀不喝传》,第1999页。

[2] 《金史》卷91《石抹荣传》,第2027页。

[3] 《金史》卷91《移剌按答传》,第2023页。

[4] 《金史》卷89《移剌子敬传》,第1990页。

[5] 《金史》卷11《章宗纪三》,第256页。

[6] 《金史》卷94《完颜襄传》,第2089页。

内的契丹、奚人也出现了不稳定的迹象，女真统治者加强了对契丹、奚人的控制。据《元史》卷149《耶律留哥传》载："（元）太祖起兵朔方，金人疑辽遗民有他志，下令辽民一户以二女真户夹居防之。"[1]这种高压政策更加速了契丹的叛意，女真对契丹的政策始终未能如愿以偿。

二、统治北京路地区女真人的政策

女真人是金代的统治民族，金朝统治者历来强调女真民族本位意识。女真统治者对以北京路地区为中心的契丹、奚、女真、汉等族聚居地的统治十分重视，在政治地位上给予女真人特殊的优遇。

（一）自上京路移民至北京路

自金太祖时，随着对辽战争的胜利，开始将女真猛安谋克向泰州地区迁徙。一方面可以加强对新占领区域的统治，另一方面也可以将本族人安置在肥沃的土地上耕种。三上次男先生认为"女真人集体移住的政策，这是金初为了巩固领土，使女真人向外发展的重要政策的第一步"。[2]泰州地处通往辽上京之要冲，同时也是通向大兴安岭以西的重要交通据点。天辅五年（1121年）二月向北京路泰州进行大规模移民，迁移女真人至北京路泰州，不仅具有战略意义，而且还有开拓新领土的经济意义。

据《金史》卷46《食货志》记载："天辅五年，以境土既拓，而旧部多瘠卤，将移其民于泰州，乃遣皇弟昱及族子宗雄按视其地。昱等苴其土以进，言可种植，遂摘诸猛安谋克中民户万余，使宗人婆卢火统之，屯种于泰州。婆卢火旧居阿注浒水（又作按出虎），至是迁焉。其居宁江州者，遣拾得、查端、阿里徒欢、奚挞罕等四谋克，挈家属耕具，徙于泰州，仍赐婆卢火耕牛五十。"[3]女真人居住的上京路地区，气候寒冷，土地贫瘠，不适宜耕种，遂

---

[1]　《元史》卷149《耶律留哥传》，第1606页。
[2]　[日]三上次男：《金代女真研究》，金启孮译，黑龙江人民出版社1984年版，第155页。
[3]　《金史》卷46《食货志》，第1032页。此事《金史》卷2《太祖纪》、卷71《婆卢火传》、卷73《宗雄传》均有记载。

选择土地较肥沃、人口稀少的泰州作为新的移住区域。

自太祖天辅末年起，中经太宗时代，参加战斗的许多女真猛安谋克陆续不断迁至北京路地区。据笔者统计，由女真金源内地迁徙至北京路地区共有13个女真猛安谋克：筈栢山猛安、讹鲁古必剌猛安、宋阿答阿猛安、合扎寿吉斡母谋克、临潢府路葛吕斜鲁猛安、临潢府赫沙阿猛安、泰州颜河谋克、兴州梅坚河猛安部、兴州徒们必罕猛安部、兴州宁江速马剌猛安部、东北路按出虎割里罕猛安。[1]

海陵正隆元年（1156年），将宗室阿鲁一族由上京路迁至北京路，除为了加强西北地区的军事防御外，也是防范控制女真旧贵族一项重要举措。海陵王以篡弑即位，"自以失道，恐上京宗室起而图之"。[2]三上次男认为，"移住北京路的阿鲁，无疑就是宗贤。"[3]"阿鲁"常见于宗室中，据《金史》卷66《宗贤传》记载，海陵时期宗贤"改崇义军节度使，兼领北京宗室事"。[4]移住河间的按达，是宗雄的次子按答海。据《金史》卷73《按答海传》记载，"海陵时，自上京徙河间，土瘠。（世宗）诏按荅海一族二十五家，从便迁居近地，乃徙平州。诏给平州官田三百顷，屋三百间，宗州官田一百顷。"[5]由此可知，按答海一族在世宗大定年间，又从河间迁往平州。

金朝招募贫民充实防备薄弱的西北边防，分给他们土地，配置永屯军长期戍守边疆。由于大量猛安谋克涌入北京路地区，契丹与女真间通婚，使得部分契丹、奚人也逐步融合于女真人之中。

（二）政治上重用女真人

虽然女真统治集团对以北京路地区为中心的契丹、奚、汉等族人聚居地的统治十分重视，但出于强烈的民族意识，在政治生活中始终给女真人以优厚待遇。通过第一章第四节历任临潢府路兵马都总管及府尹一览表我们可以看

---

[1] 可参见本章第二节"迁入北京路猛安谋克统计表"。
[2] 《金史》卷8《世宗纪》，第185页。
[3] [日]三上次男：《金代女真研究》，金启孮译，黑龙江人民出版社1984年版，第182页。
[4] 《金史》卷66《宗贤传》，第1566页。
[5] 《金史》卷73《按答海传》，第1683—1684页。

出，历任临潢府路兵马都总管（临潢府尹）除马和尚一人民族成分不详外，其余均为女真族。如完颜晏、胙王元二人为女真贵族。完颜晏是阿离合懑之子，景祖之孙；胙王元为金熙宗之弟。完颜晏与胙王元是以北京留守兼任都总管。

受任于北京路都总管者，尤以女真族居多。据史籍所载担任北京路都总管的29位官员中，其中女真族20人。[1]东北路招讨司官员，女真族占有绝对的优势。在有明确记载出身与民族的15位招讨司官员中，东北路招讨使11人，其中女真族9人。[2]据史籍所载担任北京路提刑司、按察司官员的9位官员中，其中女真族5人。[3]广宁府路官员，女真族占有绝对优势。在有明确记载出身与民族的29位广宁府官员中，女真18人。广宁尹半数以上出自女真人。宗贤，"历广宁尹，封广平郡王。改崇义军节度使，兼领北京宗室事"。[4]阿琐，"宗强之幼子也。……天德二年，以宗室子，授奉国上将军，累加金吾卫上将军，居于中都。"[5]

北京路地区为多民族汇聚之地，出于统治的需要，虽然任用了一定比例的熟悉当地民情的契丹、奚、渤海族长官，但是为了保证女真统治民族的地位、维护统治民族的利益，任用官吏仍以女真人为主。

（三）努力发展女真族文化

自熙宗、海陵时期实施封建化改革以后，至金朝中后期，接受汉文化已经成为一种普遍的社会现象。为了保持女真人的文化传统和民族本色，世宗和章宗时代，女真统治者作过很多努力，试图遏制女真人的汉化趋势。三上次男先生将世宗、章宗时期复兴民族文化的政策称之为女真文化的复兴运动。[6]张

---

[1] 参见第一章第四节"历任北京路都总管（留守、同知留守事）一览表"。
[2] 参见第一章第四节"金代历任东北路招讨使一览表"。
[3] 参见第一章第四节"金代北京路历任提刑司、按察司官员一览表"。
[4] 《金史》卷66《宗贤传》，第1566页。
[5] 《金史》卷69《阿琐传》，第1608页。
[6] [日]三上次男：《金代中期女真文化的振兴运动》，《史学杂志》四十九之九。收入《金史研究》第3卷《金代政治·社会の研究》，中央公论美术出版（东京）1973年版，第233—261页。关于世宗对待女真旧俗的研究，参见姚从吾：《金世宗对于中原汉化与女真旧俗的态度》，收入姚氏著《东北史论丛》下册，正中书局1959年版，第160—163页；刘肃勇：《论金世宗出巡上京》，《北方文物》1986年第3期，第55—60页。

博泉先生亦认为，金朝在教育中的对策，有强烈的种族和阶级统治的意识，与宋相比官品限制更为严格。[1]

世宗认为，"亡辽不忘旧俗，朕以为是。海陵习学汉人风俗，是忘本也。若依国家旧风，四境可以无虞，此长久之计也。"[2]要实现国运久长，必须保持女真人的民族传统。大定四年（1164年），完颜雍提倡将恢复和扩大教授女真字学校，普及女真字和女真语。大定十一年（1171年）设置女真进士科，大定十三年（1173年）选拔第一批女真进士。于京师设置国子学，"诸路设女直府学"，[3]由新入选的进士执教，目的是将女真人的文化素养提高到汉人的水平。[4]设置府州学二十二，泰州、临潢、北京均置有府州学。兰婷认为，正规的女真地方官学体系的建立，是在金世宗大定十三年（1173年），为了加强对女真族子弟的教育而设立的女真府学。[5]充分体现了世宗时期北京路地区女真教育发展的兴盛。

女真进士科设立后，女真人渐趋丧失了传统的尚武精神。章宗时期规定在女真进士考试内容中加试射箭，"令猛安谋克举进士，试以策论及射，以定其科甲高下"。[6]明昌元年（1190年），北京路设置府试策论进士，兼试女直经童。策论试官二员。东北路招讨司者，赴会宁府试；懿州者，赴咸平府试；北京、临潢、宗州、兴州、全州者，则赴大定府试。章宗时期全国府学二十四，学生九百五人。其中，大定府学生四十人；广宁、兴中府学生各二十人。

承安三年（1198年）进一步规定："女直人以年四十五以下，试进士举，于府试十日前，委佐贰官善射者试射。"[7]兴定元年（1217年），"诏中都、西京、北京等路策论进士及武举人权试于南京、东平、婆速、上京等四

---

[1] 张博泉：《金代教育史论》，《史学集刊》1989年第1期，第30页。

[2] 《金史》卷89《移剌子敬传》，第1989页。

[3] 《金史》卷51《选举志》，第1140页。

[4] ［日］三上次男：《金代中期女真文化的振兴运动》，《史学杂志》四十九之九。收入《金史研究》第3卷《金代政治·社会的研究》，中央公论美术出版（东京）1973年，第233—261页。

[5] 兰婷：《金代女真族教育特点、历史地位及影响》，《社会科学战线》2005年第4期，第295页。

[6] 《金史》卷44《兵志》，第997页。

[7] 《金史》卷51《选举志一》，第1143页。

路。"[1]金朝后期，由于蒙古入侵，政治日益衰落和经济困窘，加之女真人汉化日益加深，女真学迅速走向衰落。[2]

---

[1] 《金史》卷15《宣宗本纪中》，第327页。
[2] 吴凤霞：《金代女真学的兴衰及其历史意义》，《社会科学辑刊》2005年第4期，第112—116页。

第三章　金代北京路地区的经济

金代北京路地区位于大兴安岭以东地区，州县区有发达的农耕经济，部族区则保持着传统的游牧经济。至金代中期，形成了北京路人口集中分布的现象，总人口达约336万。在资源有限的情况下，北京路地区生态环境可容纳的人口数量和人类对资源的开发利用程度也是有限的。为满足人口增长对粮食的需求，扩大北京路地区垦殖量对北京路地区生态环境造成了恶劣影响。

第一节　金代北京路地区州县农耕区经济

金代由于国家政治发展重心转移至"金源内地"，北京路地区西南部傍海道成为南北交往的主要通道，频繁的交通往来，促进了北京路地区的人口集中与农业开发。

一、金代北京路地区农耕区农业生产

金初为了加强对新占领地区的统治，对泰州地区实施大规模移民政策。将上京路地区大量女真猛安谋克迁往泰州，以此作为攻取辽上京道的基地。除战略需要外，主要原因在于女真人居住的金源内地土地多瘠卤、不宜耕种，泰州土地肥沃、人口稀少，是最佳的移住地区。[1]

---

[1]　宁波：《金代东北地区的移民与农业开发》，《兰台世界》2013年第1期，第24—25页。

"天辅五年,摘取诸路猛安中万余家,屯田于泰州,婆卢火为都统,赐耕牛五十。婆卢火旧居按出虎水,自是徙居泰州。而遣拾得、查端、阿里徒欢、奚挞罕等俱徙焉。"[1]关于此事《金史》卷46《食货志》户口条也有记载,"天辅五年,以境土既拓,而旧部多脊卤,将移其民于泰州,乃遣皇弟昱及族子宗雄按视其地。昱等苴其土以进,言可种植,遂摘诸猛安谋克中民户万余,使宗人婆卢火统之,屯于泰州。婆卢火旧居阿注浒水(又作按出虎)。至是迁焉。其居宁江州者,遣拾得、查端、阿里徒欢、奚挞罕等四谋克,挈家属耕具,徙于泰州,仍赐婆卢火耕牛五十。"[2]当时宗雄"与蒲家奴按视泰州地土。宗雄包其土来奏曰:'其土如此,可种植也。'上从之。由是徙万余家屯田泰州,以宗雄等言,其地可种艺也。"[3]可见在移住泰州之前,宗雄与蒲家奴首先调查了这一地区的土壤是否宜于耕种。在了解泰州地区适宜农耕之后,便从诸路猛安中抽调万余户迁往泰州,并以婆卢火为万户都统。此后,金朝统治者也不断派遣军户、降民驻守泰州。[4]

金代临潢府地区人口锐减,极大地降低了农垦量,农业生产进一步衰弱。临潢府境内的农耕区较辽代进一步缩小,多集中于临潢府附近。《金史》中屡见记载,朝廷下诏赈济泰州、临潢地区猛安谋克贫困户,或下诏责令"临潢汉民逐食于会宁府"。[5]说明临潢府地区的农业发展水平较低,无法做到自给自足,遇上兵荒灾年,为稳定社会秩序,政府要赈济部分贫民。大定初年契丹攻掠临潢等州郡,百姓困弊,世宗诏前太子少保高思廉,"安抚临潢,发仓粟以赈之,无衣者赐以币帛,或官粟有阙,则收籴以给之,无妻室者具姓名以闻"。[6]

大定十八年(1178年)四月,"命泰州所管诸猛安、西北路招讨司所管奚猛安,咸平府庆云县、雾松河等处遇丰年,多和籴。"[7]大定二十五年

---

[1] 《金史》卷71《婆卢火传》,第1638页。
[2] 《金史》卷46《食货志》,第1032页。
[3] 《金史》卷73《宗雄传》,第1679—1680页。
[4] 《金史》卷2《太祖纪》,第31页。
[5] 《金史》卷6《世宗纪上》,第130页。
[6] 《金史》卷89《苏保衡传》,第1974页。
[7] 《金史》卷50《食货志五》,第1118页。

（1185年）五月癸卯，世宗"遣使临潢、泰州劝农"。[1]承安二年（1197年）十二月癸未，"劝率沿边军民耕种，户部郎中李敬义规措临潢等路农务。"[2]从金朝政府遣使泰州、临潢"劝举耕种"和"规画农事"来看，说明泰州、临潢地区农业生产呈现出了萧条冷落状态。

明昌四年（1193年），时任大理卿的董师中上奏，临潢地区"民有养马签军挑壕之役，财力大困，流移未复，米价甚贵"。[3]养马、签军、挑壕三项杂役导致临潢地区人口数量不断减少，大量劳动力的流失自然会对发展农业生产造成影响。

为防御北方蒙古诸游牧部族入寇扰边，北京路地区内修筑了东北路界壕，沿界壕边缘形成了小规模的农耕区。东北路界壕起自今莫力达瓦旗尼尔基镇北八公里七家子附近的嫩江右岸，循大兴安岭支脉西行至冷家沟向西南折，于后乌尔科附近越诺敏河后成为甘南县和阿荣旗的分界线；穿越阿伦河、肯河进入龙江县和布特哈镇交界处，继续西南直行穿越雅鲁河、雅尔根楚河、库提河、麒麟河、济沁河后，深入内蒙古自治区，[4]由科尔沁右翼中旗的霍勒河，行至巴林左旗附近，经巴林左旗林东镇延伸至河北隆化县以北地区。

东北路界壕内侧每间隔一、二十公里均筑有边堡，[5]其中临潢府境内设置二十堡，"堡置户三十，共为七百二十"。[6]居址勘查发掘表明，守边戍兵都是带有家口的，居址的构筑形式也证明了守军是以一家一户为居住单位的。[7]戍卒除战时守边作战外，平日则"精勤务农，各安其居"。[8]在边堡附近发现大量金代农具即可说明驻防戍卒是进行屯垦的，如在今内蒙古霍林河矿区金界壕边堡就发现了大量铧、犁镜等农业生产工具。[9]

[1] 《金史》卷8《世宗纪下》，第189页。
[2] 《金史》卷10《章宗纪二》，第243页。
[3] 《金史》卷95《董师中传》，第2114页。
[4] 黑龙江省博物馆：《金东北路界壕边堡调查》，《考古》1961年第5期，第251页。
[5] 米文平：《金代呼伦贝尔诸部及界壕》，《东北亚历史与文化》，辽沈书社1991年版，第533页。
[6] 《金史》卷24《地理志上》，第563页。
[7] 景爱：《平地松林的变迁与西拉木伦河上游的沙漠化》，《中国历史地理论丛》1988年第4期，第33页。
[8] 《金史》卷47《食货志二》，第1046页。
[9] 哲里木盟博物馆《内蒙古霍林河矿区金代界壕边堡发掘报告》，《考古》1984年第2期，第171页。

《金史》卷44《兵志》记载：参政宗叙多次进言世宗，"若以贫户永屯边境，使之耕种，官给粮廪，则贫者得济，富户免于更代之劳，使之得勤农务。"[1]世宗"以两路招讨司及乌古里石垒部族、临潢府、泰州等路分定保成，具数以闻，朕亲览焉。"[2]以户为单位戍守边堡，戍卒的数量虽然有限，但长期固定戍边沿界壕开辟了许多小块农耕区，在界壕两侧形成了两种不同的人文景观。

太宗天会二年（1124年）十月丙寅，"诏有司运米五万石于广宁，以给南京、润州戍卒。"[3]明昌三年（1192年），尚书省奏"辽东、北京路米粟素饶，宜航海以达山东。……若山东、河北荒歉，即可运以相济"。[4]从北京路生产的粮食可由海道漕运赈济山东灾民来看，说明北京路地区是金代朝廷倚重的重要经济区。

二、金代北京路地区农耕区农作物及农业耕作方式

农业生产是与自然条件密切相关的生产部门，自然条件的差异性决定了农业生产类型的不同。北京路地区地处北方农牧交错地带，由于自然条件的限制，农作物以旱地作物为主，种植制度均为一年一熟制。[5]

（一）粮食作物

金代北京路地区种植的粮食作物主要有粟、菽、黍、麦等，在这些作物中以粟的种植范围最广。粟类作物是对环境适应性极强的粮食作物，耐瘠耐旱是其重要的生长特征。北京路地区大多地区低温、缺水，粟是这里最适宜种植的农作物。凡是有农业开发的地方，就会有这类作物的种植。

粟产量高，适应性强，在国家税收中，成为普遍征纳的对象。金制规

---

[1] 《金史》卷44《兵志》，第995页。
[2] 同上，第995页。
[3] 《金史》卷3《太宗纪》，第51页。
[4] 《金史》卷27《河渠志》，第683页。
[5] 宁波：《试论金代北京路农耕区经济》，《兰台世界》2020年1月，第151—155页。

定,猛安谋克牛头税,"每牛一具赋粟五斗,为定制"。[1]北京路地区内分布着大量猛安谋克,以粟作为猛安谋克纳赋输税之物,粟类作物对环境适应性较强、产量较高,说明粟是北京路地区内广泛种植的一种农作物。

太宗天会三年(1125年)九月,"广宁府献嘉禾"。天会四年(1126年)十月,"中京进嘉禾"。[2]禾,古代指粟(谷子)。说明粟这种农作物在大定府、广宁府地区也广泛种植。大定年间世宗曾过问"奚人六猛安,已徙居咸平、临潢、泰州,其地肥沃,且精勤农务,各安其居。女真人徙居奚地者,菽粟得收获否?"[3]古代称豆为菽,并把菽列为五谷之一,在粮食作物中占有较重要的地位。从世宗的询问中可以看出,临潢、泰州是菽粟作物产区这一信息。

《金史》卷23《五行志》世宗大定四年(1164年)七月辛丑,"临潢府境禾黍稂生"。[4]证明临潢府境内是种有黍类作物的。辽代西拉木伦河流域是种植小麦的,[5]金代也应继承这一种植传统,保持一定数量麦类作物的种植。虽然从上述文献记载中可以看出,北京路地区还种植菽、黍、麦等旱地粮食作物,只是由于这些作物产量不高,种植比例无法和粟类作物相比。

据《金史》卷6《世宗纪上》记载,大定四年(1164年)三月丙戌朔,"诏免北京岁课段匹一年。"[6]说明这一地区生产经济作物,存在纺织业。

(二)农业耕作方式

金代北京路地区内的农业生产较辽代有所进步,主要表现是牛耕应用更加普遍,铁制农具的应用量增加,农业生产出现精耕环节。[7]

---

[1] 《金史》卷47《食货志二》,第1063页。
[2] 《金史》卷3《太宗纪》,第53、56页。
[3] 《金史》卷47《食货志二》,第1046页。
[4] 《金史》卷23《五行志》,第537页。
[5] 1980年发现于巴林右旗幸福之乡的辽碑上,记有"上麦务"、"下麦务"、"西麦务"等名称,"务"是庄园之下,按照不同生产分工形式组成的部门,上述名称的出现应该是小麦种植区形成一定规模的标志。苏赫:《崇善碑考述》,《辽金史论集》3辑,书目文献出版社1987年版,第38—44页。
[6] 《金史》卷6《世宗纪上》,第133页。
[7] 韩茂莉:《辽金农业地理》,社会科学文献出版社1999年版,第254页。

金制规定猛安谋克所缴纳土地税为牛头税，又称牛具税，内容为"每耒牛三头为一具，限民口二十五受田四顷四亩有奇。岁输粟大约不过一石，官民占田无过四十具……（天会）四年诏内地诸路，每牛一具赋粟五斗，为定制"。[1]国家缴纳赋税不以人口和土地为依据，而以牛具作为标准，只有在耕牛数量与人口及垦田数大体一致的情况下，才能有此规定，反映了耕牛在农业生产中被普遍使用。金初迁徙上京猛安谋克至泰州屯戍，朝廷首先赐予一定数量的耕牛。

从辽代北京路地区内出土生产工具的类型来看，铁制工具以铧、耥头为多，只有少数地区有铁锄。金代北京路地区内铁制农业生产工具的使用量大大增加。根据文物考古部门发掘的成果看，从临潢府路及北京路出土的各类农具中，尤以辽西一带居多。辽宁省新民县前当地铺金代居住聚落遗址发现铧、镰等农业生产工具；[2]法库县包家屯刘邦屯出土金代窖藏铁犁镜、铁铧及耥头等农具；[3]绥中县城后村金代遗址亦发现铁犁、铁锄、镰、铁犁牵引、耥头、锄板等大量农业生产工具。[4]锄的使用是农业生产中精耕环节出现的重要标志，按照农业生产技术的发展进程，可将北京路农耕区划定在粗放农业与精耕农业之间。

三、金代北京路地区农耕区手工业生产

（一）制盐业

金代北京路地区有海盐产地3处，池盐产地2处。北京路地区食盐生产以海盐为主，海盐产地分布于广宁府、锦州、瑞州；池盐产地分布于庆州、泰州。[5]

广宁府广宁县。按《金史》卷89《梁肃传》曰："是时，窝斡乱后，兵

---

[1] 《金史》卷47《食货志二》，第1062—1063页。
[2] 王增新：《辽宁新民县前当铺前当铺金元遗址》，《考古》1960年第2期，第41—42页。
[3] 庄艳杰：《法库刘邦屯出土金代窖藏文物》，《辽海文物学刊》1994年第1期，第36—43页。
[4] 王增新：《辽宁绥中县城后村金元遗址》，《考古》1960年第2期，第43—44页。
[5] 庆州大盐泺、泰州乌骨里石垒部盐池位于北京路游牧区，详细论述见本章第二节。

食不足，诏（梁）肃措置沿边兵食，移牒肇州、北京、广宁盐场，许民以米易盐，兵民皆得其利。"[1]引文中所记"广宁盐场"当指北京路广宁府盐场。金章宗泰和七年（1207年）七月广宁府改隶北京路。广宁府下辖广宁、望平、闾阳三县，广宁县治于辽宁省北镇，濒临渤海，当为海盐产地。

锦州。据许亢宗在《宣和乙巳奉使金国行程录》中记载：锦州以南九十里有红花务，"红花务乃金人煎盐之所，去海一里许。"[2]锦州下辖永乐、安昌和神水三县，红花务属于何县，待考。说明北京路锦州有红花务盐场。

瑞州海阳、海滨县。《金史》卷49《食货四》记载："北京宗、锦之末盐，行本路及临潢府、肇州、泰州之境，与接壤者亦预焉。"[3]这里所说宗、锦之末盐，当指北京路宗州、锦州所生产的海盐。泰和六年（1206年）宗州更名瑞州。至泰和八年（1208年），瑞州下辖瑞安（治于今辽宁省绥中县西南前卫）、海阳（治于今河北省秦皇岛市西北海阳）、海滨（治于今辽宁省兴城西南东辛庄北关站）三县。其中海阳、海滨二县在辽代均为海盐产地，[4]金代可能会继承这两处海盐产地。[5]

大定二十五年（1185年）后，设置山东、沧、保坻、莒、解、北京、西京七处盐司。"北京大套之石四，小套之石一"。[6]大定二十九年（1189年）末盐法讨论时，广宁府推官宋庡分析北京、辽东盐司利弊，"遂复置北京、辽东盐使司，北京路岁以十万余贯为额"。[7]明昌元年（1190年）十二月，以国用不充，规定"北京旧法每石九百文，增为一贯五百文……北京旧入二十一万三千八百九十二贯五百文，增为三十四万六千一百五十一贯六百一十七文二分。"[8]若按每石盐价为一贯五百文，北京路岁入盐课三十四万六千一百五十一贯六百一十七文二分，可推算出至少明昌元年北京路

---

[1] 《金史》卷89《梁肃传》，第1982页。

[2] （宋）宇文懋昭撰，崔文印校证：《大金国志校证》，中华书局1986年版，第565页。

[3] 《金史》卷49《食货四》，第1095页。

[4] 《辽史》卷39《地理志三》，第489页；《辽史》卷60《食货志下》，第930页。

[5] 吉成名：《论金代食盐产地》，《盐业史研究》2008年第3期，第32页。

[6] 《金史》卷49《食货志四》，第1094页。

[7] 同上书，第1098页。

[8] 同上书，第1100—1101页。

地区盐产量为二十三万七百六十八石。

（二）陶瓷业

金代北京路地区墓葬、城址、窖藏出土瓷器类型包括土产白瓷、黑（酱）釉瓷器、定窑白瓷、磁州窑风格的白地黑花瓷器、耀州窑青瓷、景德镇青白瓷器、钧釉瓷器、翠蓝釉瓷器等。其中，土产白瓷、白地黑花瓷器、黑（酱）釉瓷器均出自本地缸瓦窑、隆化下洼子窑。

赤峰缸瓦窑初创于辽代，金代继续生产，规模进一步扩大。窑炉呈馒头形，窑门呈八字形，圆形烟囱，窑址内有滤泥池的作坊。

在装烧技术上，金朝前期沿袭了辽代晚期的叠烧法，碗盘类器皿均以泥珠或细砂粒间隔；金朝晚期普遍采用涩圈叠烧、对口套烧的技法。对口套烧法，要求同径圆器芒口相对，上端器物内底需光洁，下端内有垫渣痕；逐次裸置成柱，柱间以桔瓣形窑具间隔。这种装烧法可节省匣钵、降低成本。

在釉色品种上，金朝前期以烧造粗细白瓷为主，并出现了花纹简单的白地黑花瓷器。金朝晚期白地黑花瓷器产量大增，黑釉、酱釉瓷器显著增多，纹饰上还发展了白地剔花填黑彩等装饰，[1]有的瓷器釉下有黑花"泰和拾年"及"长命富贵"等铭文。彭善国先生认为，这些装饰技法是受到河北磁县磁州窑的影响而出现的。[2]

辽代缸瓦窑烧瓷所用燃料主要是柴，金代的地层和灰坑中发现有厚厚的煤渣层，表明缸瓦窑已经使用煤作燃料。辽代白釉普遍泛青，金代白釉普遍泛黄。

金代缸瓦窑在器物类型上，主要以碗、盘、罐、瓶、壶、盆等民间日用瓷器为主。北京路遗址出土的土产白瓷器皿，碗盘数量大、质地粗劣，口沿施釉，内底有支钉痕迹，均系叠烧。黑（酱）釉瓷器出土数量多，一些黑釉器上还饰有铁锈色的酱斑或条纹。金代缸瓦窑黑釉、酱釉器发达，黑釉釉色纯黑、釉层丰厚、酱釉肥润。缸瓦窑瓷器典型特征是黑釉酱斑、酱釉黑斑、油滴、黑

---

[1] 冯永谦：《金代陶瓷摭谭》，收入《辽金史论集》6辑，社会科学文献出版社2001年版，第234页。
[2] 彭善国：《试述东北地区出土的金代瓷器》，《北方文物》2010年第1期，第53页。

釉凸白线纹器等。[1]

釉陶与三彩出土数量不多。以敖汉旗小柳条沟金墓出土的兔纹瓶为代表。[2]这种三彩器皿釉色均为黄、绿、白三种,接近辽三彩,装饰技法上以刻花填彩,有别于辽代印花施彩。巴林左旗王家湾金墓出土的三系瓶、碗与缸瓦窑出土的白地黑花器相似。[3]辽宁省彰武出土的白釉黑花葫芦形壶,采取塑贴手法,以蛟龙为把,壶嘴上塑一老人骑流而坐,腹下有一周浮雕莲瓣,堪称艺术珍品。[4]

北京路地区兴州隆化下洼子窑,烧造瓷器以民用生活瓷为主,器形主要有碗、碟、瓶等。釉色以白色为主,也有黑釉、酱色釉。纹饰主要以绘黑花写意花草及书写文字。[5]

第二节 金代北京路地区部族游牧区经济

北京路地区部族游牧区有辽阔的草原和天然牧场,是金代官营畜牧业的重要基地,畜牧业经济在游牧区经济中占有重要地位和比重。一些部族已经进入农业社会,但农业经济在整个部族中并未占据主导地位。庆州朔平县、泰州乌古里石垒部是重要的池盐产地;边境地区存在榷场互市贸易。

一、金代北京路地区游牧区畜牧业经济

金朝政权建立后,极为重视畜牧业经济的发展。金初承袭辽制,设群牧所以加强国家对畜牧的管理。海陵天德间设置五群牧,世宗时期增置七处,其

---

[1] 彭善国、郭治中:《赤峰缸瓦窑的制瓷工具、窑具及相关问题》,《北方文物》2000年第4期,第44页。
[2] 李少兵、索秀芬:《林西县土庙子村金代墓葬》,《内蒙古文物考古》1996年Z1期,第89—90页。
[3] 苏东、郭治中:《赤峰缸瓦窑遗址出土辽金瓷器举要》,《中国古陶瓷研究》11辑,紫禁城出版社2005年版,第14—29页。
[4] 辽宁省博物馆编:《辽宁省出土文物展览简介》,第34页。
[5] 姜振利、陶敏:《金元之际的兴州窑瓷器初探》,《辽金史论集》9辑,中州古籍出版社1995年版,第306—312页。

中合鲁椀、耶鲁椀两群牧在临潢、泰州以及大定府武平县境内；[1]蒲速斡（板底因）在高州（今内蒙古古赤峰东北老哈河沿岸），大盐泺在临潢北（今内蒙古锡林郭勒盟东乌珠穆沁旗境内的达布苏达布苏盐池）。[2]虽然其余各处群牧所在史籍无载，据程妮娜研究认为，金代群牧所主要分布于内蒙古的昭乌达盟、哲里木盟和呼伦贝尔盟一带地区。[3]可见，在北京路地区的畜牧业经济占有很大比重。

泰州境内有大规模的牧场。陈述先生先后撰文《试论达斡尔族的族源问题》、《辽廷瓦解以后的契丹人》，[4]力主达斡尔族为契丹人后裔，通过达斡尔族语言和歌谣了解金代契丹人的史实。[5]达斡尔人叙说自己本族史事的歌谣："边壕古迹兮，吾汗所遗留；泰州原野兮，吾之牧羊场。"[6]部分契丹人在泰州为女真人驻守界壕和边堡，契丹人为游牧部族，说明泰州地区有大规模的牧场，存在畜牧业经济。

《金史》卷96《梁襄传》提及"辽之基业根本在山北之临潢。""契丹之人以逐水草牧畜为业，穹庐为居，迁徙无常，又壤地褊小，仪物殊简，辎重不多"。[7]至金代北京路地区内契丹人仍保持着逐水草而居的游牧生活。据《金史》卷94《完颜襄传》载，"'乣人与北俗无异，今置内地，或生变奈何？'襄笑曰：'乣虽杂类，亦我之边民'"。[8]乣军的社会经济状况及性质在这段对话中看得比较清楚。金世宗云："亡辽不忘旧俗，朕以为是"。[9]世宗大定十七年（1177年），"以羊十万付乌古里垒部畜牧，其滋息以予贫

---

[1] 《金史》卷44《兵志》，第1004页。
[2] 张英：《略述金代畜牧业》，《求是学刊》1983年第2期，第103页。
[3] 程妮娜、史英平：《简论金代畜牧业》，《农业考古》1993年第3期，第330页。
[4] 陈述：《试论达斡尔族的族源问题》，《民族研究》1959年第8期，第41—48页；陈述：《辽廷瓦解以后的契丹人》，收入《契丹政治史稿》，中华书局1986年版，第160—184页。
[5] 刘浦江：《关于契丹、党项与女真遗裔问题》，《大陆杂志》96卷第6期，1998年6月，收入《辽金史论》，辽宁大学出版社1999年版，第132页。
[6] 孟定恭：《布特哈志略》，《辽海丛书》本。
[7] 《金史》卷96《梁襄传》，第2136页。
[8] 《金史》卷94《完颜襄传》，第2090页。
[9] 《金史》卷89《移剌子敬传》，第1989页。

民"。[1]北京路地区乌古里垒部族主要从事畜牧业经济。

至大定二十八年（1188年）的统计，七处群牧所共有马匹47万匹，牛13万头，羊87万只，骆驼4000只。[2]可见当时的畜牧业较辽代有较大退步。世宗大定八年（1168年）七月甲子条记载，"制盗群牧马者死，告者给钱三百贯。"[3]明昌二年（1191年），李愈上书"诸部所贡之马，止可委招讨司受于界上，量给回赐，务省费以广边储。"[4]明昌六年（1195年）"以北边粮运，括群牧所、三招讨司猛安谋克、随纥及迭剌、唐古部诸抹、西京、太原官民驼五千充之，惟民以驼载为业者勿括"。[5]说明北京路内诸乣、群牧、部族生产大量马驼。

二、金代北京路地区游牧区农业经济

北京路地区游牧区生活着大量乣人，他们是归附金朝的北方各游牧部落，乣与汉语的蕃、夷、杂胡类似。[6]乣人有部族、诸乣、群牧三种组成形式，隶属于东北路招讨司。见于记载的有迭剌部、唐古部、助鲁部、乌鲁古部、石垒部、萌古部、计鲁部、字特本部，主要由契丹和奚人构成。

乣人主要从事游牧，其中一些部族已经从事农耕生产，他们在社会经济形态上与猛安谋克大致相同。世宗大定十二年（1172年），"尚书省奏：'唐古部民旧同猛安谋克定税，其后改同州县，履亩立税，颇以为重。'遂命从旧制"。[7]从唐古部民由最初的牛头税改为两税，后再度恢复为牛头税来看，唐古部早就存在农耕经济。大定二十三年（1183年）统计："迭剌、唐古二部五乣，户五千五百八十五，口十三万七千五百四十四，（内正口十一万九千四百六十三，奴婢口一万八千八十一。）垦田万六千二十四顷

---

[1] 《金史》卷7《世宗纪》，第168页。
[2] 《金史》卷44《兵志》，第1005页。
[3] 《金史》卷6《世宗纪上》，第142页。
[4] 《金史》卷96《李愈传》，第2129页。
[5] 《金史》卷10《章宗纪二》，第235页。
[6] 蔡美彪：《乣与乣军之演变》，收入《辽金元史考索》，中华书局2012年版，第213—247页。
[7] 《金史》卷47《食货志二》，第1063页。

一十七亩，牛具五千六十六。"[1]根据迭剌、唐古二部五纠户数、口数、垦田数和牛具数的公布，可以推测出，部族内部每户有25口人，其中正口21人，奴婢口3—4人，垦田数近3顷，拥有不到1牛具，人均占有耕地1.8亩。按《金史》卷47《食货志二》"牛头税条"记载，"牛具税，猛安谋克部女直户所输之税也。其制每耒牛三头为一具，限民口二十五受田四顷四亩有奇，岁输粟大约不过一石"。[2]表明部族内农业生产水平较低并不需要缴纳牛头税。

据《金史》卷72《习古乃传》记载："以庞葛城地分赐乌虎里、迪烈底二部及契丹人，其未垦者听任力占射。"[3]大定十七年（1177年）正月，"诏西北路招讨司契丹民户，……其不与叛乱及放良奴隶可徙乌古里石垒部，令及春耕作"。[4]表明乌古里、石垒部存在农耕经济，[5]但从他们没有留下完整的户口统计数字来看，农业经济在两部族内似乎并未占据主导地位。

三、金代北京路地区游牧区盐业经济

北京路地区游牧区手工业以制盐业最为发达，北京路庆州朔平县、泰州乌古里石垒部是池盐的重要产地。

庆州朔平县出产池盐。据《金史》卷49《食货志四》记载："临潢之北有大盐泺。"[6]按临潢府西北有庆州，下辖朔平县。又《金史》卷24《地理志上》记载，朔平县有榷场务。我们可以进一步推测，临潢府北部地区的大盐泊，可能位于朔平县（今内蒙古巴林右旗北索博日嘎东北）境内。关于大盐泊的治所，陈高华先生认为其应在今内蒙古东乌珠穆沁旗境内；[7]吉成名认为，大盐泊可能就是达布苏盐池即额吉淖尔。[8]额吉淖尔盐湖，年产大粒青盐10万

---

[1]《金史》卷46《食货志一》，第1034—1035页。
[2]《金史》卷47《食货志二》，第1062—1063页。
[3]《金史》卷72《习古乃传》，第1666页。
[4]《金史》卷7《世宗纪中》，第166页。
[5]《金史》卷44《兵志》记作"乌鲁古"，第996页。
[6]《金史》卷49《食货志四》，第1093页。
[7] 郭正忠主编：《中国盐业史》，人民出版社1997年版，第430页。
[8] 吉成名：《论金代食盐产地》，《盐业史研究》2008年第3期，第32页。

吨以上。[1]

金朝海陵王完颜亮统治时期设置了临潢府路庆州大盐泊群牧司。《金史》卷92《曹望之传》记载大定初年"大盐泺设官榷盐",[2]大定十三年(1173年)"大盐泺设盐税官",[3]说明大盐泊经历了从官司榷卖到商税制的变迁。[4]契丹移剌窝斡起兵起义,金朝急需筹措军粮,曹望之建议开放大盐泊之盐,"听民以米贸易"。后来"东北路岁饥,赖以济者不可胜数"。[5]

泰州乌古里石垒部也是北京路地区内池盐的重要产地。据《金史》卷49《食货志四》载"乌古里石垒部有盐池,皆足以食境内之民,尝征其税。"[6]按王国维先生考证,乌古里石垒部逼近泰州故地,在兴安岭之东、蒲与路之西、泰州之北。[7]又《金史》卷24《地理志上》"边堡"条下记载,"泰州九堡、临潢五堡之地斥卤。"[8]据此可以推测泰州乌古里石垒部为池盐产地。大定十一年(1171年)四月,"以乌古里石垒民饥,罢其盐池税"。[9]大定十三年(1173年),再次免除乌古里石垒部池盐之税。[10]说明至少在大定十三年之前对乌古里石垒部池盐征收商税。

第三节 金代北京路地区农业开发与环境变迁

金代北京路地区位于大兴安岭以东地区,属温带半干旱大陆性季风气候,作为北方农牧交错带横跨区域,是地球表层诸圈层交界面中对人类活动有重要影响的敏感带。在资源有限的情况下,北京路地区生态环境可容纳的人口

---

[1] 伊钧华:《内蒙古自治区旗县情大全》,内蒙古自治区旗县大全编纂委员会,2007年版。
[2] 《金史》卷92《曹望之传》,第1036页。
[3] 《金史》卷49《食货志四》,第1095页。
[4] 郭正忠:《金代食盐业的经营体制》,《河北学刊》1997年第2期,第82—86页。
[5] 《金史》卷92《曹望之传》,第2036页。
[6] 《金史》卷49《食货志四》,第1093页。
[7] 王国维:《金界壕考》,收入《观堂集林》,中华书局1959年版,第721页。
[8] 《金史》卷24《地理志上》,第564页。
[9] 《金史》卷49《食货志四》,第1095页。
[10] 同上书,第1095页。

数量和人类对资源的开发利用程度也是有限的。本文重点探讨金代北京路地区人口与土地开垦范围的对应关系以及人类活动对生态环境造成的影响。[1]

一、金代北京路地区人口容量与粮食需求量

从国家户籍管理体系的角度来看，金代北京路地区的户口统计对象包括州县民户、猛安谋克户、乣户。[2]若以农业人口与游牧人口进行划分，北京路地区的农业人口包括州县民户、猛安谋克户和部族、乣户内部分农业人口。北京路地区的游牧人口则包括从事游牧活动的乣、群牧、部族人口。

金代北京路地区州县民户是指《金史·地理志》所记载的全部人口数额。《金史》卷24《地理志》记载，北京路地区各州府户额共有411930户。[3]口户比该如何划定？据张博泉先生统计，《金史》卷四十六《食货志》记载：大定二十七年，"天下户六百七十八万九千四百四十九，口四千四百七十万五千八十六"。全国平均每户为6.6人。[4]《食货志》正文记载泰和七年的户口数未包括猛安谋克的户口，口户比只有5.96。[5]若按照每户平均5.96人计算，北京路地区州县民户有人口2455103。

章宗泰和七年（1207年），全国猛安谋克户数，计为728726户，7716072口。猛安谋克户口数的口户比为10.58。[6]根据本文第二章第二节对迁入北京路地区猛安谋克的统计得知，北京路地区有共有11猛安，2谋克。[7]金制，以300户为1谋克，10谋克为1猛安。那么金代北京路地区隶猛安谋克者为33600户，355488口。

---

[1] 宁波：《金代北京路经济发展与环境变迁》，《宋史研究论丛》第14辑，河北大学出版社2014年版，第649—661页。

[2] 乣户的组成形式主要有三种，一是部族（某些部族下属有乣），一是诸乣，一是群牧。

[3] 《金史》卷24《地理志上》，第557—563页。

[4] 张博泉、武玉环：《金代的人口与户籍》，《学习与探索》1989年第2期，第135页。

[5] 刘浦江：《金代户口研究》，《中国史研究》1994年第2期。收入《辽金史论》，辽宁大学出版社1999年，第164页。

[6] 同上书，第163—164页。

[7] 参见第二章第二节"迁入北京路猛安谋克统计表"。

金代北京路地区见于记载的部族还有迭剌部、唐古部、助鲁部、乌鲁古部、石垒部、萌骨部、计鲁部、孛特本部。各部族、乣军并未留下户口记载。惟有迭剌、唐古二部五乣，因实行垦田，征收牛头税之故，留有户口、牛具数字。大定二十三年（1183年）通检推排的结果为"户五千五百八十五，口十三万七千五百四十四，内正口十一万九千四百六十三，奴婢口一万八千八十一。垦田万六千二十四顷一十七亩，牛具五千六十六。"[1]据此推算，迭剌、唐古二部，平均有户2793，口68772，内正口59732，奴婢口9041，垦田8012顷。其中每乣有户1117，口27509，内正口23893，奴婢口3616，垦田3205顷。

据此可算得迭剌、唐古二部内每户有25口，其中正口21人，奴婢口3—4人，垦田数近3顷，拥有不到1牛具，人均占有耕地1.8亩。按《金史》卷47《食货志》"牛头税"条记载："其制每耒牛三头为一具，限民口二十五受田四顷四亩有奇，岁输粟大约不过一石，官民占田无过四十具。"[2]部族迭剌、唐古二部户数、口数、垦田数和牛具数与"牛头税"条记载相互吻合，说明见于《金史·食货志》记载的迭剌、唐古二部137544口，每部族人口68772均为进行屯田的农业人口，至于其游牧部分人口并无明确记载。

又"其它（游牧部族）若助鲁部族、乌鲁古部族、石垒部族、萌骨部族、计鲁部族、孛特本部族数皆称是。"[3]从"皆称是"来看，迭剌、唐古二部每部农业人口与上述六部族每部族游牧人口大体相当，由此可推测，北京路地区六部族游牧人口共计412632。

综上可知，金代北京路地区州县民户人口2455103，猛安谋克户355488，见于记载的迭剌、唐古二部人口137544，北京路地区农业人口共有2948135口，加上六部族游牧人口有412632，总人口共计3360767口。

考察北京路地区开垦土地数额应从这一地区对粮食的需求量入手。在传统农业阶段粮食是满足人类维持生存、繁衍的重要需求。据宋人所载，一成

---

[1]《金史》卷46《食货志一》，第1034—1035页。
[2]《金史》卷47《食货志二》，第1062—1067页。
[3]《金史》卷44《兵志》，第996页。

年人每日需要2升粮食才能满足当时的食物结构需求[1]。若以这一数字为基数计算，每人每年需粮食7.2石，每户以5口计算，家内有3个成年人，2个未成年人，将未成年人粮食需求量减半，每年需3.6石，全家一年所需粮食总量为28.8石。除此之外，维持家庭生活还要有一些必须的日常用品消费，这就需要拿出一部分粮食进行交换，尽管这部分消费量在各类家庭中所占比重略有不同，但每年这部分消费至少也应在1~2石左右。每户家庭所需粮食在30石左右。金代北京路地区有2948135农业人口，依5口之家计约有589627户，每年所需粮食17688810石。

金代北京路地区除农业人口外，还生活着数量基本相近的非农业人口。这部分非农业人口虽然长期过着游牧生活，饮食结构中以肉类为主，但仍然需要一部分粮食作为食物补充。若将北京路地区非农业人口按412632来计算，每人对粮食需求量按照农业人口所需量的1/10计算，其需求总量约247579.2石粮食。金代北京路地区农业人口与非农业人口所需粮食共计17936389.2万石。

二、金代北京路地区农业开发规模

金代文献没有留下耕地情况及粮食亩产量数据方面的记载，但我们可以根据宋代文献资料进行推测，以宋代北方各地粮食亩产量记载，作为了解北京路地区粮食产量的参照。宋代河北屯田亩产谷约一石，[2]保州屯田务亩产一石八斗左右稻。[3]

中原州府地处暖温带，气候、土壤均优于辽西地区，这样的地区亩产量在1~2石之间。辽西地区自然条件劣于中原，多采用粗放型耕作方式，粮食亩产量自然低于中原地区。金代土地亩产量"上田可收一石二斗，中田一石，下田八斗"，[4]据梁方仲《中国历代户口、田地、田赋统计》一书认为

---

[1] 《宋史》卷191《兵志五·乡兵二》，第4734页。

[2] （清）徐松：《宋会要辑稿·食货六三之四四》（第154册），中华书局影印清抄本1985年版，第6008页。

[3] 同上书，第4847页。

[4] 《金史》卷47《食货志二》，第1054页。

这一时期平均亩产量为1石。[1]黄金东在《金章宗时期货币制度改革失败原因探析》一文中将北京路平均亩产量为8斗计算，若以金量制1升折合今0.6641升计算，[2]则金代北京路平均亩产量相当于今天的5.312斗。据《热河省县旗事情》记载，时至20世纪30年代，翁牛特旗境内粟的最高亩产量在3~3.5斗之间，其余地区均在1斗左右；大定府所在的内蒙古宁城县最肥沃的土地亩产量是2斗，下等地在2~3升左右。[3]金代这一地区的亩产量不会超过20世纪30年代的水平，据此推测，至少当时粟的亩产量在2~3斗之间。[4]若以今3斗折合金量制为4.5斗而论，则金代北京路地区需要粮食17936389.2石，大约开垦土地398586.4顷。

农耕经济要受到气候、土壤、地貌等自然条件综合指标的限制，在自然条件综合指标允许范围内，农业经营对环境的干扰相对较小；而在自然条件综合指标允许范围之外，农业经营就会对环境造成很大的破坏。所谓耕地范围就是环境对农业开垦的限制性区域，超出这一区域自然环境即不适合发展农业经济。

据1978年《内蒙古自治区旗县经济和社会发展概况》数据显示，相当于临潢府路地区旗县可耕地面积大约在7.0万顷；大定府所辖区域即今内蒙古赤峰市、喀剌沁旗、宁城县、敖汉旗、奈曼旗地区可耕地面积约8.7万顷。[5]辽西地区兴中府、广宁府所辖各州县农业经济条件较好，估计耕地面积不会低于16万顷。若将这些府州可耕地面积计算在一起，总额达31.7万顷，而至金代中期北京路地区农业垦殖范围已达398586.4顷，超过这一地区可耕地范围，在很大程度上对环境造成影响。

金大定十四年（1174年），提点辽东刑狱王寂，途经懿州（今辽宁省阜新县塔营子），曾"寄宿于灵山县之佛寺"，有感风沙作诗云："塞路飞沙

---

[1] 黄金东：《金章宗时期货币制度改革失败原因探析》，《史学集刊》2011年第4期，第116页。

[2] 梁方仲：《中国历代户口、田地、田赋统计》，中华书局2008年版，第745页。

[3] 伪满洲国国务院民政部：《热河省县旗事情》，大同印书馆1934年版，第570—571、598—599页。

[4] 用20世纪30年代的产量衡量金代北京路地区的亩产量方法。参阅韩茂莉：《辽金时期西辽河流域农业开发与人口容量》，《地理研究》第23卷，2004年第5期，第680页。

[5] 内蒙古自治区统计局：《内蒙古旗县经济和社会发展概况（1978—1985）》，第49—128页。

没马黄，解鞍投宿赞公房。"[1]可见当时懿州风沙之大。章宗明昌元年（1190年），王寂第三次至懿州，"丁巳，晨发懿州，是日大风，飞尘暗天，咫尺莫辨，驿吏失途，至东北山下，横流汹涌，深不可济"。[2]由于风沙弥漫，行路艰难，竟然导致驿站官吏迷路。王寂《拙轩集》卷六有一首题为《自责》的诗中记述懿州风沙，云："逆风吹面朝连暮，蓬勃飞尘涨烟雾，前验杳不辨西东，驻马临流不能渡"。[3]王寂在诗中描述了辽西地区风沙半干旱恶劣的生态环境。据此可知，迟至世宗大定间，由于北京路地区过度垦殖导致水土流失、土地沙化日趋严重，人们不得不面临着生态环境恶化的困扰。

三、北京路地区农业发展与生态环境的关系

金代北京路地区地处农牧交错地带，生态环境敏感，大面积农业垦殖导致地表丧失自然植被保护，水土流失、风沙活动频繁，直接影响西辽河流域泥沙量增加。与金代北京路地区经济发展相吻合，随着辽河三角洲的延伸，辽河口古海岸线逐渐向外推移。

辽河口古海岸线近海地区处于沼泽状态。宣和七年（1125年），宋人许亢宗出使金朝，在《宣和乙巳奉使行程录》中记载其行至辽西地区傍海道时，"地势卑下，尽皆萑苻，沮洳积水"，一日渡水三十八次，"多被溺……夏秋多蚊虻，不分昼夜，无牛马能至行以衣被包裹凶腹，人皆重裳而披衣，坐则蒿草薰烟稍能免"。[4]辽西近海地区长期沼泽化阻隔了辽西与辽东之间的交通，同时也延缓了海岸线的伸展。

根据地形及沉积物的分析，发现自盖县、大石桥向北，经牛庄至沙岭一线，此线以北为河口或河流相物质，以南则为浅海相沉积。通过微地貌的观察也会发现，此线南北地面坡降差异显著，北面陡峭2‰左右，南面平缓5‰

---

[1] 贾敬颜：《王寂〈辽东行部志〉疏证稿》，《五代宋金元人边疆行记十三种疏证稿》，中华书局2004年版，第284页。
[2] 同上。
[3] 同上。
[4] 同上书，第240—241页。

左右。此线可作为公元前辽河口古海岸线的标志,直至十一世纪未有大的变动。[1]自十二世纪开始,随着辽河及大、小凌河来沙渐增,辽河口古海岸线逐渐向外推移。

辽河口古海岸线的变迁经历了三个重要的阶段,第一阶段约在公元前;第二阶段是辽金时期;第三阶段是明清时期。金朝时期是辽河口古海岸线变化的重要阶段。辽河口海岸线的变迁,从河口地段来说,河流输沙量大,其作用胜过河流径流、潮汐和波浪的冲刷作用,而人类过度垦殖是造成泥沙淤积的重要原因。通过对金代北京路地区人口数量及农耕范围的分析,表明这一时期农耕经济在粗放经营的背景下,以扩大垦殖量来满足人口增长对粮食的需求时,会对生态环境造成恶劣的影响,而最直接的影响是导致了西辽河流域泥沙含量的增加以及辽河口古海岸线的变迁。

金代北京路地区生态环境敏感,过度垦殖加速了土地沙化现象,影响了西辽河流域泥沙含量以及辽河口古海岸线的变迁。由此可见,在资源有限的情况下,生态环境可容纳的人口数量和人类对资源的开发利用程度也是有限的。尤其是农牧交错地带生态环境非常脆弱,一旦破坏,很难恢复。实现人类生存环境的协调可持续发展,必须科学地处理好人口容量与资源利用方式之间的关系。

第四节 金代北京路地区税收与货币

金代北京路地区征收的苛捐杂税名目繁多,在赋税类别上有正税、杂税之分。[2]金朝海陵、世宗统治时期,北京路地区货币制度是以铜钱为主,纸币为辅,至章宗时期则形成了以纸币为主的货币制度。[3]

---

[1] 王育民:《中国历史地理概论》,人民教育出版社1987年版,第157—158页。
[2] 王德朋认为杂税的征收具有临时性、不稳定性的特征。参见王德朋:《金代商税制度考略》,《社会科学辑刊》2007年第3期,第187—192页。
[3] 宁波:《浅析金代北京路地区的税收与货币》,《辽金历史与考古》2015年第8辑,第253—260页。

一、金代北京路地区赋税类别

金代北京路地区征收的正税主要包括土地税、征榷税;杂税主要包括军须钱、牛夫钱、物力钱、养马钱。北京路地区内猛安谋克与州县民,除了正税有牛头税与两税的不同之外,其他赋税基本是一致的。

(一)正税

土地税 北京路地区的土地税包括牛头税和两税两套体系。按照户籍管理体系,北京路地区内户口可划分为州县民户、猛安谋克、乣户三类。州县民户主要由汉人构成,猛安谋克户主要由女真人构成,也包括部分契丹、奚人,乣户是指生活在边境地区的诸游牧部族。在赋税制度上,对州县民户实行两税制,对猛安谋克户实行牛头税制。乣户多以游牧生活为主,一些部族已经进入农业社会,最初对这部分部族实行牛头税制,后曾改行两税制,世宗时期再次恢复牛头税制。

金代北京路地区生活着大量的猛安谋克,由国家统一规定,按"户口、田土、牛具"多寡对其征收牛头税。张博泉先生在《金代经济史略》一书中认为,"牛具税地,是女真族土地分配和占有制度。"[1]刘浦江却认为,金代的牛头税既非地租,也非地税。[2]

牛头税又称作牛具税,是对女真猛安谋克户征收的土地税。按《金史》卷47《食货志》"牛头税"条记载:"其制每耒牛三头为一具,限民口二十五受田四顷四亩有奇,岁输粟大约不过一石,官民占田无过四十具。"[3]金代土地亩产量"上田可收一石二斗,中田一石,下田八斗",[4]平均亩产量为1石。[5]北京路地区自然条件劣于中原州府,多采用粗放型耕作方式,粮食亩产

---

[1] 张博泉:《金代经济史略》,辽宁人民出版社1981年版,第96页。
[2] 刘浦江:《金代杂税论略》,《中国社会经济史研究》1996年第3期,收入《辽金史论》,辽宁大学出版社1999年版,第280页。
[3] 《金史》卷47《食货志二》,第1062—1063页。
[4] 同上书,第1054页。
[5] 黄金东:《金章宗时期货币制度改革失败原因探析》,《史学集刊》2011年第4期,第116页。

量低于中原地区。据韩茂莉推测，至少当时粟的亩产量在2～3斗之间。[1]若按《金史》卷47《食货志》所载，将北京路地区平均亩产量依0.8石计算，每牛具受田四顷四亩，生产粮食323.2石。太宗天会三年（1125年），"诏令一耒赋粟一石，……四年，诏内地诸路，每牛一具赋粟五斗，为定制。"[2]太宗天会三年每耒牛赋粟一石，即耕种四顷四亩土地，交纳一石粮食，每亩要交纳0.003石粮食，牛头税率为0.38%；天会四年调整为五斗后每亩要交纳0.0015石粮食，税率为0.19%。大定二十一年规定"每牛一头止令各输三斗"。[3]可见，牛头税相较夏秋两税要轻的多，它比汉人负担的两税轻35倍乃至58倍。[4]它的专项用途是用于猛安谋克内部"备饥馑"之需，是一种象征性的土地税赋，相对于国家财政收入来说并无实际意义。

金代北京路地区两税征收分为夏秋两季，特殊之处是在征收两税时间上与金境内其他地区略有不同。金朝前期，北京路地区征收两税的时间实行全国统一标准，"夏税六月止八月，秋税十月止十二月"，夏税纳麦，秋税纳粟，也存在以钱钞折纳的情况。以章宗泰和五年为分界，金朝后期，因北京路地区气候寒冷、干燥，"稼穑迟熟"，征收两税时间推延一个月，改为始自七月征收夏税，十一月开始征收秋税。[5]

大定三年（1163年）世宗下诏曰："'今闻河南、陕西、山东、北京以东、及北边州郡，调发甚多，而省部又与他州一例征取赋役，是重扰也。可凭元帅府已取者例，蠲除之。'五年，命有司，凡罹蝗旱水溢之地，蠲其赋税。"[6]海陵正隆末、大定初年发生了契丹人大起义，北京路及北边州郡"契丹部族大抵皆叛"。[7]至世宗大定二年（1162年）九月，方将历时一年半左右

---

[1] 用20世纪30年代的产量衡量金代北京路地区的亩产量方法参阅韩茂莉：《辽金时期西辽河流域农业开发与人口容量》，《地理研究》第23卷，2004年第5期，第680页。

[2] 《金史》卷47《食货志二》，第1063页。

[3] 同上书，第1063页。

[4] 据张博泉先生估算，牛头税相较夏秋两税要轻是20—40倍。参见张博泉：《金代女真"牛头地"问题研究》，《历史研究》1981年第4期，第149—158页。

[5] 《金史》卷47《食货志二》，第1055页。

[6] 同上书，第1057页。

[7] 《金史》卷91《蒲察世杰传》，第2021页。

的起义镇压下去。[1]为了使残破的社会经济能够迅速恢复过来，金朝世宗下令蠲免北京路地区的土地税。世宗大定四年（1164年）二月庚辰，"以北京粟价踊贵，诏免今年课甲。"[2]所免课甲当指缴纳的两税而言。

金代北京路地区征收两税也是以田亩作为输税的依据和标准。若按北京路平均亩产量为0.8石，金制规定："夏税亩取三合，秋税亩取五升"。[3]依此计算，北京路内征收两税税率为6.63%。世宗就曾直言"今租税法比近代甚轻"。[4]

物力钱 物力钱是按照规定的税率对民户物力征收的一种资产税。[5]物力的范围包括土地、房屋、车马、牲畜、树木、"藏镪之赀"、"民户积粟"等，"物力之征，上自公卿大夫，下逮民庶，无苟免者"。[6]物力钱初创于世宗大定初期。确定物力的主要措施是通检推排，即中央政府在全国范围内调查核实民户户口、物力状况，据此征派赋役。[7]

大定二十六年，北京路征收物力钱数额为"三十五万三千余贯"，全国物力钱总额为"三百二万二千七百十八贯九百二十二文"。[8]北京路物力钱占全国物力钱总额的11.7%。

承安三年（1198年）九月，"奏十三路籍定推排物力钱二百五十八万六千七百二贯四百九十文，……以贫乏免除六十三万八千一百一十一贯。除上京、北京、西京路无新增强者，余路计收二十万二千九十五贯。"[9]北京路

---

[1] ［日］外山军治：《金朝史研究》，李东源译，黑龙江朝鲜民族出版社1988年版，第73页。
[2] 《金史》卷6《世宗纪上》，第133页。
[3] 《金史》卷47《食货志二》，第1055页。
[4] 同上书，第1057页。
[5] 刘浦江：《金代杂税论略》，《中国社会经济史研究》1996年第3期。收入《辽金史论》，辽宁大学出版社1999年版，第280页。
[6] 《金史》卷46《食货志序》，第1028页。
[7] 金代对州县民户共进行过五次通检推排：世宗大定四年至五年（1164—1165年）、大定十五年（1175年）、大定二十六年至二十七年（1186—1187年）、章宗承安二年至三年（1197—1198年）、泰和八年。
[8] 《金史》卷46《食货志一》，第1041页。
[9] 同上书，第1040页。

征收物力钱数额"无新增强者",仍为"三十五万三千余贯",[1]全国物力钱总额为"二百五十八万六千七百二贯四百九十文"。至此可推算出,承安三年北京路物力钱占全国物力钱总额的13.7%。

泰和五年(1205年),"西京、北京边地常罹兵荒,遣使推排之。旧大定二十六年所定三十五万三千余贯,遂减为二十八万七千余贯"。[2]至泰和五年北京路征收物力钱数额"减为二十八万七千余贯"。此处之减钱、免征当指减少、免征物力钱之定额,被减少、免征物力及物力钱所应承担的赋役亦被免除。

章宗时期,国家财政岁入大幅度提升,总额虽不可考,而据七盐司岁课自世宗时期"岁入六百二十二万六千六百三十六贯五百六十六文"增加到章宗时期的"一千七十七万四千五百一十二贯一百三十七文二分"来看,物力钱在财政收入中所占比例呈下降趋势。世宗大定年间,全国物力钱约相当全国盐课的一半,至承安三年已不及盐课的四分之一。这充分表明金朝征收物力钱的主要目的是提供赋役分配的统一标准,并不是开辟新的财源。北京路内的物力钱征收是由北京路转运司负责实施的。[3]

征榷税 征榷税是对从事工商业经营获取的税收,也是国家财政收入的主要来源。北京路地区的征榷税也是财政收入的来源之一。"金制,榷货之目有十,曰酒、曲、茶、醋、香、矾、丹、锡、铁,而盐为称首。"[4]征榷税中尤以盐税为大宗。北京路广宁府广宁县、锦州及瑞州海阳、海滨二县均为海盐产地。

章宗承安三年(1198年)以前,北京路地区盐课"旧法每石九百文",

---

[1] 世宗大定以后,通检推排逐渐制度化,"大率每十年一次"。承安三年北京路征收物力钱数额应与大定二十六年通检推排的标准相同。刘浦江:《金代"通检推排"探微》,《中国史研究》1995年第4期。收入《辽金史论》,辽宁大学出版社1999年版,第247页。

[2] 《金史》卷46《食货志一》,第1041页。

[3] 刘浦江:《金代"通检推排"探微》,《中国史研究》1995年第4期。收入《辽金史论》,辽宁大学出版社1999年版,第246页;赵光远:《金代的"通检推排"》,《学习与思考》1982年第4期,第76—80页;赵光远:《试论金世宗对州县民户的通检推排》,《中央民族学院学报》1981年第2期,第97—103页;曾代伟:《金朝物力通检推排法述论》,《民族研究》1997年第5期,第71—76页;赵光远:《金章宗为何对州县民户"通检推排"》,《北方文物》1996年第3期,第60—64页。

[4] 《金史》卷49《食货志四》,第1093页。

岁课收"入二十一万三千八百九十二贯五百文",全国七盐司盐课"岁入六百二十二万六千六百三十六贯五百六十六文"。[1]则北京路盐课在全国七盐司盐课中所占份额应为3.4%。

承安三年十二月,"尚书省奏:'盐利至大,今天下户口蕃息,食者倍于前,军储支引者亦甚多,况日用不可阙之物,岂以价之低昂而有多寡也。若不随时取利,恐徒失之。'"[2]遂复定北京路地区盐课每石"增为一贯五百文",岁课收"入三十四万六千一百五十一贯六百一十七文二分",全国七盐司盐课"增为一千七十七万四千五百一十二贯一百三十七文二分"。[3]据此估算北京路盐课占全国盐课总额的3.2%。由此可见,北京路地区盐税作为国家固定性税收在全国征榷税中所占比重不大。

(二)杂税

军须钱 军须钱在《金史·食货志》中并未专门列出条目加以介绍,并无一定之制。在正常岁课无法满足庞大军费开支的情况下,以军须钱为名目的苛捐杂税应运而生。

军须钱初创于世宗大定三年(1163年),规定"军士每岁可支一千万贯,官府止有二百万贯,外可取于官民户,此军须钱之所由起也"。[4]当时所需军费共一千万贯,而国家财政储备金只有二百万贯,余下的八百万贯只能依靠州县百姓缴纳的军须钱来追加添补,可见军须钱的数量之大是相当惊人的。

《金史》卷44《兵志》对北京路地区征收军须钱记载,章宗承安三年(1198年),"乞验天下物力均征。……征军需钱,验各路新籍物力,每贯征钱四贯,西京、北京、辽东路每贯征钱二贯,临潢、全州则免征"。[5]这次征收军须钱的方法是,以是年九月进行的第四次通检推排,确定的物力钱数额为标准,凡每贯物力钱征军须钱四贯。由于北京路地区地处西北边防要塞,军须

---

[1] 同上书,第1100—1101页。
[2] 同上书,第1100页。
[3] 同上书,第1100—1101页。
[4] 《金史》卷44《兵志》,第1005页。
[5] 同上书,第1006页。

钱减半征收，临潢、全州免征。章宗时期蒙古诸部频频入扰西北边疆，金蒙战争持续二十余年，战争规模与财政开支远远超出金初与阻卜的战争。在诸多"名目琐细"的杂税中，估计军须钱的征收数额是最大的一宗。

牛夫钱 牛夫钱是一种免役钱。世宗大定二十一年（1181年）九月规定："近官路百姓以牛夫充递运者，复于它处未尝就役之家征钱偿之。"[1]据《金史》卷47《食货志二》记载："（大定）二十三年，宗州民王仲规告乞征还所役牛夫钱，省臣以奏，上曰：'此既就役，复征钱于彼，前虽如此行之，复恐所给钱未必能到本户，是两不便也。不若止计所役，免租税及铺马钱为便。其预计实数以闻。若和雇价直亦须裁定也。'有司上其数，岁约给六万四千余贯，计折粟八万六千余石。上复命，自今役牛夫之家，以去道三十里内居者充役。"[2]案宗州，隶属于北京路。辽来州，金天辅七年因袭之。[3]天德三年更为宗州，泰和六年更名瑞州。从王仲规告乞征还所役牛夫钱来看，大定二十一（1181年）年至二十三年（1183年）以前，金朝政府对北京路地区各州县民户是征收牛夫钱的。若按"岁约给六万四千余贯，计折粟八万六千余石"计算，可以推测出，世宗大定二十三年（1183年），每石粮食的价格约为745文钱。

养马钱 海陵王时期始创养马钱。世宗大定年间，完颜宗尹上奏："海陵军兴，为一切之赋，有菜园、房税、养马钱。大定初，军事未息，调度不继，故因仍不改。今天下无事，府库充积，悉宜罢去。"正是平章政事完颜宗尹的提议，"养马等钱始罢"。[4]据《金史》卷100《李复亨传》记载："民养役马，此役最甚。……可依旧设回马官，使者食料皆官给之，岁终会计，均赋于民。"[5]从引文中可以看出养马钱是对不养官马民户课的一种杂税。

明昌四年（1193年），大理卿董师中上疏，劝谏完颜璟勿幸景明宫，"况西、北二京，临潢诸路，比岁不登。加以民有养马签军挑壕之役，财力大

---

[1]《金史》卷47《食货志二》，第1058页。

[2] 同上。

[3]《辽史》卷29《天祚皇帝纪三》云：保大三年二月乙酉朔，来、隰、迁、润降金。《金史》卷2《太祖纪》天辅七年二月乙酉朔所载同。《辽史》卷29《天祚皇帝纪三》，第346页；《金史》卷2《太祖纪》，第40页。

[4]《金史》卷73《完颜宗尹传》，第1675页。

[5]《金史》卷100《李复亨传》，第2218页。

困,流移未复,米价甚贵,若扈从至彼,又必增价。"[1]按临潢府境内有"天平山、好水川,行宫地也",[2]筑有景明宫。北京、临潢之地"逼介边陲",在农业连年歉收、国计艰窘的情况之下,北京、临潢地区百姓仍要担负沉重的养马钱。

(三)寺院二税户

《金史》卷46《食货志》载:"初,辽人佞佛尤甚,多以良民赐诸寺,分其税一半输官,一半输寺,故谓之二税户。"[3]所谓"二税户"有两种含义,其一指辽代头下军州二税户;其二指辽代寺院二税户。至金代头下军州制度已废止,金代二税户乃专指寺院民户。

金时寺院"二税户"实际已被抑为奴隶,[4]是以非法形式而实际存在的一种户类。《中州集》卷2《李承旨晏》内有这样的记载,"闾山寺僧赐户三百,与僧共居,供役而不输租,故不在免例,诉者积年,台寺不为理。"[5]"二税户"原来交纳租税是"半输官,半输寺"。金代则演变成"供役而不输租"的奴隶,他们不向国家负担税赋。

金代北京路地区所在原为辽上京路与中京路地区,至金代北京路地区存在大量寺院所属民户,但他们始终未能纳入国家户籍制度之内。据《金史》卷46《食货志一》载,"辽亡,僧多匿其实,抑为贱,有援左证以告者"[6]。世宗即位伊始,即诏令免二税户为良。章宗继任后,"上封事者言,乞放二税户为良,省臣欲取公牒可凭者为准,参知政事移剌履谓'凭验真伪难明,凡契丹奴婢今后所生者悉为良,见有者则不得典卖,如此则三十年后奴皆为良,而民且不病焉'。上以履言未当,令再议。省奏谓不拘括则讼终不绝,遂遣大兴府治中乌古孙仲和、侍御史范楫分括北京路及中都路二税户,凡无凭验,其主自

---

[1] 《金史》卷95《董师中传》,第2114页。
[2] 《金史》卷24《地理志上》,第561页。
[3] 《金史》卷46《食货志》,第1033页。
[4] 张博泉:《辽金"二税户"研究》,《历史研究》1983年第2期,第120—129页;佟家江:《关于辽金二税户》,《内蒙古大学学报》1984年第1期,第66—69页。
[5] 《中州集》卷2《李承旨晏》。
[6] 《金史》卷46《食货志一》,第1033页。

言之者及因通检而知之者，其税半输官、半输主，而有凭验者悉放为良。"[1] 当时北京路地区内凡有凭据之二税户均可被放免。章宗明昌元年（1190年）六月，北京等路放免二税户1700余户，13900余口。金代二税户主要集中于北京、中都二路，若以北京路与中都路放免二税户平均划分，则北京路放免二税户达800余户，6000余口。

二、金代北京路地区的城市体系及货币经济

（一）金代北京路地区的城市体系

金代北京路地区的行政区划，分路府、州、县三级制，相应形成了不同行政等级和户口规模的城市，按照城市行政建制与等级规模可分为警巡院城市、录事司城市和司候司城市。北京大定府置有警巡院，总管府和节镇州置有录事司，防刺州置有司候司。[2]

由统计列表可知，金朝北京路地区共有警巡院城市1个，录事司城市7个，司候司城市3个。警巡院、录事司、司候司是独立的城市市政建制，与县平行地隶属于府州，在《金史·地理志》中享有与县平等的行政地位。[3]未设置录事司和司候司的县治所，则不属于当时建制城市。[4]

据《金史·百官志》记载，北京留守司"带本府尹兼本路兵马都总管"[5]，下设管理城市的行政机构警巡院。北京路大定府警巡院"使一员，正六品，掌平理狱讼，警察别部，总判院事。副一员，从七品，掌警巡之事。判官二员，正九品，掌检稽失，签判院事。"[6]司吏，女直一人，汉人五人，不置副使。城市社区有警巡院所属坊巷管理，乡村社区则由京县或州县所属乡

---

[1] 《金史》卷46《食货志一》，第1035页。
[2] 《金史》卷57《百官志》，第1313—1314页。
[3] 韩光辉：《金代防刺州城市司候司研究》，《北京社会科学》1999年4期，第104—109页。
[4] 韩光辉、魏丹、王亚男：《中国北方城市行政管理制度的演变——兼论金代的地方行政区划》，《城市发展研究》2012年第7期，第103—110页。
[5] 《金史》卷57《百官志》，第1305页。
[6] 《金史》卷57《百官志》，第1313页。

（镇）里社管理。[1]大定府警巡院是北京路行政区域的中心城市，属于次首位城市。

据《金史》卷57《百官志》记载，北京路地区诸府节镇州共建置城市录事司7个，即临潢府、兴中府、义州、锦州、瑞州（宗州）、全州、兴州。"录事一员，正八品。判官一员，正九品。掌同警巡使"[2]。诸府节镇除录事司外，还设有兵马司与都军司。兵马司，执掌"巡捕盗贼，提控禁夜，纠察诸博徒、屠宰牛马，总判司事。"都军司则"掌军率差役、巡捕盗贼，总判军事，仍与录事同管城隍"。[3]由此可见，北京路地区诸府节镇下设郭县和县管理乡镇；在城市下设录事司管理府镇城市民事，下设兵马司或都军司管理府镇城市军事巡捕。城市录事司、附郭县与县平行隶属于府镇，[4]诸府节镇录事司城市在北京路府镇行政区域中占有重要地位。

北京路地区诸府节镇录事司城市规模，是以户口数量多寡为依据。"司吏，户万以上设六人，以下为率减之。凡府镇两千户以上则依此置，以下则止设录事一员，不及百户者并省"。[5]府镇所治城市，设置录事一员，判官一员，司吏六人。不满两千户的府镇所治城市，只设置录事一员，不置判官、司吏。不满百户的府镇城市不置录事司。北京路地区录事司城市户口规模在万户至二千户之间。录事司城市是诸府节镇行政区域的政治、经济、文化中心，属于中等城市。

北京路地区防刺州置有司候司城市3个，即利州、建州、庆州。防刺州是防御州、诸刺史州的总称。按金制规定，诸防刺州治所城市置有司候司管理城市民事。司候司置"司候一员，正九品。司判一员，从九品。司吏、公使七人"[6]。除此之外，还设置军辖管理城市军事，置"军辖一员，掌同都军，兼

---

[1] 韩光辉、何峰：《宋辽金元城市行政建制与区域行政区划体系的演变》，《北京大学学报》2008年第2期，第154—161页。

[2] 《金史》卷57《百官志》，第1314页。

[3] 《金史》卷57《百官志》，第1324页。

[4] 韩光辉、林玉军、王长松：《宋辽金元建制城市的出现与城市体系的形成》，《历史研究》2007年第4期，第42—62页。

[5] 《金史》卷57《百官志》，第1314页。

[6] 《金史》卷57《百官志》，第1314页。

巡捕,仍与司候同管城壁,军典二人"。[1]管理城市民事的司候司、附郭县和县平行隶属于防刺州。从司候司司吏、公使均为七人来看,司候司城市人口规模至少应在千户以上,是较小区域的政治、经济、文化中心。

至金朝中期,北京路地区出现了较完善不同等级的专门城市行政管理机构,将警巡院城市、录事司城市、司候司城市不同行政等级和规模的城市紧密有序地联系起来,形成了金代北京路地区城市建制体系。

表3-1　金代北京路地区城市分布统计表

	警巡院	录事司	司候司
总管府	大定府	临潢府　兴中府	
节镇州		义州、锦州、瑞州(宗州)、全州*、兴州*	
防刺州			利州、建州、庆州

*节镇新置者,不含贞祐三年(1215年)所置节镇。

(二)北京路地区的镇

据《金史》卷24《地理志上》统计,章宗泰和八年北京路地区建置镇14个。[2]镇的设置是以经济税收为标准,即"民聚不成县,而有税课者,则为镇,或以官监之",[3]镇完全相当于一个税收单位,发展到一定程度即可升置为县。

按《金史》卷57《百官志》曰:"诸知镇、知城、知堡、知寨,皆从七品"。[4]由此可知,镇长官称为知镇。据《大金国志》记载,"城镇院务监当官虽本管百里内者,掌本镇贼盗并城门锁钥,百里外者兼烟火、词讼"。[5]金代的知镇与宋代的镇监或监镇相似,其设置是以课税之多寡为据,"五百贯以上设都监,千贯以上设同监一员"。[6]此外镇上还设有巡检、司吏、提控等官

---

[1]　《金史》卷57《百官志》,第1335页。

[2]　同上书,第557—563页。

[3]　(宋)高承:《事物纪原》卷7《州郡方域部》,台北商务印书馆1986年版,第251页。

[4]　《金史》卷57《百官志》,第1315页。

[5]　(宋)宇文懋昭撰,崔文印校证:《大金国志校证》,中华书局1986年,第505页。

[6]　《金史》卷49《食货志四》,第1107页。

员，与知镇共同负责民事、税收、户口、治安等具体事务。[1]

郁越祖认为宋代的建制镇的定居人口约在200户左右，最多可达千户或数千户。[2]金代北京路镇的人口数量及发展速度，无法与宋代南方市镇相提并论。[3]许亢宗《宣和乙巳奉使金国行程录》"第十四程至润州。并无堡障，但存遗址"润州，皇统三年废州为海阳县，隶属于北京路瑞州。由于战争的破坏及生态环境恶化，"出关来才数十里则山童水浊，皆瘠卤。弥望黄茅、白草，莫知其极"，不宜居住，故镇的规模应不会很大。[4]据《金史》卷57《百官志》"诸府节镇录事司"条下小注："司吏，户万以上设六人，以下为率减之。凡府镇二千户以上则依此置，以下则止设录事一员，不及百户者并省"。[5]其中，"不及百户者"当指镇而言。据此得知，金代北京路地区镇的定居人口应不少于百户。

因为人口稀少，北京路兴中府宜民县被废为咸康镇。在经济发展、人口增长情况下，有的县被升置为县。北京路锦州神水县，皇统三年废为镇，省入安德县，大定二十九年（1189年）复置神水县。北京路兴州宜兴县，本兴化县之白檀镇，泰和三年（1203年）升置。

从现有资料来看，北京路地区各府州所辖镇在地域分布上有一定的规律性。北京路下的镇分布在中原地区通往女真内地的交通要道上。由于大量人口的聚集与过往，为镇的产生和发展提供了可能性和必要条件。如广宁府为南北商贾往来必经之要道，广宁府下辖八个镇，占北京路镇总数的57%。北京路地区所辖镇多集中于经济发达、人口集中、商品交换繁荣的南部地区，同时呈现自西向东由大定府依次向兴中府、广宁府渐次集中的趋势，临潢府地区经济低落并未设置镇。

---

[1] 林玉军、韩光辉：《金代镇的若干问题研究》，《中国历史地理论丛》2009年第2期，第117页。

[2] 郁越祖：《关于宋代建制镇的几个历史地理问题》，《历史地理》6辑，上海人民出版社1988年版，第98页。

[3] 傅宗文：《宋代草市镇研究》，福建人民出版社1989年版，第179—185页。

[4] （宋）宇文懋昭撰，崔文印校证：《大金国志校证》，中华书局1986年版，第563页。

[5] 《金史》卷57《百官志》，第1314页。

表3-2　金章宗泰和八年北京路地区镇一览表[1]

府州	镇
大定府	恩化、文安
利州	漆河
义州	饶庆
瑞州	迁民
广宁府	欢城、辽西、梁渔务、山西店、大斧山、北川
兴中府	黔城、阜安、咸康

（三）北京路地区流通的货币

世宗大定二十九年（1189年），为了适应北方地区商品交换的需要，女真王朝开始发行纸币——交钞、铸造铜钱，并大量吸收宋钱，形成了以钱为主，钱钞并用的局面。"北京（路）为辽西重镇"，[2]商业兴盛，地区发行货币以铜钱为主、纸币为辅。[3]至章宗时期，形成了以纸币为主的货币制度，北京路地区流通货币以纸币为主。

承安二年（1197年），因铜钱流通不足、交钞发行量太大，始印行小钞，不受流通地域的限制。是年十月"诏以西北二京、辽东路从宜给小钞，且许于官库换钱，与它路通行。"[4]按交钞是大额本位货币的代用券，由国家保证能够兑换为铜钱，在比较大额交易中充当代替铜钱主币的角色。金朝在中都、汴梁地区大量消费铜钱致使国库空虚，大量的铜钱也经过交换流通到这些地区。北京路地区属于经济欠发达地区，商业规模有限，铜钱自然流向经济发达地区。承安二年对北京路实行货币限制政策，允许小钞在官库兑换铜钱，是因为北京路商品经济不发达，需要的货币量不大，所以小钞与铜钱可以相互兑换并行流通。小钞在北京路地区印行，也表明金朝政府在这一地区没有足够的铜钱回收超出货币需求量的交钞。小钞在行用两年（承安四年）后便被废止。

---

[1] 锦州神水县，"辽开泰二年置，皇统三年废为镇，大定二十九年复升为县"。兴州宜兴县，"本兴化县白檀镇，泰和三年升为县来属"。

[2] 《新元史》卷119《木华黎传上》，第2212页。

[3] 黄金东：《金章宗时期货币制度改革失败原因探析》，《史学集刊》2011年第4期，第114—120页。

[4] 《金史》卷48《食货志三》，第1076页。

随着财政不断恶化，政府手中铜钱数量不足，无力归还巨额交钞。承安三年，"时交钞稍滞，命西京、北京、临潢、辽东等路一贯以上俱有银钞、宝货，不许有钱，一贯以下听民便。"[1]禁止铜钱流通，限制铜钱在大额贸易中使用，政府滥发纸币会造成"交钞多于见钱，使民艰于流转"的通货膨胀现象。[2]北京、临潢地区商品经济不发达，"一贯以上……不许用钱"的货币限制政策对地区经济影响不大。

泰和六年（1206年）十一月，"复许诸路各行小钞。……北京则于临潢府官库易钱。"[3]取消小钞流通地域的限制，保留兑换地的限制，北京路小钞要到临潢府官库兑换。二十世纪三十年代在大明城（金代北京路大定府）废墟中发现一张交钞，票面金额为一百贯，[4]系贞祐二年（1214年）发行的大钞。交钞上有"中都、南京交钞库、北京、上京、咸平府省库倒换钱钞"。[5]钞面文字与文献上记载略有不同。

金朝后期由于战争频繁，造成了严重的通货膨胀，纸币贬值。在交钞上加盖"北军合同"印，[6]使用北军交钞去履行支付、兑换业务，[7]相当于在北京路地区通行的一种货币信用制度。

---

[1] 《金史》卷48《食货志三》，第1076年。
[2] 同上书，第1075页。
[3] 同上书，第1079年。
[4] 卫月望认为，壹佰贯交钞版从开始使用到废除，仅有半年时间。卫月望：《内蒙古宁城出土金代"北京路壹百贯交钞版"考释》，《内蒙古金融研究》2002年第S1期，第96—99页。
[5] 中国钱币研究会编印：《中国古钞图辑》，中国金融出版社1992年版，第12页。
[6] "北军"当指《金史》中所记"北边军"。《金史》卷9《章宗纪一》记载，明昌三年四月（1192年）"戊午，诏集百官议北边开壕事。"秋七月"癸未，诏增北边军千二百人，分置诸堡。"《金史》卷9《章宗纪一》，第221、222页。
[7] 王未想：《"北军合同"印与金代交钞》，《内蒙古金融研究》2003年第S4期，第70页。

第四章　金代北京路地区军事防御

北京路地区是金王朝西北边境地区的军事重镇，其所辖军事镇戍力量，除猛安谋克外，还包括乣军等部族军队。诸羁縻部族虽在名义上臣属金朝，却时叛时降，归附时遵守职贡，入纳方物，反叛时寇抄边境，北京路地区的起义、战事始终未曾间断。女真统治者在北京路泰州域内设置东北路招讨司，负责镇抚周边游牧部族，擢选归顺金廷的契丹人以及诸部族官吏任其长，管理、镇抚女真猛安谋克及周边地区的契丹、奚等诸游牧部族。章宗时期在泰州、临潢、大定府设置了临时性行省，管理边境地方军政事务。

第一节　金代北京路地区的军事机构

在金朝北部疆域的外围，沿袭辽代制度，以招讨司负责镇抚周边游牧部族，体现了女真本族制度与辽制交互作用的状态。[1]在北京路泰州域内设置东北路招讨司，[2]管理、镇抚女真猛安谋克及周边地区的契丹、奚等诸游牧部族，同时在泰州、临潢、大定府设置了临时性行省，负责管理边境军事戍守任务。[3]

---

[1] 余蔚：《中国行政区划通史·辽金卷》，复旦大学出版社2012年版，第505页。

[2] 金朝的招讨司皆置于北部边境地区，专领猛安谋克户和蕃部，不领州县民户。

[3] 宁波：《金代北京路地區的軍事防禦——兼論北京路地區與金界壕外的互動關係》，《隋唐辽宋金元史论丛》第6辑，上海古籍出版社2016年版，第308—323页。

一、东北路招讨司

东北路招讨司,金初为乌古敌烈统军司,隶属上京路;海陵天德二年(1150年)改为乌古敌烈招讨司;世宗大定五年改为东北路招讨司,大定二十五年(1185年)一度被废止;章宗承安三年(1198年)再次恢复,由上京路迁至北京路地区直至金亡。

东北路招讨司辖内民事全然从属于军事,应视为军区。据《金史·兵志》载:"东北路者,初置乌古迪烈部。"[1]太宗天会三年(1125年)二月,"丁卯,以庞葛城地分授所徙乌虎里、迪烈底二部及契丹民。"[2]《金史》卷72《习古乃传》也记载"以旁葛城地分赐乌虎里、迪烈底二部及契丹人"[3]。金朝统治者令其本部人为节度使,设置乌古迪烈统军司进行统治。王曾瑜认为,"此招讨司已成为北方之重要军区"[4]。

海陵天德二年(1150年)九月,"改乌古迪烈路统军司为招讨司"[5]。斜野、完颜麻泼、乌林答蒲卢虎均出任过乌古迪烈招讨使。贞元元年(1153年)闰十二月,海陵王"命西京路统军挞懒、西北路招讨萧怀忠、临潢府总管马和尚、乌古迪烈司招讨斜野等北巡"[6]。王曾瑜先生认为,至海陵末年,"最后形成了北方三个招讨司和南方三个统军司之军区部署格局"[7]。

世宗大定五年(1165年),改乌古迪烈路招讨司为东北路招讨司。据《金史》卷44《兵志》记载,"大定五年,复罢府,降为统军司。寻又设两招讨司,与前凡三,以镇边陲。东北路者,初置乌古迪烈部,后置于泰州(旧

---

[1] 《金史》卷44《兵志》,第1003页。
[2] 《金史》卷3《太宗纪》,第52页。据王国维先生考证,庞葛城地,大约位于今大兴安岭以东,嫩江以西,齐齐哈尔市以北的范围内。参见姚淦铭、王燕:《王国维文集》,中国文史出版社2007年版,第328—336页。
[3] 《金史》卷72《习古乃传》,第1666页。
[4] 王曾瑜:《金朝军制》,河北大学出版社1996年版,第20页。
[5] 《金史》卷44《兵志》,第1003页。
[6] 《金史》卷5《海陵纪》,第101—102页。
[7] 王曾瑜:《金朝军制》,河北大学出版社1996年版,第23页。

泰州）。泰和间，以去边尚三百里，宗浩乃命分司于金山。西北路者置于应州，西南路者置于桓州，以重臣知兵者为使，列城堡濠墙，戍守为永制。"[1]上述史料记载大定五年，乌古迪烈路招讨司更名为东北路招讨司，其治所由庞葛城迁至泰州（旧泰州，今黑龙江省泰来县塔子城）。《金史》卷72《习古乃传》："泰州之边围，黄龙之冲要，寄亦重矣。"[2]按《金史》卷24《地理志》记载，泰州（旧泰州）"海陵正隆间，……隶上京，大定二十五年罢之"[3]。庞葛城、泰州（旧泰州，今黑龙江省泰来县塔子城）在金上京境内，说明东北路招讨司初设于上京路。

大定二十五年（1185年），东北路招讨司及旧泰州一度同被废止。承安三年（1198年），东北路招讨司复置于长春县，即新泰州（今吉林省白城市洮安城四家子古城），新泰州位于北京路境内。东北路招讨司，治所由上京路移至北京路，意味着西北边疆第一道防线的后撤。此番调整想必是因为西北契丹人防御阵线已经削弱而且难以信任。当时北京路地区内新泰州成为女真人控制西北边境外蒙古诸部族的中心所在，遂将东北路招讨司设于此地。但是这种状态并未维持多久，由于北方诸游牧部族经常侵扰边塞，泰州距离边境达三百里之遥，"每敌入，比出兵追袭，敌已遁去。"承安四年（1199年），宗浩拜枢密使后"奏徙之金山，以据要害，设副招讨二员，分置左右，由是敌不敢犯"[4]。

泰和八年（1208年）"夏四月甲寅"条记载，再次对东北路招讨司驻地进行调整，"以北边无事，勒尚书省，命东北路招讨司还治泰州，就兼节度使，其副招讨仍置于边"[5]。东北路招讨司于金山内迁回泰州（新泰州），而副招讨仍然要驻防在近边的金山县地区。

贞祐二年（1213年），宣宗迁汴，以"泰州残破，东北路招讨司猛安谋克人皆寓于肇州，凡征调往复甚难。乞升肇州为节度使，以招讨使兼之。置

---

[1] 《金史》卷44《兵志》，第1003页。《大金国志》卷38"京府州军"条记载，金朝设招讨司三处：西南路丰州置司、西北路桓州置司、东北路泰州置司。(宋)宇文懋昭撰，崔文印校正：《大金国志校证》，中华书局1986年版，第538页。

[2] 《金史》卷72《习古乃传》，第1667页。

[3] 《金史》卷24《地理志》，第563页。

[4] 《金史》卷93《宗浩传》，第2074页。

[5] 《金史》卷12《章宗纪四》，第283页。

招讨副使二员，分治泰州及宜春"[1]。东北路招讨司的人员进一步内迁徙至肇州，此后关于东北路招讨司不复见于史载。[2]

东北路招讨使及其下的都监等，大都由契丹人、奚人充任。统治诸部族的部族节度使及其下属，也是诸部族出身者居多。[3]即使是一些女真人官僚赴任，也只是起到监督作用。世宗提到，"外官之尊，无以踰"招讨使。[4]招讨使之地位与留守都总管等同，据《金史》卷57《百官志三》"诸府镇兵马等职"条记载，"招讨司。……使一员，正三品"[5]。《金史》卷58《百官志四》"符制"条："虎符之制，承安元年制。……其符用虎，并五左一右，左者留御前，以侍臣亲密者掌之，其右付随路统军司、招讨司长官主之，阙则次官主之。"[6]

东北路招讨司，相当于府州级二级行政区划。因不领州县民户只领猛安谋克户，故亦称路。又因其在领猛安谋克的同时，还兼领诸部族节度使、群牧所及诸乣详稳，故不置总管府、节度使，[7]是边境地区兼备游牧与农耕两种要素的特殊高层军政区。这是招讨司与女真内地都统、统军、总管、万户、节度使路的不同之处。[8]东北路招讨司所辖区域包括金代北京路地区及贝加尔湖以南、以东的草原游牧部落活动的地区。

二、北京路地区的行省

金章宗时期，北边部族势力日渐强大，侵扰边境日益频繁。北京路地区地处西北边疆，女真统治者十分重视路内地方军政事务的管理，在泰州设置行省，督管修筑东北路界壕；在临潢、北京设置临时军事性行省，负责戍守指挥

---

[1] 《金史》卷122《乌古论德升传》，第2658页。

[2] 《金史》卷103《完颜铁哥传》："贞祐二年，枢密使徒单镒移剌以铁哥充都统，入卫中都。迁东北路招讨使，兼德昌军节度使。"《金史》卷24《地理志上》"肇州"条：招讨司迁至肇州以后，仍"以使兼州事"。《金史》卷103《完颜铁哥传》，第2282页；《金史》卷24《地理志上》，第551页。

[3] [日]外山军治：《金朝史研究》，李东源译，黑龙江朝鲜民族出版社1988年版，第60页。

[4] 《金史》卷73《完颜守能传》，第1691页。

[5] 《金史》卷57《百官志三》，第1328页。

[6] 《金史》卷58《百官志四》，第1336页。

[7] 谭其骧：《金代路制考》，载历史研究编辑部编：《辽金史论文集》，辽宁人民出版社1985年版，第537页。

[8] 余蔚：《中国行政区划通史·辽金卷》，复旦大学出版社2012年版，第512页。

具体军事运作。[1]

(一)泰州行省

为抵御北方蒙古诸游牧部族的入侵,自太宗时开始至章宗泰和三年(1203年)结束,在北京路境内修筑了东北路界壕,由东北路招讨司负责戍守监管。泰和三年(1203年)蒙古诸部再度入侵扰边,金朝派遣尚书右丞相宗浩行省泰州,主持筹备修筑东北路界壕。据《金史》卷93《宗浩传》记载,"初,朝廷置东北路招讨司泰州,去境三百里,每敌入,比出兵追袭,敌已遁去。至是,宗浩奏徙之金山,以据要害,设副招讨二员,分置左右,由是敌不敢犯。"[2]是年九月,东北路界壕全线贯通,宗浩回朝,行省罢。

(二)临潢、北京行省

因北边部族势力日渐强大,侵扰边境日益频繁,据《金史》卷10《章宗纪二》"明昌六年(1195年)五月庚戌"条记载,"命左丞相夹谷清臣行省于临潢府"[3],后因其处事不当,"措画乖方",改由参知政事完颜襄代其行省事。承安元年(1196年)十一月,临潢行省移至北京。承安二年(1197年)五月,行省复移驻临潢府,由参知政事完颜裔代领行省事。完颜裔作战失败,九月,罢临潢行省,完颜襄再次行省北京,与胥持国共同指挥对阻卜诸部的军事行动。承安三年(1198)二月,阻卜首领斜出内附,北方边境一度恢复平静,北京行省随即撤罢。从临潢、北京行省军事活动范围看,其经略区域当在大兴安岭以东地区,大致相当于东北路招讨司管辖范围。

除上述专门军事机构外,北京路兵马都总管府、节镇州也具有军事职能。北京路兵马都总管府,设留守兼本路兵马都总管,执掌本路兵马事。节镇州作为军事要地,主要职责是镇抚防御、刺史诸军,统领本州兵马兼管本州政务。[4]

---

[1] 宁波:《金代北京路的军事战争》,《兰台世界》2015年第16期,第76—77页。
[2] 《金史》卷93《宗浩传》,第2074页。
[3] 《金史》卷10《章宗纪二》,第236页。
[4] 《金史》卷57《百官志三》,第1310—1312页。

第二节　金代东北路界壕考

为防御蒙古草原各部侵扰，金朝历时多年修建了地下壕沟与地上墙体相配合的界壕、边堡，学界称为金界壕。[1]金界壕位于金上京路与北京路西北部地区，是金朝行政建置区与羁縻统治区的分界线。由于元修《金史》对蒙古早期历史多有避讳，界壕修筑一事也不免受到牵连。金界壕从讨论修建到建成，时间跨度长，每段界壕修建情况不尽相同。本文重在探讨金朝东北路界壕的沿革。[2]

一　东北路界壕的辨析

金朝修建界壕从太宗时开始，至章宗泰和三年（1203年）基本结束，共历5朝。王国维先生在《金界壕考》一文中首次提出金界壕分属"四路"，即东北路、临潢路、西北路、西南路。[3]金毓黻先生也认为："金之界壕边堡，又分四段：一为东北路，即金志所云：'自达里带石堡子至鹤五河'之一段也，二为临潢路，即金志所云：'自鹤五河堡子至撒里乃'之一段也，三为西北路，四为西南路，即由桓抚昌净诸州而西之两大段也。"[4]自是以后，此观点长期以来被治中国史学者所征引和援用。[5]但冯永谦先生认为，金代岭南长城不是四路，而是三路。[6]

---

[1] 在《金史》中，对金界壕这项工程记载有壕堑、濠堑、壕垒、垣垒、垒堑、壕障、濠墙、界墙、边堡等多种称谓。本文关于金界壕的界定：金界壕与边堡作为整体的一道防线，统称为金界壕。参见王国维：《观堂集林》，中华书局1959年版，第714—715页。

[2] 宁波：《金朝东北路界壕考——兼论东北路招讨司》，《内蒙古社会科学》2014年第3期，第62—66页。

[3] 姚淦铭、王燕：《王国维文集》，中国文史出版社2007年版，第328—336页。

[4] 金毓黻：《东北通史》上编，五十年代出版社1943年版，第425页。

[5] 唐长孺：《山居存稿》，中华书局1989年版，第489页；[日]外山军治：《金朝史研究》，李东源译，黑龙江朝鲜民族出版社1988年版，第345页。

[6] 冯永谦：《金长城的考古与发现》，《东北史地》2007年第3期，第28—35页。

学界在东北路界壕起止问题上存有争论。关于东北路界壕起点达里带石堡子所在地，屠寄在《蒙兀儿史记》一书中指出"堡在嫩江西岸，布特哈旧总管衙门之北伊侨齐之地"[1]，黑龙江博物馆调查认定并证实后宜卧奇边堡即"达里带石堡子"，为金界壕边堡东北路的第一堡。[2]王国维对屠寄并未"实地探检"提出了质疑，认为其"失之轻易"，考证东北路界壕起点在乌古迪烈部地，即"兴安岭之东，蒲与路之西、泰州之北"。[3]贾洲杰、赵玉明进一步考察认定，《金史》中所记载的达里带石堡子位于莫力达瓦旗尼尔基镇北八公里嫩江西岸前后七家子。[4]总括地说，莫力达瓦旗尼尔基镇北八公里嫩江西岸前后七家子是目前所知金朝修建东北路界壕的起点。"四路"说与"三路"说学者对此问题所持论见差异不大。

持"四路"说学者认为，鹤五河堡子是东北路界壕终点所在地。屠寄指出"鹤五河即张穆《蒙古游牧记》科尔沁右翼中旗北一百里的鹤午河，堡在河上"[5]。王国维先生在《金界壕考》中考证，鹤五河即贵勒尔河北源支流榆河，"金时泰州临潢分界于此，证之蒙古文献，则此处为金与外族之分界，无可疑也"[6]。李文信、张柏忠、贾洲杰先生未明确否定王氏榆河说，提出鹤五河即霍林河的观点。[7]黑龙江博物馆在对东北路界壕的调查报告中也认同此观点，[8]由此可以认定鹤五河堡子所在地，位于今内蒙古自治区科尔泌右翼中旗之霍勒河。然而鹤五河堡子是否为东北路界壕终点所在地？在资料的理解上值得进一步商榷。

---

[1] （清）屠寄：《蒙兀儿史记》卷1《世纪》，北京市中国书店1984年版，第1页。

[2] 黑龙江省博物馆：《金东北路界壕边堡调查》，《考古》1961年第5期，第258页。

[3] 王国维：《金界壕考》，收入《观堂集林》，中华书局1959年版，第722页。

[4] 贾洲杰：《金代长城初议》，《中国蒙古史学会成立大会纪念集刊》，呼和浩特，1979年版，第368页；赵玉明：《岭东金代长城调查》，《内蒙古社会科学》1993年第1期，第61页。

[5] 屠寄：《蒙兀儿史记》卷1《世纪》，北京市中国书店1984年版，第1页。

[6] 王国维：《观堂集林》，中华书局1959年版，第727页。

[7] 李文信：《金临潢路界壕边堡址》，载《辽海引年集》1950年版；张柏忠：《霍林河名称沿革考》，《哲里木文物通讯》1982年创刊号；贾洲杰：《金代长城初议》，《中国蒙古史学会成立大会纪念集刊》，呼和浩特，1979年版，第368页。

[8] "鹤午河"，今内蒙古自治区科尔泌右翼中旗之霍勒河。黑龙江博物馆：《金东北路界壕边堡调查》，《考古》1961年第5期，第251—258页。

据《金史》卷24《地理志上》"泰州边堡"条下记载,"东北自达里带石堡子至鹤五河地分、临潢路自鹤五河堡子至撒里乃,皆取直列置堡戍"[1]。文中"东北"一词后并无"路"字,原意是将东北方向自达里带石堡子至鹤五河地段,临潢路内自鹤五河堡子至撒里乃地段边堡,连接为一道整体防线,撒里乃地为东北路界壕的终点。关于撒里乃的所在,王国维认为"其地望绝无可考"。据《辽史》卷26《道宗纪》载,寿隆二年(1096年)"六月辛酉,驻跸撒里乃。……(秋七月)丙午,猎赤山"[2]。按《辽史》卷37《地理志》载"庆州有黑山、赤山、太保山……"[3]。赤山在庆州(今巴林右旗西北三十里插汉城)境内。辽道宗于6月驻撒里乃,7月狩猎于赤山,由此可知撒里乃地应在今巴林右旗附近。冯永谦提出,李文信先生所调查金界壕临潢线路,位于"今内蒙古自治区赤峰境内,属金长城(界壕)东北路段"[4]。由于东北路界壕全线过长,研究者在论及界壕某一段落时,惯于使用某一段落所在的地方行政机构名称说明界壕区段。这里的"临潢路",是指作为地方行政机构的临潢路境内的界壕,而不是另一路界壕。换言之,并非存在"东北路"和"临潢路"两路界壕,持"四路"说的学者显然搞错了《金史》原意。

《金史》卷95《张万公传》记载,明昌间有司建议"自西南、西北路,沿临潢达泰州,开筑壕堑以备大兵,役者三万人"[5],仅提到西南路和西北路界壕,并未明确指出修筑临潢路及东北路界壕。《金史》卷44《兵志》:"又设两招讨司,与前凡三,以镇边陲。东北路者,初置乌古迪烈部,后置于泰州。泰和间,以去边尚三百里,宗浩乃命分司于金山。西北路者置于应州。西南路者置于桓州。以重臣知兵者为使,列城堡濠墙,戍守为永制。"[6]此条记载明确指出,金界壕分别由东北路、西北路、西南路三处招讨司负责镇戍监管。以往的研究者仅注意到界壕的路段,并未注意到界壕的隶属关系,这是其将界壕误划为四路的重要原因。《大金国志》卷38《京府州军》记载:"招讨

---

[1] 《金史》卷24《地理志上》,第563页。
[2] 《辽史》卷26《道宗本纪》,第309页。
[3] 《辽史》卷37《地理志》,第444页。
[4] 冯永谦:《金长城的考古与发现》,《东北史地》2007年第3期,第28—35页。
[5] 《金史》卷95《张万公传》,第2103—2104页。
[6] 《金史》卷44《兵志》,第1003页。

司三处：西南路，丰州置司；西北路，桓州置司；东北路，泰州置司。"[1]有金一代，并未设置"临潢路招讨司"。从行政建置及地理方位而言，东北路招讨司管理跨越多个行政单位的东北路界壕。临潢路只是地方行政建置，不具备界壕的防守职能，列城堡壕是以重臣为使的招讨司负责。因此，由路段来看，东北路界壕起自达里带石堡子，终于撒里乃地。由隶属关系来看，东北路界壕隶属于东北路招讨司。

二、东北路界壕的沿革

金界壕分三部分，其中西北、西南两路大致在章宗承安二、三年（1197、1198年）间竣工。关于东北路界壕修筑始末学界仍有争议。主要有如下四种认识：

一、太宗初年说。王国维、唐长孺、外山军治诸位先生认为，东北路界壕始筑于太宗初年。王国维先生考订"诸路界壕，皆于承安三年竣工"。唐长孺、外山军治二位学者，在金界壕毕工时间问题的讨论上意见基本一致，认定东北路界壕修建止于泰和三年（1203年）。[2]

二、熙宗天眷、皇统说。《克什克腾旗金代界壕边堡调查》、《金东北路界壕边堡调查》二文皆认定，东北路界壕，始建于熙宗天眷年间，成于承安二、三年间。[3]孙文政《金东北路界壕边堡建筑时间考》中指出，东北路界壕开始建筑时间在金皇统七年（1147年），终于泰和三年（1203年）。[4]

世宗大定初年说。冯永谦《金长城修筑年代辨》文中认为"南线长城的修筑年代，……是从世宗大定初年开始的，并基本是在世宗时修筑完成

---

[1] （宋）宇文懋昭著，崔文印校证：《大金国志校证》下，中华书局1986年版，第538页。

[2] 王国维：《金界壕考》，载姚淦铭、王燕编：《王国维文集》，中国文史出版社2007年版，第328—336页；唐长孺：《山居存稿》，中华书局1989年版，第489页；[日]外山军治：《金朝史研究》，李东源译，黑龙江朝鲜民族出版社1988年版，第345页。

[3] 克什克腾旗博物馆：《克什克腾旗金代界壕边堡调查》，《内蒙古文物考古》1991年第1期，第88页；黑龙江省博物馆：《金东北路界壕边堡调查》，《考古》1961年第5期，第258页。

[4] 孙文政：《金东北路界壕边堡建筑时间考》，《东北史地》2008年第3期，第72页。

的。"[1]长海与冯永谦观点相差不大,在其硕士论文《金界壕相关问题的研究》中,将金代岭南线东北路的修建,具体时间划定在世宗大定四年(1164年),"到金章宗明昌、承安年间续修,前后长达近40年的时间。"[2]

四、世宗大定末年说。景爱《辽金边壕与长城》内指出,东北路界壕的修筑是从大定二十一年(1181年)算起的,止于泰和元年(1201年)。[3]

上述结论可资借鉴之处较多,但由于金东北路界壕史无明文记载,其修筑始末问题值得继续探讨。据《金史》卷24《地理志上》:"金之壤地封疆……北自蒲与路之北三千余里,火鲁火疃谋克地为边,右旋入泰州婆卢火所浚界壕而西。"[4]金毓黻先生据此认为筑界壕者为婆卢火。[5]《金史》卷71《婆卢火传》未提及婆卢火修筑界壕一事,只记载他曾屯田于泰州。但《金史》卷121《粘割韩奴传》记载,"(天会)七年,泰州路都统婆卢火奏,'(耶律)大石已得北部二营,恐后难制,且近群牧,宜列屯戍'"[6]。可证早在太宗天会年间,婆卢火已经于泰州域内筹划并主持修筑东北路界壕。[7]终金一世,泰州一直是金朝防备北方游牧部族的要冲之地,界壕修筑时间自然不会晚于其他地区。据王国维先生考定,当年婆卢火所筑界壕应起自乌古迪烈地至泰州边界,分布于今大兴安岭以东,嫩江以西,齐齐哈尔市以北的范围内。[8]

熙宗、海陵时期,界壕修筑情况未见史载。至世宗时期,完颜雍曾召集臣僚廷议筑壕一事。参知政事宗叙力主于缘边地区设置壕堑御敌,李石与丞相纥石烈良弼则持反对意见。李石言此举徒耗民力,无益于事。纥石烈良弼

---

[1] 冯永谦:《金长城修筑年代辨》,《东北史地》2008年第3期,第54页。
[2] 长海:《金界壕相关问题的研究》,硕士学位论文,内蒙古大学,2012年,第31页。
[3] 景爱、苗天娥:《辽金边壕与长城》,《东北史地》2008年第6期,第27页。
[4] 《金史》卷24《地理志》上,第549页。
[5] 金毓黻:《东北通史》上编,五十年代出版社1943年版,第424页。
[6] 《金史》卷121《粘割韩奴转》,第2637页。
[7] 外山军治则认为,泰州"为冲要之地,所以无暇动工",至泰和三年始开筑东北路界壕;唐长孺也持此观点。[日]外山军治:《金朝史研究》,黑龙江朝鲜民族出版社1988年版,第348页;唐长孺:《山居存稿》,中华书局1989年版,第489页。
[8] 姚淦铭、王燕:《王国维文集》,中国文史出版社2007年版,第328—336页。

也认为"敌国果来伐,此岂可御哉?"[1]"若徒深堑,必当置戍,而塞北多风沙,曾未期年,堑已平矣。"[2]世宗采纳了二人的建议,筑壕问题就此搁置。但时隔不久即诏令在泰州、临潢接境区域修筑边堡,派兵长期驻守。大定"五年(1165年)正月……诏泰州、临潢接境设边堡七十,驻兵万三千"[3]。大定十七年(1177年)又诏令在泰州、临潢等路段置堡戍,分段施工。大定二十年(1180年)四月,增筑泰州、临潢府等路段边堡屋宇。大定二十一年(1181年)三月,世宗以东北路内旧设二十四堡障参差不齐,派遣大理司直蒲察张家奴至泰州、临潢等地统筹规划,"皆取直列置堡戍"。"上令无水草地官为建屋,及临潢路诸堡皆以放良人戍守。""临潢路二十四堡,堡置户三十,共为七百二十,若营建毕,官给一岁之食。"[4]

至章宗明昌初年,北疆局势日趋严重,复有开壕之议。明昌三年(1192年)四月戊午,完颜璟"招集百官议北边开壕事"[5]。是年七月"癸未,诏增北边军千二百人,分置诸堡"[6]。此后《金史》中屡见关涉界壕记事,据《金史》卷125《党怀英传》载:"明年(明昌三年),议开边防壕堑,怀英等十六人请罢其役,诏从之。"[7]《金史》卷95《张万公传》也有颇为类似的记载,"初,明昌间,有司建议,自西南、西北路,沿临潢达泰州,开筑壕堑以备大兵,役者三万人,连年未就。……万公对以'劳民之久,恐伤和气,宜从御史台所言,罢之为便'。"[8]对于是否修筑界壕事宜,党怀英、张万公等人始终持反对意见。所谓"连年未就"是指东北路界壕工程浩大一直未竣工。

明昌四年(1193年),章宗欲行幸景明宫,董师中进言"西、北二京,临潢诸路,比岁不登。加以民有养马签军挑壕之役,财力大困,流移未

---

[1]　《金史》卷88《纥石烈良弼传》,第1952页。
[2]　《金史》卷86《李石传》,第1915页。
[3]　《金史》卷6《世宗纪》上,第135页。
[4]　《金史》卷24《地理志》上,第563—564页。
[5]　《金史》卷9《章宗纪》,第221页。
[6]　同上书,第222页。
[7]　《金史》卷125《党怀英传》,第2727页。
[8]　《金史》卷95《张万公传》,第2103—2104页。

复"[1]，又《金史》101《孛术鲁德裕传》载其"迁少府监丞。明昌末，修北边壕堑，立堡寨"[2]，由此看来开壕之役一直持续至明昌末年。元人李志常在《长春真人西游记》中记述，丘处机朝见成吉思汗途中路过"明昌界"。[3]此处"明昌界"当指金章宗明昌年间所修筑东北路界壕而言。《元史》卷121《速不台传》载："忽鲁浑以百户从帝与乃蛮部主战长城之南"[4]，所谓"长城之南"意即金东北路界壕之南。

承安三年（1198年）二月，北阻卜部长斜出归附金廷。金朝欲利用斜出内附之机，彻底经略北疆。金章宗承安三年（1198年），完颜襄率军北征广吉剌部叛乱后，奉命开壕筑堡，"用步卒穿壕筑障，起临潢左界北京路以为阻塞"[5]，亲自督役达五旬之久。完颜襄主持开筑界壕部分是自巴林左旗林东镇至河北隆化县以北，亦属于东北路界壕路段。泰和三年（1203年）宗浩官拜尚书右丞相后，以行省事督役东北路界壕修筑，其用时半年左右，修筑东北路界壕内临潢达泰州间的壕堑，至此东北路界壕最终全线完工。[6]

三、东北路界壕完工时间

王国维先生在《金界壕考》一文中考辨东北路界壕于承安三年竣工。按《金史》卷93《宗浩传》云："（宗浩）进拜尚书右丞相，……时患北边不宁，议筑壕垒以备守戍，廷臣多异同，平章政事张万公力言其不可，宗浩独谓便，乃命宗浩行省事，以督其役。功毕，上赐诏褒赍甚厚。"[7]王氏考定宗浩拜尚书右丞相，在泰和三年（1203年）正月。又据《金史》卷95《张万公

---

[1] 《金史》卷95《董师中传》，第2114页。
[2] 《金史》101《孛术鲁德裕传》，第2237页。
[3] （元）李志常：《长春真人西游记》，中华书局1985年版，第6页。
[4] 《元史》卷121《速不台传》载：速不台之兄"忽鲁浑以百户从帝与乃蛮部主战于长城之南，忽鲁浑射却之，其众奔阔赤檀山而溃。"关于阔赤檀山，中华书局1976年4月版标点校刊本《元史》校刊记注曰："按《元朝秘史》有'阔亦田地面'，《亲征录》作'阙亦坛之野'。此蒙语名，义为'寒'。"《元史》卷121《速不台传》，第2975页。
[5] 《金史》卷94《完颜襄传》，2090页。
[6] 《金史》卷93《宗浩传》，第2074页。
[7] 同上。

传》，其谏开壕乃因旱灾，旱灾发生于承安元年（1196年），《宗浩传》所谓"命宗浩行省事，以督开壕之役"者，与《宗浩传》篇首所云，"北边有警，命宗浩佩金虎符，驻泰州便宜从事"者，实为一事。事当在承安元、二年（1196、1197年）。《宗浩传》将其系之于拜右丞相之后，殊为失实。

据《金史》卷95《张万公传》："初，明昌间（1190—1196年），有司建议，自西南、西北路，沿临潢达泰州，开筑壕堑以备大兵，役者三万人，连年未就。御史台言：'所开旋为风沙所平，无益于御侮，而徒劳民。'上因旱灾，问万公所由致。万公对以'劳民之久，恐伤和气，宜从御史台所言，罢之为便'。后丞相襄师还，卒为开筑，民甚苦之。"[1]唐长孺先生在《张万公谏开筑界壕及东北路壕堑毕工年月》文中，认定平章政事张万公谏开壕事当发生于承安四、五年（1199、1200年）间。《金史》卷11《章宗纪》承安四年正月"前知济南府事张万公起复为平章政事"[2]，承安元年，张万公为知河中府，并未拜平章。承安四年五月壬申朔"以旱，下诏责躬，求直言"。[3]承安五年十月辛丑"集百官于尚书省，问：'间者亢旱，近则久阴，岂政有错谬而致然与？'各以所见对。"[4]《张万公传》所记"上因旱灾问万公所由致"，当指此事而言。

章宗明昌二年、三年，承安元年（明昌六年）、四年均发生过旱灾，事俱见于《金史》卷23《五行志》。而事实上据《张万公传》载，"明昌间有司建议，……开筑壕堑，……万公对以……宜从御史台所言，罢之为便"。说明自明昌间讨论是否开筑界壕之时，张万公就持反对意见，这种态度一直持续至承安间，每有开壕之役都持反对态度，即使在其官拜平章政事恐仍不改初衷。并不能仅据《章宗纪》所载即断定，恰是因为承安四、五年间发生旱灾之际，张万公才力谏筑壕。

关于"丞相襄师还，卒为开筑"事亦见于《完颜襄传》，传文虽然未记载开壕具体时间，但《金史》卷11《章宗纪》"承安三年十一月丁酉"条记载

---

[1] 《金史》卷95《张万公传》，第2104页。
[2] 《金史》卷11《章宗纪》，第249页。
[3] 同上书，第250页。
[4] 同上书，第254页。

"枢密使兼平章政事襄至自军"[1]。"因请就用步卒穿壕筑障,起临潢左界北京路,以为阻塞。……诏可,襄亲督视之,军民并役,又募饥民以佣即事,五旬而毕。"[2]可见,承安三年(1198年)完颜襄负责开筑界壕临潢左界北京路路段,此事确发生在张万公力谏开壕之后,并非唐长孺先生所言《张万公传》误将"(完颜)襄开筑界壕系于张万公请罢此役后",《张万公传》叙事次序不误。

由于当时金廷旱灾严重,修壕事宜一度中断,直至泰和三年(1203年)宗浩官拜尚书右丞相,以行省事督役东北路界壕。《宗浩传》云:"时惩北边不宁,议筑壕堑以备守成,廷臣多异同。……乃命宗浩行省事,以督其役。"以上叙述乃追述之词,议筑界壕之事显然发生在宗浩官拜右丞相之前。《宗浩传》所谓"命宗浩行省事,以督开壕之役"者,发生于泰和三年;而《宗浩传》篇首所云,"北边有警,命宗浩佩金虎符,驻泰州便宜从事"者,是承安二年事,并非王国维先生所言"实为一事",《宗浩传》不误。

《金史》卷11《章宗纪》"泰和三年九月"条载有"召右丞相宗浩还朝。"[3]《宗浩传》云:"撒里部长陀括里入塞,宗浩以兵追蹑,与仆散揆军合击之,杀获甚众,敌遁去。诏征还。"[4]案《章宗纪》称泰和三年正月仆散揆官拜右丞,《仆散揆传》载其"进拜尚书右丞。寻出经略边事,还拜平章政事,封济国公"[5]。由此可证,泰和三年春,宗浩与仆散揆一起讨伐陀括里经略北疆事宜。是年九月宗浩由北边返回,"冬十月……壬子,右丞仆散揆至自北边。"[6]如若宗浩于春季行省督役界壕修筑,完全可能在半年内完工。金东北路界壕自太宗初年婆卢火初建,中经世宗年间加固、安排成堡,章宗承安三年(1198年)完颜襄之续建,终至泰和三年(1203年)宗浩行省督役全线贯通。

---

[1] 《金史》卷11《章宗纪》,第249页。
[2] 《金史》卷94《完颜襄传》,第2090—2091页。
[3] 《金史》卷11《章宗纪》,第261页。
[4] 《金史》卷93《宗浩传》,第2074页。
[5] 《金史》卷93《仆散揆传》,第2068页。
[6] 《金史》卷11《章宗纪》,第261页。

第三节　金代北京路地区的军事镇戍

金朝在擒获天祚帝灭辽后,以南征伐宋为基本国策,无暇扩张西北边疆,未有余力充分经略内、外蒙古诸游牧部族。遂将契丹与诸羁縻部族安置于西北边疆,把这一地区作为防御北方游牧部族的一道屏障。北京路地区地处边境与游牧族交界,其所辖军事镇戍力量,除猛安谋克外,还包括乣军等部族军队。

一、乣军的军事镇戍

所谓乣军是指归附金朝的契丹、奚及北方其他诸游牧部族,意为"杂户"、"杂类",与汉语的番、夷、杂胡类似。[1]金朝利用乣军戍守西北边界,使之成为抵挡觊觎金西北边诸蒙古游牧部族的一道防线,"平时屯守,有事应敌"[2]。乣军民族成分很复杂,主要包括契丹人、奚人、突厥人、蒙古人和党项诸部族。乣军有三种组成形式:部族(某些部族下属也有乣)、诸乣、群牧。东北路招讨司所辖迭剌部、唐古部、助鲁部、乌鲁古部、石垒部、萌古部、计鲁部、孛特本部。[3]从唐古、迭剌二部五乣户受到与猛安、谋克户相同待遇来看,[4]可能就是由他们组成的北方边防军。[5]

关于诸部族与诸乣的具体情况大多失载,唯一留下记载的只有迭剌、

---

[1] 蔡美彪:《乣与乣军之演变》,《辽金元史考索》,中华书局2012年版,第213—247页。

[2] 陈述:《乣军考释初稿》,收入《"中研院"历史语言研究所集刊论文类编》(历史编·宋辽金元卷二),中华书局2009年版,第281页。刘凤翥:《关于混入汉字中的契丹大字"乣"的读音》,《民族语文》1979年第4期,第263—267页。

[3] 《金史》卷24《地理志上》,第570页。

[4] 《金史》卷47《食货志》"牛头税"条记载,"(大定)十二年,尚书省奏:'唐古部民旧同猛安谋克定税,其后改同州县,履亩立税,颇以为重,'遂命从旧制。"复于大定二十三年八月条记载,猛安谋克户口、田亩、牛具数调查统计表中,还列举有迭剌、唐古二部五乣户的数字。《金史》卷47《食货志》,第1063页。

[5] [日]外山军治:《金代女真研究》,金启孮译,黑龙江人民出版社1984年版,第415页。

唐古部二部五糺。据世宗大定二十三年（1183年）七月统计："迭剌、唐古二部五糺，户五千五百八十五，口十三万七千五百四十四（内正口十一万九千四百六十三，奴婢口一万八千八十一），垦田万六千二十四顷一十七亩，牛具五千六十六。"[1]则每部族内，有2793户，68772口，内正口59732口，奴婢9041口。虽然糺军具体人口失载，但"其它若助鲁部族、乌鲁古部族、石垒部族、萌骨部族、计鲁部族、孛特本部族数皆称是"[2]。由此可推测，北京路八部族，共有22344户，550176口，内正口477856口，奴婢口72328口。

据《金史》卷44《兵志》记载："东北路部族糺军曰迭剌部，承安三年改为土鲁浑札石合节度使。曰唐古部，承安三年改为部鲁火札石合节度使。二部五糺，户五千五百八十五。"承安三年（1198年），迭剌部改为土鲁浑札石合节度使、唐古部改为部鲁火札石合节度使，意味着北京路内二部五糺地位的上升。诸部族设节度使，"统制各部，镇抚诸军"；诸糺设详稳，"掌守戍边堡"；节度使、详稳，均系部族首领。[3]"故事，诸部族节度使及其僚属多用糺人。"[4]金朝后期也委任女真人担任部族节度使。检阅《金史》得知，见于记载的唐古部族节度使主要有乌延吾里补、移剌毛得、独吉义、完颜宗尹，其中仅移剌毛得一位契丹人。[5]

明昌五年（1194年）九月，"命上京等九路并诸抹及糺等处选军三万，俟来春调发，仍命诸路并北阻卜以六年夏会兵临潢"[6]。引文中所言诸抹，即诸群牧。次年（1195年）三月戊戌，"以北边粮运，括群牧所、三招讨司猛安谋克、随糺及迭剌、唐古部诸抹、西京、太原官民驼五千充之"[7]。此处之迭剌、唐古部诸抹是指迭剌、唐古诸部族而言。章宗明昌年间为进军阻卜曾向北京路内迭剌、唐古诸部族征集兵马粮饷。

---

[1] 《金史》卷46《食货志一》，第1034—1035页。
[2] 《金史》卷44《兵志》，第996页。
[3] 《金史》卷57《百官志三》，第1329页。
[4] 《金史》卷94《完颜襄传》，第2087页。
[5] 程妮娜：《东北史》，吉林大学出版社2001年版，第202页。
[6] 《金史》卷10《章宗纪二》，第233页。
[7] 同上书，第235页。

卫绍王大安三年（1211年），蒙古军进犯金朝西北边境，泰州刺史术虎高琪率领三千乣军屯驻中都通玄门外，后戍守镇州（今河北省延庆县）。[1]金朝将部署在西北边境抵御北方诸游牧部族的乣军用于内地战斗，这就意味着金朝兵力异常衰弱。

贞祐二年，宣宗迁汴前夕，曾经讨论如何处置乣军问题。有的臣僚主张将乣军部署在平州（今河北省卢龙）地区，这项提议遭到乣军首领术虎高琪的反对。移剌福僧亦上书："为今之计，惟先招徕乣人，选择乣人旧有宿望雄辨者，谕以恩信。彼若内附，然后中都可复，辽东可通。"[2]该建议根本无法实施，遂决定南迁。南迁途中，队尾乣军叛金返回中都，金廷招抚不果，乣军归降蒙古，充当蒙古军的向导，参加了围攻中都的战斗。

二、猛安谋克的军事镇戍

东北路招讨司的军事镇戍力量除乣军诸部族外，还包括大量猛安谋克户。这些猛安谋克户以女真人为主，杂以契丹、奚等族人户。东北路招讨司所辖驻军分为永屯军和分番屯戍军。所谓永屯军是指"驱军则国初所免辽人之奴婢，使屯守于泰州者也"[3]。所谓分番屯戍军是指一般的戍边军队，因"北边之地，不堪耕种，不能长戍，故须番戍耳"[4]。

金初对军事要地泰州进行大规模的集体移住猛安谋克，并派遣军户驻守。据《金史》卷71《婆卢火传》记载，"天辅五年，摘取诸路猛安中万余家，屯田于泰州，婆卢火为都统，赐耕牛五十。婆卢火旧居按出虎水，自是徙居泰州。而遣拾得、查端、阿里徒欢、奚挞罕等俱徙焉。"[5]《金史》卷73

---

[1] 据《金史》卷106《术虎高琪传》云："大安三年，累官泰州刺史，以乣军三千屯通玄门外。未几，升缙山县为镇州，以高琪为防御使，权元帅右都监，所部乣军赏赉有差。"《金史》卷106《术虎高琪传》，第2340页。

[2] 《金史》卷104《移剌福僧传》，第2297页。

[3] 《金史》卷44《兵志》，第997页。

[4] 同上书，第994—995页。

[5] 《金史》卷71《婆卢火传》，第1638页。

《宗雄传》中也有关于猛安谋克移居泰州记事，"徙万余家屯田泰州"[1]。世宗大定五年（1165年）正月，世宗下令于泰州、临潢边界修筑70座边堡，屯兵一万三千兵士。[2]

每遇战事之时，除依赖招讨司所属军事力量外，还大规模进行签军。承安三年（1198年）"北方有警，命宗浩佩金虎符驻守泰州便宜从事。……朝廷发上京等路军万人以戍"[3]，由东北路招讨司调遣。章宗时期，女真与阻卜发生战争。承安二年（1197年）九月，章宗"遣官分诣上京、东京、北京、咸平、临潢、西京等路招募汉军，不足则签补之"[4]。由于蒙古入侵、战事频仍，不得不到临潢、北京地区募兵。

金代文献并未明确记载东北路招讨司具体包括哪些猛安谋克。见于《金史》记载的东北路招讨司下包括按出虎割里罕猛安和乌连苦河猛安。[5]

三、北京路地区驻军的薪饷

东北路招讨司内所辖猛安谋克与乣军为戍守边境常备军，其薪俸高于一般女真猛安谋克，相当于女真屯戍军的标准待遇。就常备军的薪饷而言，女真人享有特殊的优遇，契丹、奚及其他诸部族军士薪俸低微，民族间不平等地位显得更为突出。

据《金史》卷44《兵志》记载可知，北京路内临潢等永屯驻军猛安谋克薪俸："千户钱八贯、米五石二斗、绢八匹、饲马六匹、步军饲两马、地五顷，谋克钱六贯、米二石八斗、绢六匹、饲五马、地四顷，蒲辇钱四贯、米一石七斗、绢五匹、饲四马、地三顷，正军钱二贯、米一石四斗五升、绢四匹、绵十五两、饲两马、地二顷，阿里喜钱一贯五百文、米七斗、卷三匹、绵十两、地一顷。"缘边驻扎捉杀军薪俸："猛安月给钱六贯、米一石八斗、五马

---

[1] 《金史》卷73《宗雄传》，第1679页。
[2] 《金史》卷6《世宗纪》，第135页。
[3] 《金史》卷93《宗浩传》，第2073页。
[4] 《金史》卷10《章宗纪二》，第242页。
[5] 《金史》卷122《蒲察娄室传》，第2669页；《金史》卷104《移剌福僧传》，第2296页。

刍粟，谋克钱四贯、米一石二斗、三马刍粟，蒲辇钱二贯、米六斗、二马刍粟，正军钱一贯五百文、米四斗、一马刍粟，阿里喜随色人钱一贯、米四斗、一马刍粟。"奚军、谋克薪俸："钱一贯五百文、米一石五斗、绸绢春秋各一匹，给三马料，蒲辇钱一贯、米二石七斗、绸绢同上，给二马料。"[1]

上述史料记载了北边临潢等处永屯驻军所属猛安谋克的薪饷情况。按《金史》卷44《兵志》"兵制"条记载，大定十七年（1177年）始设置北边临潢等处永屯军，由于蒙古入侵，永屯军无法继续屯驻，至卫绍王末宣宗初年废止。永屯军薪饷一定是在此期间规定的。上述所引薪饷数额记于"章宗承安四年（1199年）"条下，外山军治认为，作为常备军的猛安谋克薪俸，可能是在实行募兵法的章宗时代规定的。[2]从以上引文中可以看出，北边临潢等处永屯驻军（包括东北路招讨司所辖驻军）、缘边驻扎捉杀军（包括唐古、迭剌二部五糺边防军）从"月给"字样可以看出，当时的薪俸规定均为月薪。

根据《金史》卷44《兵志》记载，北京路地区与上京路地区常备军猛安谋克薪俸情况略有差异。兹将北京路地区与上京路地区常备军猛安谋克薪俸情况列表如下：

表4-1　北京路内临潢等永屯驻军猛安谋克薪俸

	钱	米	绢	土地	刍粟
猛安及押军猛安	八贯	五石二斗	八匹	五顷	六匹
谋克及押军谋克	六贯	二石八斗	六匹	四顷	五马
蒲里衍	四贯	一石七斗	五匹	三顷	四马
正军	二贯	一石四斗五升	绢四匹、绵十五两	二顷	二马
阿里喜	一贯五百	七斗	绢三匹、绵十两		

表4-2　缘边驻扎捉杀军猛安谋克薪俸

	钱	米	绢	土地	刍粟
猛安及押军猛安					
谋克及押军谋克	一贯五百文	一石五斗	绸绢春秋一匹		三马
蒲里衍	一贯	二石七斗	绸绢春秋一匹		二马
正军					
阿里喜	一贯	四斗			一马

[1]　《金史》卷44《兵志》，第1008—1009页。
[2]　[日]外山军治：《金代女真研究》，金启孮译，黑龙江人民出版社1984年版，第411页。

表4-3　奚军猛安谋克薪俸[1]

	钱	米	绢	土地	刍粟
猛安及押军猛安	八贯	五石二斗	八匹		六匹
谋克及押军谋克	一贯五百文	一石五斗	绸绢春秋一匹		三马
蒲里衍	一贯	二石七斗	绸绢春秋一匹		二马
正军					
阿里喜					

表4-4　上京路永屯驻军猛安谋克薪俸

	钱	米	绢	土地	刍粟
猛安及押军猛安	十五贯石	十五石	绢十匹、绵二十两		三匹
谋克及押军谋克	六贯	二石八斗	绢六匹、		二马
蒲里衍					
正军	二贯五百	一石二斗	绢四匹、绵十五两		一马
阿里喜	二贯	一石二斗	绢四匹、绵十五两		

从以上列表中可以看出，北边临潢等处永屯驻军（包括东北路招讨司所辖驻军）、缘边驻扎捉杀军（包括唐古、迭剌二部五乣边防军）与上京路永屯驻军、在薪饷上存在级差。引文中记载："缘边驻扎捉杀军，猛安，月给钱六贯、……""上京路永屯驻军，……月给钱粟十五贯石、……"。从"月给"字样可以看出，当时北京路地区与上京路地区常备军薪俸规定均为月薪。

北边临潢等处永屯驻军猛安的薪饷是钱八贯，米五石二斗，绢八匹，六马刍粟，有土地五顷。因为北边临潢等处永屯驻军的任务是防卫漠北蒙古诸游牧部族，所以在薪饷方面有土地一项。钱粟一项，低于上京路永屯驻军所属猛安钱粟十五贯石。刍粟一项，高于上京路永屯驻军刍粟三马，大概是由于上京路永屯驻军需用军马数目少的缘故。另，上京路永屯驻军特别有绵二十两。

从列表中得知，临潢等永屯驻军、上京路永屯驻军的薪饷几乎相同，据此推测奚军猛安的薪饷大致与临潢等永屯驻军相同。北边临潢等处永屯驻军猛

---

[1] 从列表中得知，临潢等永屯驻军、上京路永屯驻军谋克的薪饷几乎相同，据此推测奚军猛安的薪饷大致与临潢等永屯驻军相同。

安薪饷高于缘边驻扎捉杀军,与一般世袭猛安薪饷相比较,[1]前者月薪八贯,后者年俸四十八贯石,折合月薪为四贯、石。由此看来戍守临潢等处边境常备军猛安的薪饷较一般猛安高二倍。上京路永屯驻军猛安薪饷甚至接近一般猛安薪俸的四倍。

北边临潢等处永屯驻军谋克薪俸与上京路永屯驻军的薪俸几乎相同。此处常备军谋克的薪俸要高于一般谋克。一般世袭谋克年俸二十贯、石,折合月俸为1.66贯、石。缘边驻扎捉杀军谋克薪俸四贯。北边临潢等处永屯驻军谋克薪俸六贯,相当于一般谋克薪俸五倍多。奚军谋克薪俸最低,为一贯五百文,较接近一般谋克薪俸。

北边临潢等处永屯驻军所属蒲里衍薪俸为四贯,相当于缘边驻扎捉杀军和奚军所属蒲里衍薪俸的二倍。造成这种差异的主要原因可能在于北边临潢等处永屯驻军均由女真人组成,肩负戍守边防的重任,所以给予三顷土地,留作屯田之用。缘边驻扎捉杀军多为唐古、迭刺二部五纥组成,所以才会在待遇上存在如此大的差异。

正军在级别上不同于猛安、谋克和蒲里衍,为低级军人,其薪俸的规定一般保持在能够维持基本生活水平的范围,从整体上看几乎相同北边临潢等处永屯驻军所属正军薪俸,均为钱二贯。缘边驻扎捉杀军与上京路永屯驻军正军薪俸相等,为钱二贯五百。其中,北边临潢等处永屯驻军所属正军薪俸有土地二顷。临潢等处永屯驻军所属阿里喜薪俸为一贯五百,低于上京路永屯驻军阿里喜薪俸五百文。北边临潢等处永屯驻军所属阿里喜薪俸有土地一顷。

总体说来,戍守边境常备军的猛安谋克薪俸高于一般世袭女真猛安谋克。北方临潢等处永屯驻军薪俸待遇,可以视为女真军士的标准待遇。唯有上京路永屯驻军所属猛安谋克薪饷最高。

---

[1] 《金史》卷58《百官志》"百官俸给"条记载:"猛安,钱粟四十八贯石,余皆无。乌鲁古使,同,无职田。大定二十年,诏猛安谋克俸给,令运司折支银绢。省臣议:'若佔粟折支,各路运司储积多寡不均,宜令依旧支请牛头税粟。如遇凶年尽贷与民。其俸则于钱多路府支放,钱少则支银绢,亦未晚也。'从之……谋克,钱粟二十贯石,余皆无。乔家部族都铃辖,无职田。"猛安只顾钱、粟四十八贯石;谋克只顾二十贯、石;猛安、谋克均无职田。猛安四十八贯石,谋克二十贯石,均为年俸。《金史》卷58《百官志》,第1341—1342页。

第四节　金代北京路地区的战争

北京路地区是金王朝西北边境地区的军事重镇，女真统治者于临潢、泰州屯戍重兵防御蒙古高原诸部侵扰，管领边境地带诸部族。诸部族虽在名义上臣属金朝，却时叛时降，归附时遵守职贡，入纳方物，反叛时寇抄边境，北京路地区的起义、战事始终未曾间断。[1]因此要研究金朝的地方部族制度状况及女真与蒙古高原诸部关系，这一问题显然是不能忽视的。[2]

一、北京路地区契丹、奚人大起义

正隆年间，海陵王南侵伐宋，在全国范围内强制签军，这一措施遭到契丹人的强烈反对，成为正隆、大定年间契丹人大起义的导火索。海陵正隆六（1161年）年四月，西北路契丹人首先发动起义，不久即蔓延至北京路地区，"契丹部族大抵皆叛"[3]。

据《金史》卷133《移剌窝斡传》载："西北路接近邻国，世世征伐，相为仇怨。若男丁尽从军，彼以兵来，则老弱必尽系累矣。幸使者入朝言之。"[4]这段史料表明，契丹人并非逃避征兵义务，而是因为契丹人世代与北方游牧诸部族抗衡，若将契丹丁壮悉数签军南征，契丹妇女老幼就会遭受北方游牧部族的掳掠。契丹人以防御北方邻族侵扰为由，请求免征，使者燥合并未上奏，仍旧强行征兵，导致西北路招讨司译史契丹人撒八率领契丹人起义，北京路地区契丹人亦纷纷响应。

辟沙河千户十哥等与前招讨使完颜麻泼杀乌古迪烈招讨使乌林答蒲卢虎，带领所部趋西北路，与撒八合兵。海陵派遣枢密使仆散忽土、西京留守

---

[1] 宁波：《金代北京路的军事战争》，《兰台世界》2015年第16期，第76—77页。
[2] 宁波：《金朝与蒙古诸部关系研究》，《边疆经济与文化》2014年第11期，第72—74页。
[3] 《金史》卷91《蒲察世杰传》，第2021页。
[4] 《金史》卷133《移剌窝斡传》，第2849页。

萧怀忠领兵一万与右卫将军萧秃剌合兵镇压起义军，但均以失败告终，退回临潢。[1]撒八自知实力尚小，恐不可支，"谋归于大石，乃率众沿龙驹河西出"。[2]仆散忽土、萧怀忠与萧秃剌合兵追至龙驹河（今克鲁伦河）上，不及还军。海陵怒杀三人及北京留守萧赜。

在西进途中，起义军内部发生严重分裂，一部分主张投奔西辽；一部分以括里、扎八为首的南投于宋，曾参加宋军夺取宿州的战役，并在宋廷支持下，坚持抗金斗争；[3]另一部分则主张东迁至辽西驻营，继续与金兵战斗。史载"撒八既西行，而旧居山前者皆不欲往，伪署六院节度使移剌窝斡、兵官陈家杀撒八，执老和尚、孛特补等。至是，窝斡始自为都元帅，陈家为都监，拥众东还，至临潢府东南新罗寨。"[4]

大定二年（1162年），为镇压契丹大起义，世宗组织了讨伐军，从南、北、东三面夹击。[5]派遣元帅左都监吾扎忽、同知北京留守事完颜骨只救临潢，及至临潢，窝斡已经解围率众北攻泰州，泰州节度使乌里雅率被窝斡击败，起义军乘胜攻取泰州，"城中震骇，莫敢出战"。[6]六月，世宗派仆散忠义镇压起义军，七月追击叛军至北京大定府，九月"窝斡败于陷泉，入奚中，诏良弼佩金牌及银牌四，往北京招抚奚、契丹。"[7]至此，历时一年半左右的契丹人起义才被镇压下去。[8]世宗采取讨伐与招抚相结合的措施，平定了海陵时期迟迟未能解决的契丹起义军。《金史》卷44《兵志》："及大定初，窝斡既平，乃散契丹隶诸猛安谋克。"[9]

据《金史》卷88《完颜守道传》载，大定二年（1162年）因契丹余党未附者尚众，北京、临潢、泰州民不安，派遣完颜守道"佩金符往安抚之，给群

---

[1] 张博泉：《金史简编》，辽宁人民出版社1984年版，第179页。
[2] 《金史》卷133《移剌窝斡传》，第2850页。
[3] （宋）宇文懋昭撰，崔文印校正：《大金国志校证》，中华书局1986年版，第224页。
[4] 《金史》卷133《移剌窝斡传》，第2851页。
[5] [日]三上次男：《金代女真研究》，金启孮译，黑龙江人民出版社1984年版，第197页。
[6] 《金史》卷133《移剌窝斡传》，第2852页。
[7] 《金史》卷88《纥石烈良弼传》，第1950页。
[8] [日]外山军治：《金朝史研究》，李东源译，黑龙江朝鲜民族出版社1988年版，第73页。
[9] 《金史》卷44《兵志》，第994页。

牧马千匹，以备军用。守道招致契丹骨迭聂合等内附，民以宁息"。[1]

大定四年（1164年）九月己丑，世宗谓宰臣曰："北京、懿州（辽宁省阜新东北一百零八里塔营子屯古城）、临潢等路尝经契丹寇掠，平、蓟二州近复蝗旱，百姓艰食，父母兄弟不能相保，多冒鬻为奴，朕甚闵之。可速遣使阅实其数，出内库物赎之。"[2]说明北京大定府、临潢府、辽西懿州等地契丹、奚人多参与起义。

世宗大定五年（1165年）将乌古敌烈招讨司改为东北路招讨司，东北路招讨司的治所由庞葛城迁至泰州（旧泰州）。[3]东北路招讨司的内徙意味着北京路西北边防线的后撤，大大削弱了契丹人防御北方游牧部族的作用。

大定二十年（1180年）九月，蒲速椀群牧老忽谋反。明昌六年（1195年）"胡里乣亦叛，啸聚北京、临潢之间"。[4]承安元年（1196年）十一月，"特满群牧契丹陁锁、德寿反"，[5]攻占信州（辽宁省铁岭县），建元"身圣"。起义军号称数十万，其后复攻取韩州（今辽宁省昌图县），进犯懿州（今辽宁省阜新附近），声震远近各地。金朝全力讨伐契丹起义，"泰州军"约用半年时间平定了起义。

完颜襄奉命讨伐契丹群牧起义时就曾直言："北部犯塞奚足虑。第恐奸人乘隙而动。"[6]他认为北方诸游牧部族的入侵并不足虑，更为担忧契丹、奚人乘机生事。

《金史》卷94《瑶里孛迭传》记载，"承安元年，丞相襄北伐，孛迭为先锋副统，进军至龙驹河，受围，会襄引大军至，得解。后授镇宁军节度使，以六群牧人叛，改宁昌军。孛迭为都统，领步骑万次懿州，敌数万来逆战，兵势甚张，孛迭亲陷阵，奋力麾击却之，身中二创，捷闻，迁一官。承安二年（1197年），乣军千余出没剽掠锦、懿间，孛迭追败之，复获所掠，悉还本

---

[1] 《金史》卷88《完颜守道传》，第1957页。
[2] 《金史》卷6《世宗纪上》，第134—135页。
[3] 世宗大定八年（1168年）前后，金朝将西北路招讨司由抚州（今河北张家口西北）移置桓州（今内蒙古多伦县西），将西南招讨司由本州（今内蒙古呼和浩特）移置应州（今山西省应县）。
[4] 《金史》卷94《完颜襄传》，第2088页。
[5] 《金史》卷10《章宗纪》，第240页。
[6] 《金史》卷94《完颜襄传》，第2089页。

户。"[1]契丹人的起义在乣军中引起连锁反应,承安二年(1197年)出没于锦州、懿州间的千余乣军也被瑶里孛迭击败。起义被镇压下去后"移诸乣居之近京地,抚慰之"。[2]金章宗泰和六年(1206年),"帝大发兵,侵西北诸乣生番也,邻接(北边)",次年"诸乣还归,因赏不均,皆叛北归"。[3]

二、北京路地区对蒙古诸部的战事

金朝对蒙古高原诸部并未建立有效的统治制度,随着北边部族势力日渐强大,对边境侵扰日益频繁,金朝与蒙古诸部的关系变化无常。为维护北方边境安全,金朝采取了积极防御的策略,增加北京路地区军事守成力量,派遣夹谷清臣、完颜襄、宗浩北伐,对蒙古诸部进行了血腥镇压。

(一)海陵、世宗时期北京路地区的战事

为防御北方诸游牧部族由兴安岭西向东推进。贞元元年(1153年)十二月癸卯,"命西京路统军挞懒、西北路招讨萧怀忠、临潢府总管马和尚、乌古迪烈司招讨斜野等北巡"。[4]从临潢府与乌古迪烈招讨司均出兵北征表明,当时与蒙古诸部战争规模巨大、程度激烈。

正隆三年(1158年),"徙临潢、咸平路、毕沙河等三猛安,屯戍斡卢速"。[5]斡卢速,据《金史》卷94《完颜襄传》记载,明昌元年(1190年)完颜充进军的斡鲁速城,约在大盐泊(今内蒙古东乌珠穆沁旗额吉纳尔苏莫附近)以北。说明海陵时期临潢路猛安就曾至大盐泊(今内蒙古东乌珠穆沁旗额吉纳尔苏莫附近)以北屯驻。

---

[1] 《金史》卷94《瑶里孛迭传》,第2095页。《金史》卷97《移剌益传》:"召为尚书户部侍郎,寻转兵部。属群牧人叛,命益同殿前都点检充往招降之。"《金史》卷122《陀满斜烈传》:"承安中,讨契丹有功",上述所记均指德寿、陁锁之事。《金史》卷97《移剌益传》,第2160页;《金史》卷122《陀满斜烈传》,第2673页。

[2] 《金史》卷94《完颜襄传》,第2090页。

[3] (宋)宇文懋昭撰,崔文印校正:《大金国志校证》,中华书局1986年版,第288页。

[4] 《金史》卷5《海陵纪》,第101—102页。

[5] 《金史》卷88《移剌道传》,第1967页。

金世宗大定初年即在泰州、临潢接境区域修筑边堡，派兵长期驻守。大定五年（1165年）正月，世宗下"诏泰州、临潢接境，设边堡七十，驻兵万三千"。[1]大定十七年（1177年）又有在泰州、临潢等路段置堡戍，分段施工的诏令。大定二十年（1180年）四月，增筑泰州临潢府等路边堡屋宇。到大定二十一年（1181年），金世宗以东北路内的堡障参差不齐，派遣大理司直蒲察张家奴去泰州、临潢等地统筹规划令大规模开工，"增筑泰州、临潢府等路边堡及屋宇"。[2]北京路内对蒙古诸部的战事与东北路界壕的修筑是交错进行的。

（二）章宗时期北京路地区的战事

章宗时期对北方蒙古诸部族扰边，采取了积极防御的策略。明昌三年以后，逐渐增加北京路戍守兵力。明昌三年（1192年）七月，"诏增北边军千二百人，分置诸堡"，[3]五年（1194年）二月癸丑，"命宣徽使移剌敏、户部主事赤盏实理哥相视北边营屯，经画长久之计……"，九月又"命上京等九路并诸抹及乣等处选军三万，俟来春调发，仍命诸路并北阻卜以六年夏会兵临潢。"[4]从章宗明昌五年九月北阻卜能够欣然出兵与金军协同作战来看，北阻卜已臣属金朝处于金廷羁縻统治之下。

明昌六年（1195年），"会北边屡有警"，[5]夹谷清臣北伐与扰边部族先战于临潢。史载"时有事北边，左丞相夹谷清臣行省于临潢，檄为副统。会敌入临潢，梅和尚暨护卫辟合土等领军逆击之。敌积阵以待，梅和尚直捣其阵，杀伤甚众。"[6]明昌六年（1195年）十一月，完颜襄带领行省事自中都前往临潢。史载"时左丞相夹谷清臣北御边，措画乖方，属边事急，命襄代将其众，佩金牌，便宜从事。"在完颜襄任职期间，北京、临潢之间发生起义，"时胡

---

[1]《金史》卷6《世宗纪上》，第135页。
[2]《金史》卷8《世宗纪下》，第181页。
[3]《金史》卷9《章宗纪一》，第222页。
[4]《金史》卷10《章宗纪二》，第233页。
[5]《金史》卷95《张万公传》，第2102页。
[6]《金史》卷121《伯德梅和尚传》，第2644页。

里糺亦叛，啸聚北京、临潢之间。襄至，遣人招之，即降，遂屯临潢"。[1]同年十二月，率领驸马都尉仆散揆等挥师进军大盐泺。"复遣右卫将军完颜充进军斡鲁速城，欲屯守，俟隙进兵。绘图以闻，议者异同，即召面论，厚赐遣还。"[2]

《金史》卷10《章宗纪二》承安元年正月条记载，"大盐泺群牧使移剌睹等为广吉剌部兵所败，死之"。[3]《金史》卷94《完颜安国传》也将此事系于章宗承安元年，"承安元年，大盐泺之战，杀获甚众"。[4]可见西北大盐泺战事自明昌六年一直持续至承安元年初。

章宗即位后，"北方有警"，命令北京留守宗浩佩金虎符驻泰州便宜从事。"朝廷发上京等路军万人以戍。宗浩以粮储未备，且度敌未敢动，遂分其军就食隆、肇间。是冬，果无警。"[5]承安三年（1198年）二月，斜出掩其所获羊马资物内附。因请就用步卒穿壕筑障，起临潢左界北京路以为阻塞。由完颜襄督视，宗浩行省事，"军民并役，又募饥民以佣即事，五旬而毕"。[6]

不久，广吉剌部胁迫诸部屡次入塞侵扰，宗浩上奏请求乘暮春其马体弱时出击，章宗同意宗浩提出"先破广吉剌，然后提兵北灭阻卜"的计划，诏谕宗浩曰："将征北部，固卿之诚，更宜加意，毋致后悔"，[7]命宗浩率军北伐。《金史》卷94《瑶里孛迭传》记载，承安三年（1198年）其"从同判大睦亲府事宗浩为左翼都统，战移密河，胜；战骨堡子西，杀获甚众"。[8]可知宗浩北伐的时间应在承安三年。

《金史》卷93《宗浩传》对这次战役中有详细记述："……撒入敌境，广吉剌果降，遂征其兵万四千骑，驰报以待。宗浩北进，命人齐三十日粮，报撒会于移米河（今伊敏河）共击敌，而所遣人误入婆速火部，由是东军失

---

[1] 《金史》卷94《完颜襄传》，第2088页。
[2] 同上书，第2088页。
[3] 《金史》卷10《章宗纪二》，第238页。
[4] 《金史》卷94《完颜安国传》，第2094页。
[5] 《金史》卷93《宗浩传》，第2073页。
[6] 《金史》卷94《内族襄传》，第2090—2091页。
[7] 《金史》卷93《宗浩传》，第2073页。
[8] 《金史》卷94《瑶里孛迭传》，第2095—2096页。

期。宗浩前军至忒里葛山（今特尔根山），遇山只昆所统石鲁、浑滩两部，击走之，斩首千二百级，俘生口车畜甚众。进至呼歇水（今辉河），敌势大蹙，于是合底忻部长白古带、山只昆部长胡必剌及婆速火所遣和火者皆乞降。宗浩承诏，谕而释之。胡必剌因言，所部迪列土近在移米河不肯偕降，乞讨之。乃移军趋移米，与迪列土遇，击之，斩首三百级，赴水死者十四五，获牛羊万二千，车帐称是。合底忻等恐大军至，西渡移米，弃辎重遁去。撒与广吉剌部长忒里虎追蹑及之，于窊里不水（今达兰鄂罗木河）纵击大破之。婆速火九部斩首、溺水死者四千五百余人，获驼马牛羊不可胜计。军还，婆速火乞内属，并请置吏。上优诏褒谕，迁光禄大夫，以所获马六千置牧以处之。"[1] 从宗浩对广吉剌、山只昆、合底忻、婆速火、撒里诸部的征伐，可知这一时期蒙古诸部对金朝的侵扰频繁，金朝与蒙古高原诸部关系异常紧张。终金一世，女真统治者试图采用羁縻制度对边境诸游牧部族进行管理之举措并未得到有效实施。

---

[1] 《金史》卷93《宗浩传》，第2073—2074页。

第五章　金代北京路地区与周边地区的互动

金代北京路地区形成了以大定府为中心联系中原与北方地区的交通网络。女真统治者通过双向移民、贸易、征伐、招抚、设置榷场等多种措施，加强北京路地区与金境内其他区域的互动联系。以辽西傍海道为通道加强与金源内地、北方蒙古草原及中原地区的经济文化联系，使得北京路地区形成了有别于中原地区的社会文化风俗，表现出较为浓郁的地域特点和民族特征。在某些社会文化习俗上既延续了中原汉族的文化传统，又继承了女真等少数民族的传统习俗。

第一节　金代北京路地区的交通

金代北京路地区的交通路线，多沿用辽代，但在原辽代交通道路基础上作了一系列调整，即道路中心及走向有了重大改变，形成了以北京大定府为中心，联系上京路会宁府、东京路辽阳府、中都北京、临潢府、泰州，通达北方诸部族的交通网络。

一、北京大定府到上京会宁府的交通路线

1. 大定府经临潢、泰州至会宁府

根据文献记载，从北京大定府到上京会宁府之间所经重要府州城镇主要有临潢、泰州、长春州。即由北京大定府经临潢、泰州、长春州等地到会宁府。

《金史》卷3《太宗纪》载：天会二年（1124年）正月，金太宗吴乞买为加强对新占领地区的管理，下令"始自京师至南京每五十里置驿。""闰月（三月）辛巳，命置驿上京、春、泰之间。"[1]据李健才先生考证，"这里所说的上京和南京是指辽代的上京临潢府（今内蒙古巴林左旗）和南京析津府（今北京）"，[2]由此可知，天会二年正月到三月，建立的是从辽代上京临潢府到南京，上京临潢府到春、泰二州的交通驿站。而事实上，辽代上京临潢府至南京析津府间有比较固定的驿道。据路振《乘轺录》、王曾《上契丹事》、薛映《上房中境界》、陈襄《使辽语录》、沈括《熙宁使契丹图抄》等记载，南京析津府出古北口至辽中京大定府，中京大定府北行经潢水石桥北至上京临潢府几条驿道。由此可见，天会二年（1124年）闰三月，金太宗在上京会宁府、长春州及北京路泰州间建立驿道。

天德四年（1152年）海陵王完颜亮由上京会宁府迁都至中都燕京时，曾经过长春州、泰州、临潢、中京。[3]正隆、大定年间，窝斡领导契丹人大起义进攻临潢府后，北上围攻泰州，走的也是这条路线。从上述已知城镇方位及散落于城镇间的辽、金古城遗址，可以推测从北京大定府到上京会宁府路线的基本走向是：从北京大定府经今赤峰市，由巴林左旗北行至扎鲁特旗，沿科右中旗吐列毛杜古城东北行，行经突泉县双城子古城，[4]东行至泰州（今吉林省洮安县城四家子古城）。据《大安县文物志》记载，由泰州东行，经大安县古城乡屯内古城、大安县南五十米的新荒古城、大安县金善屯南三里的古城至由吉林省前郭尔罗斯蒙古族自治县他虎城。复自他虎城渡嫩江，沿第一松花江南岸东北行，经哈尔滨市东郊，沿阿什河南行至金上京会宁府（今黑龙江阿城白城）。

兹将这条交通路线所经金代州县及古城排列如下：大定府（今内蒙古宁城大明城）——赤峰——临潢府（今内蒙古巴林左旗）——扎鲁特旗——科右中旗吐列毛杜古城——突泉县双城子——泰州（今吉林省洮安县城四家子古

---

[1] 《金史》卷3《太宗纪》，第49、50页。
[2] 李健才：《金代东北的交通路线》，收入《东北史地考略》，吉林文史出版社1986年版，第159页。
[3] 《金史》卷5《海陵纪》，第98—99页。
[4] 李逸友：《内蒙突泉县发现辽代文物》，《考古》1959年第4期，第210—211页。

城）——古城屯古城——新荒古城——金善屯古城——二龙山古城——长春州（前郭县他虎城）——今松花江——上京会宁府（今黑龙江省阿城白城）。[1]

2. 大定府经兴中府、懿州、信州至会宁府

从大定府东行，过兴中府（今辽宁省朝阳），再经懿州（今辽宁省阜新东北），渡辽河，经韩州（今辽宁省昌图县北八面城东南）、信州（今吉林省怀德县秦家屯古城）、济州黄龙府（今吉林省农安县），过今松花江，到达金上京会宁府（今黑龙江省阿城白城）。[2]

兹将这条交通路线所经金代州县及古城排列如下：大定府（今内蒙古宁城县大明城）——兴中府（今辽宁省朝阳）——懿州（今辽宁省阜新东北）——韩州（今辽宁省昌图北八面城东南）——信州（今吉林省公主岭市秦家屯古城）——威州（今吉林省公主岭市后黄花城子）——小寺铺（今吉林省农安县顺山古城）——胜州（今吉林省农安县城西南四十里的小城子）——济州（今吉林省农安县城）——济州东铺（今吉林省农安县东北二十里的好来宝古城）——北易州（今吉林省农安县北小城子乡）——宾州（今吉林省农安县广元店古城）——报打孛堇寨（今吉林省扶余县石头城子）——来流河（今黑龙江省双城县石家崴子古城）——阿萨铺（今黑龙江省双城县单城子古城）——会宁第二铺（今黑龙江省双城县万斛古城）——会宁头铺（今黑龙江省阿城县二白屯古城）——上京会宁府（今黑龙江省阿城白城）。[3]

二、北京大定府到中都大兴府的交通路线

由大定府到金中都有三条交通路线，[4]一条是从内蒙古宁城县大名城出

---

[1] 李健才：《金代东北的交通路线》，《辽金史论集》2辑，书目文献出版社1987年版，第278—281页；庞志国、刘红宇：《金代东北主要交通路线研究》，《北方文物》1994年第4期，第40—48页；杨树森：《辽史简编》，辽宁人民出版社1984年版，第198页。

[2] 内蒙古自治区公路交通史志编审委员会：《内蒙古古代道路交通史》，人民交通出版社1997年版，第115—116页。

[3] 李健才：《金代东北的交通路线》，《辽金史论集》2辑，书目文献出版社1987年版，第291—293页。

[4] 参见贾敬颜：《〈许亢宗行程录〉疏证稿》，《五代宋金元人边疆行记十三种疏证稿》，中华书局2004年版，第214—254页。

发,到平泉,路过喜峰口,行经遵化、蓟县到中都大兴府;一条是从内蒙古宁城县大名城出发,到平泉,路过古北口,行经密云、怀柔到达中都大兴府;[1] 一条是从兴中府东行,经广宁府至中都大兴府。[2]

兹将这三条路线所经金代州县、古城排列如下:

大定府(今内蒙古宁城县大明城)——平泉(今河北省平泉县辽路口村)——喜峰口(今河北省迁西县喜峰口)——遵化(今河北省遵化市)——蓟县(今天津蓟县)——中都(今北京)。

大定府(今内蒙古宁城县大明城)——平泉(今河北省平泉县辽路口村)——古北口(今北京密云县古北口)——密云(今北京密云)——怀柔(今北京怀柔县)——中都(今北京)。

大定府(今内蒙古宁城县大明城)——兴中府(今辽宁省朝阳市)——广宁府(今辽宁省北镇)——锦州(今辽宁省锦州市)——红花务(今辽宁省兴城毛和尚台一带)——海云寺(今辽宁省兴城古城东)——来州(今辽宁省绥中县西南前卫)——隰(习)州(今辽宁兴城市西南东辛庄镇东关站)——迁州(今河北省秦皇岛市东北山海关)——润州(今河北省秦皇岛市)营州——滦州(今河北省滦县)玉田县——蓟州(今河北省蓟县)——三河县(今河北省三河县)涿州(今河北省涿县)——雄州(今河北省雄县)——中都(今北京)。

从宋人的行程录看,北宋使臣出使辽多由幽州入古北口,行经今河北承德地区,至辽中京(金北京大定府,今内蒙古赤峰)、上京(临潢府,今内蒙古巴林左旗林东)。至金代,辽西傍海道成为南北交通要道。《金史》卷73《宗尹传》:"大定二十四年,世宗将幸上京,曰:'临潢、乌古里石垒岁皆不登,朕欲自南道往。'"[3]所谓"自南道往"即指经由辽西傍海道往金上京。

---

[1] 宋人路振《乘轺录》,辽人南下入幽州有四路:榆关路、松亭路、虎北口路、石门关路。在这四条南下的军事通道中,尤以榆关路最短。参见贾敬颜:《路振〈乘轺录〉疏证稿》,《五代宋金元人边疆行记十三种疏证稿》,中华书局2004年版,第72页。《许亢宗行程录》记载:"自出榆关东行,路平如掌"。此处当指辽西傍海道而言。参见贾敬颜:《〈许亢宗行程录〉疏证稿》,《五代宋金元人边疆行记十三种疏证稿》,中华书局2004年版,第238页。
[2] 贾敬颜:《沈括使辽图抄疏证稿》,《文史》22辑,中华书局1984年版,第121—152页。
[3] 《金史》卷73《宗尹传》,第1675页。

三、北京大定府到东京辽阳府的交通路线

由北京大定府到东京辽阳府的交通道路,经兴中府东行,至广宁府,过辽河,行至沈州,南行到达东京辽阳府。

兹将这条路线所经金代州县排列如下:

大定府(今内蒙古宁城县大明城)——兴中府(今辽宁省朝阳市)——灵山县(今辽宁省法库境内)——懿州(今辽宁省阜新东北塔营子屯古城)——小兰若(今辽宁省阜蒙塔营子古城址)——胡土虎寨(今辽宁省阜新八家子乡境)——宜民县(今辽宁省北票市黑城子)——同昌县(今辽宁省阜新成州古城址)——广宁府(今辽宁省北镇)——望平县(今辽宁省新民县大古城子)——沈州(今辽宁省沈阳市)——辽阳府(今辽宁省辽阳市)。

四、临潢、泰州至蒙古诸部的交通路线

北京路地区泰州、临潢府是金朝西北边境地区的重要军事府州。章宗时期,随着北方蒙古诸部族日益强大,并危及金朝北边,金朝派兵从临潢、泰州出发北征,阻止蒙古骑兵的骚扰。金朝北征蒙古诸部主要有两条路线:临潢府至栲栳泺、泰州至移米河。

1. 临潢府至栲栳泺的交通路线

章宗时期,蒙古合底忻、山只昆部频频侵扰金朝边境。明昌六年(1195年),金章宗派遣夹谷清臣由临潢府出兵,以宣徽使移剌敏为都统,左卫将军完颜充、招讨使完颜安国为左右翼,分领前队。夹谷清臣自选精兵一万当后队,进至合勒河,与前队移剌敏合兵栲栳泺攻营十四。[1]由临潢府至栲栳泺的行军路线是沿夏捺钵之路到兔儿山北上,行至栲栳泺或龙驹河(今蒙古国克鲁伦河)的旧路。

---

[1] 《金史》卷94《夹谷清臣传》,第2085页。

2. 泰州至移米河的交通路线

承安三年（1198年），蒙古广吉剌部、合底忻部联合进攻金朝北境地区。北京留守宗浩镇守泰州，奏请出兵进攻广吉剌等部，言"国家以堂堂之势，不能扫灭小部，顾欲藉彼为捍乎？"提出"先破广吉剌，然后提兵北灭阻卜"的计划。[1]亲自率兵沿挞鲁古河（今内蒙古洮儿河）北进，至威里葛山（今内蒙古哈拉哈河上游北之特尔根山）击败山只昆属部，复北上呼歇水（今内蒙古惠音高勒），山只昆部投降，挥军进至移米河（今内蒙古伊敏河），大败迪列土部，合底忻渡移米河西遁，金军追至窊里不水（今内蒙古达兰鄂罗木河）。此次泰州至移米河的行军路线是从今洮安西北出发，沿今洮儿河至哈拉哈河上游的特儿根山，继续北上惠音高勒直抵伊敏河。

第二节　金代北京路地区与金境内其他地区的互动

金朝时期，女真统治者在北京路地区内进行大规模的双向移民，加强与金境内其他地区的互动联系。以辽西傍海道为通道加强北方地区与中原地区的经贸交往，中原地区日常生活用品销售范围向北扩展至北京路地区。女真统治者为在政治上保持边防安定，经济上控制北方诸部族，在金界壕边界地区与北方诸部族进行交流互动实行榷场贸易，一定程度上起到了控制蒙古诸部，稳定金朝北部边疆的作用。

一、金代北京路地区与金境内其他区域的双向移民

金朝时期，女真统治者通过在北京路地区内进行大规模的双向移民：一方面，将原来居住在金源内地上京路的女真人、西京路的契丹人迁至北京路地区；另一方面，将北京路地区聚居的契丹、奚人迁到上京路、东京路、中都路及中原等地，造成了金境内各民族杂居的局面，通过移民的方式客观上加强了

---

[1]　《金史》卷93《宗浩传》，第2073页。

北京路与金境内其他区域的交流互动。

1. 由上京路迁往北京路

金朝初年，随着女真人的军事扩张，女真猛安谋克以军事屯田的方式逐步向原辽朝的辖境内迁徙。天辅五年（1121年），金太祖下令"摘取诸路猛安中万余家，屯田于泰州"，婆卢火旧居按出虎水，"自是徙居泰州，而遣拾得、查端、阿里徒欢、奚挞罕等俱徙焉。"[1]《金史》卷46《食货志》户口条对此事亦有记载，天辅五年，金太祖曾将按出虎水及宁江州的猛安谋克徙居泰州。以"旧部多脊卤，将移其民于泰州，……婆卢火旧居阿注浒水（又作按出虎），至是迁焉。其居宁江州者，遣拾得、查端、阿里徒欢、奚挞罕等四谋克，挈家属耕具，徙于泰州"。[2]

自太宗时起，即开始将女真猛安谋克迁往长城以南汉地。海陵正隆年间，为了进一步加强对女真贵族的控制，"不问疏近，并徙之南"，[3]一部分女真猛安谋克由上京路徙至北京路内。根据本文第二章第二节的统计表明，由上京路迁至北京路的女真猛安谋克有：笞栢山猛安、讹鲁古必刺猛安、宋阿答阿猛安、合扎寿吉斡母谋克、临潢府路曷吕斜鲁猛安、临潢府赫沙阿猛安、泰州颜河谋克、兴州梅坚河猛安部、兴州徒们必罕猛安部、兴州宁江速马剌猛安部、东北路按出虎割里罕猛安。

2. 由北京路迁至东京路、中都路

太宗天会元年（1123年）十一月，徙迁、润、来、隰四州之民于沈州。瑞州金初辖来宾一县，润州、隰州、迁州三支郡。将北京路下辖瑞州之民迁往东京路沈州。[4]

金朝末年，蒙古入侵，北京路地区主要有九猛安南迁。兴州、全州南迁前分属五猛安与三猛安，[5]北京路宋阿答阿猛安术甲脱鲁灰也率领本部兵马徙至中都（今北京）。[6]

---

[1] 《金史》卷71《婆卢火传》，第1638页。

[2] 《金史》卷46《食货志》，第1032页。

[3] 《金史》卷8《世宗纪下》，第185页。

[4] 《金史》卷46《食货志一》，第1033页。

[5] 《金史》卷24《地理志上》，第561—563页。

[6] 吴松弟：《金代东北民族的内迁》，《中国历史地理论丛》1995年第4期，第139—153页。

3. 由西京路迁至上京路、北京路

海陵正隆、世宗大定间发生的契丹大起义被平叛后，世宗采取的一项重要措施是废罢参与起义的契丹猛安谋克，将"其户分隶女直猛安谋克"，[1]大定六年（1166年），世宗把契丹人起义镇压下去后，为防止他们与西辽及北方蒙古诸部联系，将契丹人迁徙至上京、济州、利州、乌古里、石垒等地迁徙。《金史》卷88《唐括安礼传》也记载，"徙西北路契丹人尝预窝斡乱者上京、济、利等路安置"。[2]世宗在与纥石烈良弼的对话中表示，"窝斡逆党，分散置之辽东"，为子孙后世考虑，将"预乱者，徙居乌古里石垒部。"[3]

大定十七年（1177年），世宗下诏西北路招讨司，将西京路内未参加起义的契丹、奚猛安谋克被徙至北京路泰州、乌古里石垒部地。同时将北京路地区内部分契丹、奚人迁徙至上京、乌古里石垒一带，强迫他们耕作。《金史》卷7《世宗纪中》载："诏西北路招讨司契丹民户，其尝叛乱者已行措置，其不与叛乱及放良奴隶可徙乌古里石垒部，令及春耕作。"[4]另据《金史》卷44《兵志》记载："（大定）十七年，又以西南、西北招讨司契丹余党心素狼戾，复恐生事，它时或有边隙，不为我用，令迁之于乌古里石垒部及上京之地。"[5]"是时，诏徙窝斡余党于临潢、泰州。"[6]世宗大定二十一年（1181年）六月，"徙银山侧民于临潢。"[7]

金统治者对奚族也进行了迁徙，将六猛安奚人迁居临潢（今内蒙古巴林左旗林东镇波罗城）、泰州（今吉林省洮安城四家子古城）、咸平（今辽宁省开原老城）一带地区。女真人徙居奚人居住区。奚族与女真族逐渐同化、融合。金以后奚族名称不复见于史载，说明奚族已与契丹、汉、女真等民族渐趋融合。

---

[1]《金史》卷6《世宗纪上》，第132页。

[2]《金史》卷88《唐括安礼传》，第1964页。

[3]《金史》卷88《纥石烈良弼传》，第1954页。

[4]《金史》卷7《世宗纪中》，第166页。

[5]《金史》卷44《兵志》，第994页。

[6]《金史》卷73《完颜守能传》，第1691页。

[7]《金史》卷46《食货志一》，第1034页。

二、通过辽西傍海道与金境内其他区域的互动

金代北京路所辖辽西傍海道地区是联系中原与北方地区各族人民物质文化交流的交通要道。在北京路内一些遗址窖藏中发现了不少定窑瓷器、钧窑瓷器、南宋钱币。这些器物在北京路窖藏中发现并不是个别现象，而是同一类型的瓷器、钱币往往会同时出土多件，体现了商品的特征，说明中原地区商品销售范围向北扩展至北京路地区，反应了当时北京路与中原地区存在广泛的经济文化联系。

金代北京路遗址出土瓷器平底碟多为敞口、斜直腹、大平底造型是定窑传统器形制。[1]在装饰上以刻花为主，造型规整、纹饰精美。刻花平底碟的纹饰基本上采用内底饰一单枝莲花配以植物茎叶的布局。这种刻花平底碟在内蒙古敖汉旗老虎沟金代博州防御使墓、辽宁省朝阳金代壁画墓和昭盟巴林左旗林东镇金墓内均有出土。遗址中出土了大量定窑瓷器，多以碗、盘为大宗，这些日用瓷器多产自定窑，表明金代定窑瓷器在北京路内使用是非常普遍和流行的。[2]

小圈足、斜弧腹盘也是金代定窑瓷器中常见的器形，盘上多饰有精美的刻花及印花图案。在内蒙古霍林河矿区金代界壕边堡内出土一小圈足、斜弧腹盘，口径在16—17厘米，盘内腹饰有一道弦纹，弦纹内刻一片荷叶托一株荷花图案。[3]在内蒙古林西窖藏中发现了一种圈足较大、斜弧腹印花盘。[4]上述出土定窑瓷器在整体风格上几乎没有体现很多北方少数民族的特点，表明定窑产品已经大规模行销至北京路地区，成为人们日常生活使用的主要用品。刘淼认

---

[1] 刘淼：《考古发现的金代定窑瓷器初步探讨》，《考古》2008年第9期，第59—73页。

[2] 朱志民：《内蒙古敖汉旗老虎沟金代博州防御使墓》，《考古》1995年第9期，第802—807页；辽宁省博物馆：《辽宁朝阳金代壁画墓》，《考古》1962年第4期，第182—185页；李逸友：《昭盟巴林左旗林东镇金墓》，《文物》1959年第7期，第63—64页；刘淼：《金代定窑瓷器的初步研究》，《文物春秋》2006年第2期，第10页。

[3] 哲里木盟博物馆：《内蒙古霍林河矿区金代界壕边堡发掘报告》，《考古》1984年第2期，第157—174页。

[4] 王刚：《林西县金代瓷器窖藏》，《文物》1996年第8期，第91页。

为，汝窑、官窑等北宋宫廷直接控制的窑厂消亡，少了南方瓷器的竞争，为定窑等北方瓷窑的生产和销售提供了良好的机会，定窑以绝对优势占领了金代的北方市场。杰西卡·罗森在《中国银器和瓷器的关系》一文中认为当时定瓷是作为银器的补充为人们使用的[1]。

北京路地区墓葬还出土了钧窑瓷器。辽宁省阜新西山屯墓随葬5件瓷器，包括碗2件、碟3件。碗壁微弧，圈足，腹底积釉，足底釉呈褐色；碟为敞口，斜壁、圈足，胎呈灰褐色，质地细腻。器形、釉色等特点与周边地区金代遗址出土器物相似，整体风格上属于钧窑产品。[2]锦州太和区营盘乡辽金时期金屯遗址，出土了北宋"淳化通宝"铜钱。[3]绥中县城后村金元遗址出土了大量宋、金铜钱。[4]定窑、钧窑瓷器、宋钱在北京路内的使用和流行情况，表明当时中原产品销售范围向北扩展至北京路地区，体现了金代北京路地区与中原地区有着密切的经济文化交流。

三、金代北京路地区与金界壕内外的互动

金朝建立后，并未对原辽朝统治下诸游牧部族建立有效的统治。为巩固金朝西北边境安全，有效控制蒙古诸部，女真统治者通过征伐、招抚、设置榷场诸多举措，在一定程度上实现了控制蒙古诸部，稳定金朝西北边境的作用。

北京路地区地处西北边陲，是金朝重要的军事重镇，与蒙古诸部的交流互动较多。女真统治者为保持边防安定，经济上控制北方诸部族，以金界壕为界与北方诸部族进行榷场贸易。

《金史》卷24《地理志上》：北京路庆州下辖朔平县，"有榷场务"。[5]《金史》卷57《百官志三》诸路总管府下，只有临潢府设有通事一人，小部落通事一人。所谓通事，是指那些能够熟悉邻近部族语言的翻译，即疏通内外关

---

[1] 杰西卡·罗森：《中国银器和瓷器的关系（公元600—1400年）——艺术史和工艺方面的若干问题》，吕成龙译，《故宫博物院院刊》1984年第6期，第32—36页。

[2] 阜新市博物馆：《辽宁阜新市发现一座金代墓葬》，《考古》2004年第9期，第95—96页。

[3] 郭素新：《中国文物地图集·辽宁分册下》，西安地图出版社2009年版，第194页。

[4] 王增新：《辽宁绥中县城后村金元遗址》，《考古》1960年第2期，第43—45页。

[5] 《金史》卷24《地理志上》，第562页。

系的办事人员。庆州所辖朔平县为临潢府境内靠近边地的城镇,所以才会设置榷场和通事。[1]《金史》卷73《宗宁传》:"其镇临潢,邻国有警,宗宁闻知乏粮,即出仓粟,令以牛易之,敌知得粟,即遁去。边人以窝斡乱后,苦无牛,宗宁复令民入粟易牛,既而民得牛而仓粟倍于旧,其经画如此。"[2]从上述引文中透露的信息表明当时在北京路边境地区可能存在榷场贸易。

《金史》中常常将金蒙间的战事含混地称为"北征"、"北巡"、"巡边"等等,对于所讨何部及各部落具体事宜则略而不谈。据《完颜希尹神道碑》记载,碑文(碑阴)"尚书左丞相兼侍中,加开府仪同三司,监军仍旧,萌古斯扰边,王(贞宪王完颜希尹)偕太师宗磐奉诏往征之"。[3]按《金史》卷4《熙宗纪》所载,太宗天会十三年(1135年)十一月,完颜希尹被封为"尚书左丞相兼侍中"。[4]碑阴第6行复有希尹左迁兴中尹的记述,检阅《金史》得知,此事系于金熙宗天眷二年(1139年)正月。[5]由此可见,早在太宗天会十三年至熙宗天眷二年之间,金朝就派遣重兵征讨蒙古诸部。

关于熙宗时期金朝与蒙古诸部关系问题,《金史》卷120《乌林答晖传》中有这样一段记载,"天眷初,充护卫,以捕宗磐、宗隽功授忠勇校尉,迁明威将军。从宗弼北征,迁广威将军"。[6]宗磐作为太宗嫡长子因未能继承大统,阴与宗隽共谋,事败伏诛,此事发生于熙宗天眷二年(1139年)七月,据此可以肯定乌林答晖跟随宗弼北征蒙古诸部一事确在天眷二年之后。又《金史》卷94《完颜襄传》中提到其"父阿鲁带,皇统初北伐有功,拜参知政事。"[7]鉴于蒙古诸部大肆扰边及形势所迫,金熙宗不得不派遣宗弼、乌林答晖、阿鲁带这样的重臣武将率兵讨伐屡犯边境的蒙古诸部。

经过熙宗时期对蒙古诸部征讨后,至海陵时期北方边境虽获得了短暂和

---

[1] 贾敬颜:《从金朝的北征、界壕、榷场和宴赐看蒙古的兴起》,《元史及北方民族史研究集刊》1985年第9期,第16页。
[2] 《金史》卷73《宗宁传》,第1677页。
[3] 徐炳昶:《校金完颜希尹神道碑书后》,《史学集刊》中华民国二十五年四月第1期,第3—18页。
[4] 《金史》卷4《熙宗纪》,第70页。
[5] 同上书,第73页。
[6] 《金史》卷120《乌林答晖传》,第2620页。
[7] 《金史》卷94《完颜襄传》,第2085页。

平安宁，但蒙古诸部仍时有扰边行为。关涉此事《金史》卷129《李通传》有相关记载，"宋遣使贺迁都，海陵使韩汝嘉就境上止之曰：'朕始至此，比闻北方小警，欲复归中都，无庸来贺。'宋使乃还。"[1]为防止宋使窥探金国内情，遂以北方边患为由拒绝宋使入境朝贺。所谓"北方小警"多半是指蒙古草原诸游牧部族入侵北境一事。

金世宗统治时期，蒙古诸游牧部落仍屡有骚扰边境的现象。通过南宋人的记录似乎能够寻找到一些金、蒙间关系的信息。南宋赵珙1221年后写成的《蒙鞑备录》载"金房大定间，燕京及契丹地有谣言云：'鞑靼来，鞑靼去，赶得官家没去处。'葛酉雍宛转闻之，惊曰：'必是鞑人为我国患'，乃下令极于穷荒，出兵剿之。每三岁遣兵向北剿杀，谓之'减丁'。"[2]"三年减丁"政策的真实性学界一直存有争议。[3]无论"三年减丁"真实与否，却可透漏出世宗时期，金朝与蒙古之间脆弱敏感的紧张关系。

世宗统治期间阻卜（蒙古）诸部相继归附金朝，诸部首领接受金朝的封号，定期纳贡、应调出征及戍守边境。但诸蒙古部族归附金朝的时间不尽一致，其中弘吉剌、塔塔尔部最为接近边塞，归附时间自然早些，与金朝的关系也更为密切；居于阿尔泰山南北的乃蛮部直至大定十五年（1175年）方归附金朝，并上交西辽颁发的牌印。[4]世宗时克烈部长汪罕、汪古部白厮波、蒙古部铁木真等都被金朝册封过官爵。为了更加有效地实现对草原各游牧部落的羁縻统治，金朝在对蒙古诸部出兵征讨的同时增筑了金界壕。

1980年北京出土的《乌古论元忠墓志》记载，"大定十五年，达靼款（塞？）贡献，诏公往领之"。[5]今本《金史》卷7《世宗本纪》脱去大定

---

[1] 《金史》卷129《李通传》，第2784—2785页。

[2] 王国维：《蒙鞑备录笺证·征伐》，收入《王国维遗书》，上海书店出版社1983年版，第14页。

[3] 正如王国维先生所指出的"案此事正史绝无记载，惟《世宗纪》书大定七年（1167年）闰七月甲戌，诏遣秘书监移剌子敬经略北边。又十年八月壬申，遣参知政事宗叙北巡。十年之役既缘蒙古，则七年之役当有相同。二役相去适三年，每三岁减丁之说，殆由此传讹。"参见贾敬颜订补，王国维著：《蒙古考》，收入《辽金时代蒙古考》，内蒙古自治区文史研究馆1984年版，第29页。

[4] 李桂芝：《辽金简史》，福建人民出版社1996年版，第285页。

[5] 北京市文物工作队：《北京金墓发掘简报》附录，《北京文物与考古》1辑，北京市文物研究所1983年版，第70页。

十五年一页,此事不见史载。[1]《金史》卷120《乌古论元忠传》云:"(大定)十五年,北边进献,命元忠往受之。"[2]墓志中的"达靼"被有意改为"北边"。这显然是元朝史官刻意回避蒙元早期历史的实证,但也从另一个侧面说明,北京路地区与金界壕外存在交流互动。

章宗以皇太孙继承帝位后,仍承袭其祖父金世宗的施政方略。针对北方蒙古诸游牧部族频频入侵扰边行径进行了有力的回击,女真统治者除主动出击兴安岭以西地区,依恃武力镇压侵扰北疆的蒙古诸部族外,不惜耗费大量的人力物力在北方边境大规模修筑界壕以抵御蒙古兵锋。

明昌三年(1192年)四月戊午,章宗再度召集百官廷议共同商讨大规模开筑界壕防御蒙古诸游牧部族入侵一事。五月"癸酉,罢北边开壕之役。"明昌五年(1194年)二月癸丑,"命宣徽使移剌敏、户部主事赤盏实理哥相视北边营屯,经画长久之计……(九月)甲申,命上京等九路并诸抹及糺等处选军三万,俟来春调发,仍命诸路并北阻卜以六年夏会兵临潢。"[3]从章宗明昌五年九月甲申(27日)的记载来看,北阻卜能够欣然出兵与金军协同作战,表明是年北阻卜已臣属金朝处于金朝羁縻统治之下。阻卜的归附朝贡态度并非一成不变,其背叛意味着金朝对北方游牧部羁縻政策的失败,金朝为此罢免了负有直接责任的夹谷清臣,为应付新的事态由右丞相完颜襄带领行省事。史载:"时左丞相夹谷清臣北御边,措画乖方,属边事急,命襄代将其众,佩金牌,便宜从事。"[4]

明昌六年(1195年)十一月,受命领行省事的完颜襄自中都前往临潢,在完颜襄任职期间,北京、临潢之间发生起义,"时胡里纥亦叛,啸聚北京、临潢之间。襄至,遣人招之,即降,遂屯临潢"。广吉剌部邻近大盐泊,此次出兵主要是针对广吉剌部,完颜襄很快平息了起义,率领大军屯驻于临潢,同年十二月,率领驸马都尉仆散揆等挥师进军大盐泊。

据《金史》卷10《章宗纪》承安元年(1196年)正月条记载,"大盐泺

---

[1] 《金史》卷7《世宗纪》,第162页。
[2] 《金史》卷120《乌古论元忠传》,第2624页。
[3] 《金史》卷10《章宗纪》,第231—233页。
[4] 《金史》卷94《完颜襄传》,第2088页。

群牧使移剌睹等为广吉剌部兵所败,死之"。[1]《金史》卷94《完颜安国传》也将此事系于章宗承安元年,"承安元年,大盐泺之战,杀获甚众"。[2]可见西北大盐泊战事自明昌六年一直持续至承安元年初。

《金史》卷94《完颜襄传》在先记述完颜襄驻屯临潢事后,接着写道"顷之,出师大盐泺,复遣右卫将军完颜充进军斡鲁速城,欲屯守,俟隙进兵。绘图以闻,议者异同,即召面论,厚赐遣还。"[3]完颜襄取胜后随即由大盐泺班师临潢,派遣完颜充进军斡鲁速城,然后入朝请奏。章宗本纪承安元年(1196年)二月条对此事亦有记载,"丁卯(17日),右丞相襄、左丞衡至自军前。己巳(19日),复命还军。"使我们详细了解了完颜襄离军入朝请奏的具体时间。承安三年(1198年)二月,北阻卜部长斜出归附金朝。金朝利用斜出内附的机会,对北边进行了彻底的经略。

第三节 金代北京路地区华夷同风的区域文化

金代北京路地区区域文化也随之快速发展,集中表现在汉族、女真族中涌现出了较重要的文人,在金朝政治舞台上扮演了重要角色。北京路地区作为多民族汇聚之地,是契丹、奚人的发祥地,还有女真人、部分汉人和少量的渤海族人,由于受到辽朝崇佛之风的影响,金章宗时期之前佛教在这一地区的社会生活中亦长盛不衰。金代中后期,汉化程度进一步深化,在某些祭礼习俗上延续了汉族的祭祀传统,又杂糅金源旧俗。

一、金代北京路地区的文化教育

为了保持女真人的文化传统和民族本色,世宗和章宗时期,女真统治者

---

[1] 《金史》卷10《章宗纪》,第238页。
[2] 《金史》卷94《完颜安国传》,第2094页。
[3] 《金史》卷94《完颜襄传》,第2088页。

作过很多努力,试图遏制女真人的汉化趋势。[1]

世宗认为,"亡辽不忘旧俗,朕以为是。海陵习学汉人风俗,是忘本也。若依国家旧风,四境可以无虞,此长久之计也。"[2]要实现国运久长,必须保持女真人的民族传统。大定四年(1164年),完颜雍提倡设置女真字学校。大定十一年(1171年)设置女真进士科,大定十三年(1173年)"以策、诗取士",[3]选拔第一批女真进士。京师设置国子学,诸路设置女真府学,由新入选的进士执教,目的是将女真人的文化教养提高到汉人的水平。设置"府州学二十二",[4]泰州、临潢、北京均置有府州学。

女真进士科设立后,女真人渐趋丧失了传统的尚武精神。章宗时期规定在女真进士考试内容中加试射箭,"令猛安谋克举进士,试以策论及射,以定其科甲高下"。[5]明昌元年(1190年),北京路设置府试策论进士,兼试女直经童。策论试官二员。东北路招讨司者,赴会宁府试;懿州者,赴咸平府试;北京、临潢、宗州、兴州、全州者,则赴大定府试。

承安三年(1198年)进一步规定:"女直人以年四十五以下,试进士举,于府试十日前,委佐贰官善射者试射。"[6]兴定元年(1217年)正月乙未条,"诏中都、西京、北京等路策论进士及武举人权试于南京、东平、婆速、上京等四路。"[7]金朝后期,由于蒙古入侵,政治日益衰落和经济困窘,加之女真人汉化日益加深,女真学迅速走向衰落。[8]

---

[1] 日本学者三上次男先生将世宗、章宗时期复兴民族文化的政策称之为女真文化的复兴运动。[日]三上次男:《金史研究》第3卷《金代政治·社会の研究》,中央公论美术出版(东京)1973年版,第233—261页。

[2] 《金史》卷89《移剌子敬传》,第1989年。

[3] 《金史》卷51《选举志》,第1133页。

[4] 同上。

[5] 《金史》卷44《兵志》,第997页。

[6] 《金史》卷51《选举志一》,第1143页。

[7] 《金史》卷15《宣宗纪中》,第327页。

[8] 吴凤霞:《金代女真学的兴衰及其历史意义》,《社会科学辑刊》2005年第4期,第112—116页。

二、金代北京路地区的文人

金代北京路地区区域文化发展较快涌现出了一些汉族文人,见于记载的主要有赵之杰、孙德渊、刘昂、王维翰、赵绘、李经、冀禹锡、黄肯播等人。北京路地区的汉族文人既有官居要职者、也有在文坛享有盛誉者,如利州王维翰官至刑部尚书、参知政事,[1]兴州刘昂出身于世家大族,"曾、高而下七世登科","律赋自成一家,作诗得晚唐体,尤工绝句"。《中州集》内存其诗11首。[2]世宗朝仕至尚书省掾,章宗朝官至左司郎中。李经"作诗极刻苦,喜出奇语,不蹈袭前人",《中州集》内存其诗5首。李纯甫见其诗曰:"真今世太白也。"[3]

元人苏天爵所撰《故奉政大夫辽阳行省郎中黄公神道碑铭》中记载:"公字允艺,其先齐人,金初迁利州。州南满井黄家寨,先墓在焉。大安末,又迁锦州。"[4]碑铭记述了金朝汉族儒士黄肯播家族的迁徙历程,其父黄瓛曾任开元路儒学教授,其兄肯堂,其弟肯荻、肯讷均为学儒,黄允艺也曾任锦州儒学正。

由于女真官学教育的发展,北京路地区也涌现出了奥纯忠孝、赤盏师直、完颜伯嘉等女真文人。奥纯忠孝曾仕至"礼部员外郎,迁翰林待制","入为太子少傅礼部尚书";[5]完颜伯嘉官至"吏部尚书"。[6]

---

[1] 《金史》卷121《王维翰传》,第2647页。
[2] 《中州集》卷4《刘左司昂》,第193页。
[3] 《中州集》卷5《李经》,第263页。
[4] (元)苏天爵:《滋溪文稿》,中华书局1997年版,第241页。
[5] 《金史》卷104《奥屯忠孝传》,第2298页。
[6] 《金史》卷100《完颜伯嘉传》,第2210页。

表5-1 金代北京路地区文人一览表

姓名	籍贯	民族	出身	官职	史料来源
赵之杰	大定府	汉	大定十六年进士	世宗朝仕西京提刑副使、棣州防御使	《中州集》卷8
孙德渊	兴中府	汉	大定十六年进士	世宗朝为石州军事判官；卫绍王朝为昭义军节度使；宣宗拜工部尚书，摄御史中丞。	《金史》卷128《孙德渊传》
刘昂	兴州	汉	大定十九年进士	世宗朝为尚书省掾，调平凉路转运副使。章宗朝为左司郎中。	《金史》卷126《刘昂传》，《中州集》卷4
王维翰	利州龙山	汉	大定二十八年进士	章宗朝为右司郎中；卫绍王时迁工部尚书、改刑部尚书，拜参知政事。	《金史》卷121《王维翰传》
赵绘	大定府	汉	章宗朝进士		《中州集》卷8
李经	锦州	汉			《金史》卷126《李经传》，《中州集》卷5
冀禹锡	龙山	汉	至宁元年进士	哀宗朝为行院都事。	《金史》卷116《蒲察官奴传》，《中州集》卷6
黄肯播	利州	汉			《滏溪文稿》卷15
奥屯忠孝	懿州胡土虎猛安	女真	大定二十二年进士	世宗朝除校书郎兼太子司经；章宗朝三迁礼部员外郎，迁翰林待制，入为太子少傅兼礼部尚书；宣宗朝拜参知政事。	《金史》卷104《奥屯忠孝传》
赤盏师直	瑞州	女真	进士		《金史》卷80《赤盏晖传》
完颜伯嘉	北京路讹鲁古必剌猛安	女真	明昌二年进士	章宗朝调中都左警巡院判官；卫绍王时三迁同知西京留守；宣宗朝迁顺义军节度使，迁元帅左监军，知太原府事，河东北路宣抚使。	《金史》卷100《完颜伯嘉传》

三、金代北京路地区的宗教民俗

金朝继辽而兴，由于受到辽朝崇佛之风的影响，佛教在金朝的社会生活中亦长盛不衰。其中北京路地区是契丹、奚人的故地，又有大量的汉人、女真、渤海族人，因此，这一地区佛教有较大发展。

据《辽东行部志》记载，世宗大定二十九年（1189年）其授命提点辽东路刑狱，明昌改元春二月十二日丙申自东京路辽阳出发，至懿州视察。途径沈州（今辽宁省沈阳市）、望平县（今辽宁省新民县大古城子）、广宁府（今辽宁省北镇）、同昌县（今辽宁省阜新成州古城址）、宜民县（今辽宁省北票市黑城子）、胡土虎寨（今辽宁省阜新八家子乡境）、小兰若（今辽宁省阜蒙塔营子古城址）、懿州（今辽宁省阜新东北塔营子屯古城）至灵山县（今辽宁省法库境内）。王寂所经行之地，过沈州后，即进入北京路辖境。[1]在《辽东行部志》中有的诗文，描绘了北京路内州城庙宇及宗教文化发展的概况。

《辽东行部志》记载：王寂于"乙巳（二月二十一日）。次同昌县。旧名成州长庆军节度使。始建于辽，圣宗女晋国公主黏米从嫁户置城郭市肆，故世传'公主成州'者是也。"按同昌县，辽成州，建于辽太平元年（1021年），是辽圣宗晋国公主岩母堇封地，成州乃朝廷赐予州名。王寂至时，该城已存续168年。辽时兴建的萧寺依然存在，[2]可见金朝中期同昌县还是较繁华的，佛教在此仍很盛行。

次日，王寂行至宜民县，投宿福严院。宜民，旧号川州，据《金史》卷133《窝斡传》所载"窝斡攻懿州不克，遂残破川州"。[3]因川州人口锐减、经济凋敝，遂降为县。是日熟食节，王寂见到"山林间居民携妻孥上冢，往来如织，撩人归思，殊无聊赖。"宜民县汉人居多，流行清明上坟祭祖的习俗，

---

[1] 参见贾敬颜：《王寂〈辽东行部志〉疏证稿》，《五代宋金元人边疆行记十三中疏证稿》，中华书局2004年版，第255—284页。

[2] 萧寺即佛教寺院，南朝梁武帝萧衍沉迷佛法，令人于庙额上大书"萧"字，此后萧寺就成了佛寺的雅称。

[3]《金史》卷133《移剌窝斡传》，第2855页。

上坟路上行人往来穿梭。

王寂离开宜民县,"次胡土虎寨"寄宿于萧继先家族一座寺庙。文中明确记载,王寂由胡土虎寨东行约四十里,经由小兰若至建福寺。建福寺是由金代临洮总管萧卞之祖所建。此地有辽塔遗址,当王寂经建福寺沿塔而过时,见辽塔(浮图)巍然高出两峰,慨然赋诗。从王寂的沿途记述所见,可知当时这一地区佛寺相连,表明在此之前佛教的发展规模相当庞大。

王寂至懿州投宿宝严寺,后移宿返照庵。由此得知,当时懿州至少有两座佛寺。返照庵是僧人介殊旧居,大定十四年、十七年,王寂途径懿州时,曾借宿于此。明昌元年(1190年)春二月二十五日,王寂行至广宁府倚郭望平县,便宿僧寺。这是王寂第三次至懿州。按,金代北京路所辖懿州(今辽宁省彰武)宝严寺规模最大,宝严寺药师院是辽朝药师公主施宅为寺,存续至金代。大定十四年第一次至今已过十七年,寺院依旧,但主僧介殊早已圆寂,寺院花木凋零,从一个侧面亦可说明至章宗时期,这一地区佛教发展渐趋走向衰落。

明昌元年(1190年)章宗下诏:"禁自披剃为僧、道者"。是年"六月,奏北京等路所免二税户,凡一千七百余户,万三千九百余口"。[1]明昌二年(1191年)二月,章宗复下禁令:"敕亲王及三品官之家,毋许僧尼道士出入。"[2]章宗时的佛教政策,导致僧侣丧失了其曾经拥有的尊贵之势,被排斥于世俗政治生活之外。刘浦江认为,金朝统治者对待佛教的态度,是礼佛而不佞佛,体现了利用与限制并重的佛教政策。"宣宗以后,空名度牒的发行更滥,试经度僧之制渐趋消亡,国家最终放弃了对于佛教教团的一切统制。"[3]

北京路地区在某些祭礼习俗上延续了汉族的祭祀传统,又杂糅金源旧俗。吕贞幹《大金故少中大夫知南京路提刑使事兼劝农使采访事王公墓志铭》记载:"至大定初,累加承务郎,知泰州长春县。是时经窝斡之乱。户口散亡。百无二三。公下车招集抚育之。比及瓜而代。流民尽归。县中有郑袭捏

---

[1] 《金史》卷46《食货志一》,第1035—1036页。

[2] 《金史》卷9《章宗纪一》,第217页。

[3] 刘浦江:《辽金的佛教政策及其社会影响》,《佛学研究》1996年第5辑。收入《辽金史论》,辽宁大学出版社1999年版,第313、319页。

者。强猾侵暴。为方土之患。私盗人牛而杀之。公遣人捕获。袭捏坐法黥配。由是豪右震慑。秋毫莫敢犯。阖郡潦雨。一岁夏旱，公朝衣跣行，祷雨于市。有小蛇游香盘中，公举加诸首以置之墰所，又燃香□臀，其雨立降，故得廉能之誉。"[1]史书中记载地方官员行祈雨仪式不多见，墓志中的记载是研究金代北京路内礼俗的一则珍贵资料。世宗大定初年，王元德出知泰州长春县，曾利用祀蛇之法祷雨，可见地方官员采用民间巫术感动神祇以弭天灾。

关于祈雨、治水方面的祭礼情况，《金史》中亦有类似记载。海陵正隆六年（1161年），"是岁，东梁水涨溢，暴至城下，水与城等，决女墙石罅中流入城，湍激如涌，城中人惶骇。上亲登城，举酒酹之，水退。"[2]世宗时任东京留守，所行祭礼当为女真旧俗，而王元德采用汉人仪式。

按中古时代民智蒙昧，人们皆认定出现自然灾害乃出于阴阳失调，反映君王无道、吏治败坏，因此上至帝王下至百官皆举行祭礼祈愿。女真族入主中原后，祈雨祭祀延续了汉族的祭祀传统，又杂糅金源旧俗。

据《金史》35《礼志八》"祈荣"条记载："大定四年五月，不雨。命礼部尚书王兢祈雨北岳，以定州长贰官充亚、终献。又卜日于都门北郊，望祀岳镇海渎，有司行事，礼用酒脯醢。后七日不雨，祈太社、太稷。又七日祈宗庙，不雨，仍从岳镇海渎如初祈。其设神座，实樽罍，如常仪。其樽罍用瓢齐，择甘瓠去柢以为尊，祝板惟五岳、宗庙、社稷御署，余则否。后十日不雨，乃徙市，禁屠杀，断伞扇，造土龙以祈。雨足则报祀，送龙水中。"[3]"祈荣"之礼，始于世宗时期。引文中"造土龙以祈"，盖指时人相信龙为阴阳之神，专司风雨，必须要膜拜。王元德祀蛇祈雨，感动神灵而立降甘霖。可知利用巫术祈雨也是地方官吏一项重要职责，因元德祈雨成功，故有贤吏之美誉。

北京路内墓葬多为仿木结构的砖室墓，体现了该地区较多辽墓的传统风格。墓葬形制有圆形、方形和多边形，一些官员墓室内绘有壁画，壁画题材有侍宴图、家居生活图、出行图、散乐图、天象图等内容，表现出较为浓郁的地

---

[1] 此墓志现藏台北中央研究院历史语言研究所傅斯年图书馆。
[2] 《金史》卷6《世宗纪》，第121—122页。
[3] 《金史》35《礼志八》，第825页。

域特点和民族特征。[1]

四、从出土墓葬看北京路地区的丧葬文化

通过对金代北京路地区出土墓葬的研究，得知在墓葬的形制与结构上较多沿袭了辽墓的传统风格，有别于中原地区社会文化风俗，表现出较为浓郁的地域特点和民族特征。北京路地区出土墓葬随葬品种类和组合比较单一，反映了金代这一地区不崇尚厚葬的习俗。墓葬中体现出金代北京路地区是佛教文化的重要活动地区。金朝中期以后，流行火葬。北京路地区内石函大量出现在土坑墓、砖石室墓内。一方面反映了北京路地区女真等少数民族对传统萨满教习俗的继承，另一方面也反映出这一地区受到中原佛教的广泛影响。

1. 金代北京路地区内墓葬的形制与结构

根据目前已经刊布的金墓总体建筑结构、形制、规模情况，可以将北京路地区内出土墓葬分为两类："竖穴类墓"与"室类墓"。"竖穴类墓"的基本构造是土坑竖穴式，墓壁内使用木、石或砖构筑而成，没有墓门、墓道。而"室类墓"则结构较为复杂，是模仿现实生活中房屋建筑形制构筑而成，一般设有墓室、墓门、甬道、墓道等。"竖穴类墓"与"室类墓"的主要区别是，前者墓圹形式开放，后者墓葬构造形式封闭。

竖穴类墓的构筑型式是一个长方形的"竖穴土圹"，根据墓内葬具材质与构成可分为土坑墓、瓮（罐）棺墓、木棺墓、石椁墓、砖椁墓、石棺墓、石函墓七种类型。

土坑墓，即土圹墓，由地面向下开掘一长方形土圹，在坑底直接放置尸体瘗葬，无葬具。土坑墓的规模，长度在2m左右，宽约0.5m以上，深度不一。在北京路内，此类墓葬发掘情况不多，主要有内蒙古四子王旗红格尔地区宫胡洞M2—M15、潮洛温克钦M1、M3—M5（葬具不清）。[2]

瓮（罐）棺墓，在形制上属于土坑类墓，多数土圹尺寸较小，以陶容器

---

[1] 赵永军：《金代墓葬研究》，博士学位论文，吉林大学，2010年，第94页。

[2] 田广金：《四子王旗红格尔地区金代遗址和墓葬》，《内蒙古文物考古》，1981创刊号（1），第100—112页。

为葬具,全部或部分敛聚尸骨或骨灰。目前发现北京路仅发现一例内瓮(罐)棺墓,即内蒙古四子王旗红格尔地区墓葬乌兰胡洞M1—M4,该墓全是火葬。[1]

木棺墓,是以木棺作为葬具,墓棺平面是纵长梯形,一端较宽,一端略窄,长度约在2m左右。北京路内此类墓葬有内蒙古四子王旗红格尔地区宫胡洞M1—M5、潮洛温克钦M2、乌兰胡洞M5等。[2]内蒙古巴林左旗王家湾91BZWM5土坑平面为长方形。[3]

石椁墓,在构造上与木椁相同。该类墓用数块石板、石条搭砌四壁,石板以榫卯状凹凸相连结,椁内放置葬具。石椁墓包括尸骨葬和火葬两种形式,北京路内辽宁朝阳重型机器厂1989M1墓、辽宁朝阳市轮胎附属厂墓葬93LTFM1,[4]属于尸骨葬。前者四壁砌石五层,下三层立砌,上二层平砌出沿,内壁平斜,墓底铺石板一层,顶部用大石条封盖;后者四壁由石条砌筑,数块石板封顶。

砖椁墓,是在土坑竖穴内,椁室使用砖垒砌四壁,墓底用砖铺砌。椁内直接放置尸骨或置有木棺。顶部则使用石板铺盖或以砖起券封顶。该墓有尸骨葬和火葬两种形式。辽宁朝阳重型机器厂1989M21墓,顶部以大石板封盖,墓椁室尺寸较大,椁呈长方形,长2.02m、宽1.32m、高0.75m。葬俗为尸骨葬。[5]内蒙古巴林左旗林东镇M2墓为小墓,顶部以砖起券垒砌,形成券顶,椁呈长方形,长0.86m、宽0.68m。葬俗为尸骨葬。[6]辽宁朝阳重型机器厂墓葬1989M2,椁由砖砌四壁,上盖一青石板。椁呈长方形,长2.02m、宽1.32m、高0.75m。葬俗为火葬。[7]

石棺墓形制、大小与木棺墓大致相同。石棺由棺身、棺盖构成,是以整

---

[1] 同上。

[2] 田广金:《四子王旗红格尔地区金代遗址和墓葬》,《中国考古集成—东北卷》(17),北京出版社1997年版,第311—318页。

[3] 赵永军:《金代墓葬研究》,博士学位论文,吉林大学,2010年,第36页。

[4] 辽宁省文物考古研究所:《朝阳重型器厂金墓》,《辽海文物学刊》1990年第2期,第29—31页。

[5] 同上。

[6] 李逸友:《昭盟巴林左旗林东镇金墓》,《文物》1959年第7期,第63—64页。

[7] 辽宁省文物考古研究所:《朝阳重型器厂金墓》,《辽海文物学刊》1990年第2期,第29—31页。

块石材凿成。石棺墓与石函墓构造相似，较石函墓尺寸稍大些，形制接近木棺。北京路内仅发现一例石棺墓，内蒙古敖汉旗英凤沟M5墓，石棺上下同宽、平面呈长方形。[1]

石函墓是以石函为葬具直接瘗埋在土圹内的一种墓葬形式，多有火葬痕迹。石函由盖、身（箱）两部分组成。石函多数为长方形，少数为正方形。石函盖，有的有子母口，有的无子母口。从墓内出土石函表明当时盛行火葬，与女真人葬俗相同。[2]内蒙古敖汉旗英凤沟墓葬M2，石函形制长方形，平顶式盖；石函尺寸，长1.38m、宽1m、高0.94m。[3]内蒙古宁城县山头村墓葬（13座），石函形制长方形，盖为覆斗式；大小不一、最大1.3×1×1.1m、最小的0.8×0.6×0.6m。[4]辽宁朝阳县联合乡墓，函身呈正方形，边长0.8m、高0.5m。[5]

室类墓是掘土为圹，挖到一定深度，横向挖出洞室，以砖、石等材料砌筑墓室。室类墓整体结构依仿地面房屋建筑，由墓室、甬道、墓门、墓道等4部分组成。目前北京路内仅见石室墓。

石室墓是以石材构筑之墓室，包括墓道、墓门、墓室等几部分。其中有的墓内置有仿木构雕饰和石刻画像。有的墓室内有棺床，为石砌或土筑以石砌边缘，墓顶形制有平顶、穹窿顶、攒尖顶、券顶等。葬俗以尸骨葬为主，亦有火葬。北京路内发现的砖室墓主要有：内蒙古巴林左旗林东镇墓葬M1、内蒙古林西县土庙子村墓葬91LTM1、内蒙古敖汉旗小柳条沟墓葬、内蒙古敖汉旗老虎沟墓葬M1、内蒙古敖汉旗北三家M2、辽宁阜新市西山屯墓葬、辽宁朝阳市师范学校墓葬（马令）、辽宁朝阳市召都巴墓葬、辽宁朝阳市七道泉子墓葬、河北兴隆县梓木林子墓葬、内蒙古武川县乌兰窑子墓葬M1。

2. 金代北京路地区内墓葬的随葬器物

金代北京路地区出土墓葬随葬品种类和组合比较单一，反映了金代这一

---

[1] 敖汉旗文物管理所：《内蒙古敖汉旗英凤沟金代墓地》，《文物》1987年第8期，第57—60页。
[2] 秦大树：《金墓概述》，《辽海文物丛刊》1988年第2期。
[3] 敖汉旗文物管理所：《内蒙古敖汉旗英凤沟金代墓地》，《文物》1987年第8期，第57—60页。
[4] 朝阳市博物馆：《辽宁朝阳重型机器厂辽金墓》，《北方文物》2003年第4期，第43—46页。
[5] 辽宁省朝阳县文物管理所：《辽宁朝阳县联合乡金墓》，《华夏考古》1996年第3期，第60—64页。

地区不崇尚厚葬的习俗。在所有质地的器物中，瓷器和陶器占大宗。常见典型器类主要有：长颈瓶、执壶、无耳壶、双（三）系瓶、双系罐、钵、盘、盆、釜（鍪锅）、鼎、带盖罐。

长颈瓶的特征是撇口、长细颈、圆腹、圈足，以瓷器为主。辽宁师范学校墓与内蒙古库伦旗后柜村墓出土的长颈瓶，为细长颈，圆垂腹。前者的特征是腹部肥大，下垂，陶胎，外施翠绿釉。侈口，尖圆唇，细长颈，圈足。口径5.8cm、腹径10cm、底径6.4cm、高23.8cm。[1]后者特征是颈以下渐广，底部内收，最大腹径靠下。呈淡绿闪青釉色。敞口，圆唇，细颈，圈足微外撇，底略外凸。颈、肩、腹部各饰两周弦纹，弦纹之间是两层花草，纹饰为釉下彩，黑褐色。口径7.5cm、腹径15.8cm、底径8.7cm、高27cm。[2]

辽宁朝阳重型机器厂1989M1：1墓与内蒙古库伦旗后柜村墓出土的长颈瓶，为细颈，圆鼓腹。前者特征是，敞口、尖唇、细长颈、圆腹、圈足。豆绿色釉不及底，底心外凸。口径6.3cm、腹径17.3cm、底径7.8cm、高31.4cm。[3]后者特征是敞口，圆唇，细短颈，颈以下渐广，腹部肥大，呈球状隆起，圈足外撇，底微外凸。内外壁挂釉，釉色淡绿泛黄。口径6.4cm、腹径16.2cm、底径8cm、高25cm。[4]

辽宁朝阳市召都巴M：19出土的执壶。小敞口，细长颈，长鼓腹。陶质。圆唇，一侧肩设一短流，另一侧颈部与腹部设一曲柄，平底。口径4.8cm、底径5cm、高14.4cm。[5]

辽宁朝阳重型机器厂1999M2：3墓出土的无耳壶，长束颈、鼓腹；内蒙古武川县乌兰窑子M1：1墓出土的无耳壶，短束颈，圆鼓腹；辽宁朝阳市召都巴M：1墓出土的无耳壶，长颈、弧长腹。

辽宁朝阳重型机器厂1999M2：3墓：无耳壶为黑色釉，敞口、尖唇、圈足

---

[1] 辽宁省博物馆：《辽宁朝阳金代壁画墓》，《考古》1962年第4期，第182—185页。

[2] 于宝东：《内蒙古库伦旗后柜金元时期墓葬》，《北方文物》1992年第2期，第38—41页。

[3] 辽宁省文物考古研究所：《朝阳重型器厂金墓》，《辽海文物学刊》1990年第2期，第29—31页。

[4] 于宝东：《内蒙古库伦旗后柜金元时期墓葬》，《北方文物》1992年第2期，第38—41页。

[5] 朝阳市博物馆，朝阳市龙城区博物馆：《辽宁朝阳召都巴金墓》，《北方文物》2005年第3期，第29—35页。

外撇，口径5.6cm、最大腹径8.1cm、底径6cm、高12.6cm。[1]

内蒙古武川县乌兰窑子M1：1墓：无耳壶外壁施白釉。微作盘口，尖圆唇，长圆鼓腹，矮圈足。口径6cm、最大腹径15.5cm、底径8cm、高20cm。[2]

辽宁朝阳市召都巴M：1墓：无耳壶为泥质灰陶。口微侈，圆唇，溜肩，平底内凹。颈与肩部两条凸弦纹间饰压磨网格暗纹，并用粗竖条压磨暗纹间隔。肩部凸弦纹下饰两周滚轮压印的梳篦纹，腹下部满饰梳篦纹。口径11.2cm、最大腹径20.8cm、底径11.2cm、高39cm。[3]

内蒙古巴林左旗王家湾91BZWM4：3墓出土的双系瓷瓶，小口、短颈、长弧腹、腹部以上施绿釉。溜肩，圈足。颈部饰双桥形系，腹部饰六道凹弦纹。口部残、最大腹径15cm、底径7.4cm、高24cm。[4]

内蒙古巴林左旗王家湾91BZWM1：1墓出土的三系瓷瓶，小口、短颈、长弧腹，腹部以上施白釉。溜肩，圈足。颈部饰三个桥形系，系上各饰三道竖凸弦纹。腹部绘两组褐色花草纹。口径5cm、最大腹径15cm、底径8cm、高23.5cm。[5]

辽宁朝阳市召都巴M：11墓：敛口、斜颈、圆鼓腹。酱绿釉未及底。方唇，假圈足略内凹。腹部饰凸弦纹。口径10cm、最大腹径18.8cm、底径7cm、高17cm。[6]

瓷碗。内蒙古巴林左旗王家湾M2：1墓：出土的瓷碗，腹壁弧折，外施酱色釉至圈足，内施白釉，泛青。敞口，圆唇，小圈足。口径19.4cm、底径5.8cm、高7.8cm。[7]辽宁朝阳市召都巴M：5墓：腹壁直施白色釉不及底。敞口，圆唇，矮圈足。口径15.4cm、底径5.8cm、高4.5cm。[8]

内蒙古敖汉旗英凤沟M1墓：直腹，器上壁微敛。白色釉。微敛口，尖圆

---

[1] 朝阳市博物馆：《辽宁朝阳重型机器厂辽金墓》，《北方文物》2003年第4期，第43—46页。
[2] 乌兰察布盟文物工作站：《内蒙古武川县乌兰窑子金墓清理简报》，《考古》1989年第8期，第766—768页。
[3] 朝阳市博物馆，朝阳市龙城区博物馆：《辽宁朝阳召都巴金墓》，《北方文物》2005年第3期，第29—35页。
[4] 张景明：《内蒙古巴林左旗王家湾金代墓葬》，《考古》1999年第4期，第40—44页。
[5] 同上。
[6] 朝阳市博物馆，朝阳市龙城区博物馆：《辽宁朝阳召都巴金墓》，《北方文物》2005年第3期，第29—35页。
[7] 张景明：《内蒙古巴林左旗王家湾金代墓葬》，《考古》1999年第4期，第40—44页。
[8] 朝阳市博物馆，朝阳市龙城区博物馆：《辽宁朝阳召都巴金墓》，《北方文物》2005年第3期，第29—35页。

唇，圈足。口径13cm、底径4cm、高5cm。[1]

钵。辽宁朝阳重型机器厂1989M1：5，腹壁圆弧，施墨绿色釉未及底。尖唇，圈足微外撇，底下凹。口径10.8cm、底径5.3cm、高7.3cm。[2]

盘。内蒙古敖汉旗老虎沟M1墓：斜壁，大平底，壁外侈大。内外壁施白釉，泛黄，口沿无釉。口径8.8cm、底径6.2cm、高1.3cm。[3]辽宁朝阳重型机器厂1999M2：7墓：腹壁弯折，外敞大。器表施白色半釉。口径17.4cm、底径6.4cm、高4.8cm。[4]内蒙古武川县乌兰窑子M2：2墓：斜直腹，圈足，腹壁略微弧。内壁施白黄釉，外施淡青釉不及底。口径18.4cm、底径6.4cm、高4cm。[5]

盆多为陶器。辽宁朝阳市召都巴M：27墓：陶盆，深弧腹，腹壁斜弧。泥质灰陶。敞口，平沿，平底。口径24.6cm、底径8.6cm、高9.1cm。[6]

釜（鏊锅）。辽宁朝阳市召都巴M：25墓：腹部为一周凸棱鏊沿，长颈，折腹。泥质灰陶。敛口，平底微内凹。口径10cm、底径7cm、高8.2cm。[7]

鼎，器身为盆形。辽宁朝阳市召都巴M：21墓：腹壁稍直，沿部有二桥形耳。泥质灰陶。侈口，平底，微内凹，棱柱状足。口径15.8cm、高10cm。[8]辽宁朝阳市召都巴M：22墓：腹壁稍侈，足微外撇。泥质灰陶。侈口，平底，棱柱状足。口径18.8cm、高8.4cm。[9]

带盖罐，为泥质灰陶。辽宁朝阳召都巴墓M：7，盖为笠状束子口。口微侈，外卷沿，短直颈，深鼓腹，最大径在上部，平底。素面。口径16cm、底径11.6cm、高32cm。[10]

除陶瓷器外，北京路墓葬出土随葬器物以铜镜最为常见，在纹饰上富于

---

[1] 敖汉旗文物管理所：《内蒙古敖汉旗英风沟金代墓地》，《文物》1987年第8期，第57—60页。
[2] 辽宁省文物考古研究所：《朝阳重型器厂金墓》，《辽海文物学刊》，1990年第2期，第29—31页。
[3] 朱志民：《内蒙古敖汉旗老虎沟金代博州防御使墓》，《考古》1995年第9期，第802—807页。
[4] 朝阳市博物馆：《辽宁朝阳重型机器厂辽金墓》，《北方文物》2003年第4期，第43—46页。
[5] 乌兰察布盟文物工作站：《内蒙古武川县乌兰窑子金墓清理简报》，《考古》1989年第8期，第766—768页。
[6] 朝阳市博物馆，朝阳市龙城区博物馆：《辽宁朝阳召都巴金墓》，《北方文物》2005年第3期，第29—35页。
[7] 同上。
[8] 同上。
[9] 同上。
[10] 同上。

变化。

圆形盘龙镜。辽宁阜新市南瓦村墓出土，圆形，宽边，半球状钮。内有三道凸弦纹，中间有浮雕四条龙，龙头呈三角形，细颈，有爪和尾。直径13.5cm。[1]

圆形三凤纹镜。内蒙古巴林左旗白音戈洛墓出土，圆形，圆钮，宽缘。绕钮饰三只飞凤，同向而飞。边缘上錾刻有"卅年八月日（押）"字样。直径13.1cm。

圆形"万"字镜。辽宁阜新市南瓦村墓出土，圆形，半球形钮。沿内折成方沿，边缘有一周连珠纹和一道凸弦纹，中间抹角方形凸线内饰双线"卍"字。直径13cm。[2]

圆形海兽葡萄镜（又称海马葡萄镜）。内蒙古敖汉旗小柳条沟墓出土，圆形，兽形钮，缘凸起，内饰海兽葡萄纹。直径28.2cm。[3]

亚字形缠枝花草镜。内蒙古武川县乌兰窑子M2：1，平面呈亚字形，小圆钮。镜背面鎏银，由四朵相同的花瓣组成一组缠枝花草图案，边缘沿亚字形边框弯曲排列有连珠纹一周。左边缘刻有检验押记。直径10.8cm。[4]

3. 金代北京路地区内墓葬的装饰内容

北京路地区内墓葬砖室墓多为仿木构结构，体现了该地区较多辽墓的传统风格。如朝阳市示范学校墓[5]与朝阳市七道泉子墓[6]结构、风格极为相似，从壁画内容看，与辽代墓葬壁画具有较大的相似性。墓葬形制有圆形、方形和多边形，一些官员墓室内绘有壁画，壁画题材有侍宴图、家居生活图、出行图、散乐图、天象图等内容，表现出较为浓郁的地域特点和民族特征。[7]

---

[1] 赵振生：《阜新市郊南瓦金代墓葬》，《中国考古集成—东北卷（17）》，北京出版社1997年，第388页。
[2] 同上。
[3] 王建国：《敖汉旗小柳条沟金代墓葬》，《内蒙古文物考古》1986年第4期，第80—86页。
[4] 乌兰察布盟文物工作站：《内蒙古武川县乌兰窑子金墓清理简报》，《考古》1989年第8期，第766—768页。
[5] 辽宁省博物馆：《辽宁朝阳金代壁画墓》，《考古》1962年第4期，第182—185页。
[6] 朱达：《朝阳七道泉子金代壁画墓》，《中国考古学年鉴》（1992年），文物出版社1994年版，第187页。
[7] 赵永军：《金代墓葬研究》，博士学位论文，吉林大学，2010年，第94页。

墓主人图

夫妇宴饮图：辽宁锦西大卧铺村M1，墓室后壁有表现墓主人夫妇宴饮的场景。夫妻并排端坐榻上，男左女右，榻前置一长案。男主人头戴毡帽，帽带垂于胸前，身着圆领筒袖长袍，束带，足登靴，右手擎杯，左手垂放在左腿上。女主人头盘高髻，耳佩珠串式饰坠，身着交领左衽袍，腰束带，带头下垂，鞋置于案下，其右手擎杯，左手垂下。主人前案上放置盘、钵、勺等器皿，案前地上立有瓶等。男女主人两侧各站立一男、女侍从，男侍双手捧物，女侍双手拢于腹前。[1]

夫妇并坐图：辽宁锦西大卧铺村M2，墓室后壁为墓主人图。男、女主人端坐榻上，男右女左，手持串珠。男主人头戴毡帽，帽带垂于胸前，身着圆领筒袖长袍，男、女主人两侧各站立一男女侍从，双手拢于腹前。[2]

散乐图

金代北京路地区墓葬所见"散乐图"乐舞组合统计：

辽宁锦西大卧铺村M2，墓壁中有一幅散乐图。并排五人，右起依次有击大鼓者、吹箫者、吹排箫者、吹横笛者、舞蹈女子。前四男子均着圆领长袍，腰束带，其中第二、四人头戴展角幞头。[3]

孝行图

表3-2　金代北京路地区墓葬所见"孝行图"人物统计表

墓葬名称	期别	类别	"孝行"人物
辽宁锦西县大卧铺村M1	早中期	石刻	郭巨、元觉、舜子、杨香、孟宗、刘明达、闵子骞、董永、睒子、莱顺、王祥、王衺茅蓉
辽宁锦西县大卧铺村M2	早中期	石刻	郭巨、元觉、舜子、杨香、孟宗、刘明达、闵子骞、董永、莱顺、王祥、王衺

锦西大卧铺村M1和M2，墓室壁上各有十几幅内容相似的孝行图，但其个别的人物故事是不见于其他地区的。人物的装束也有鲜明的北方民族特色，而有别于中原汉民族的服饰风格。[4]

---

[1] 雁羽：《锦西大卧铺辽金时代画象石墓》，《考古》1960年第2期，第29—33页。
[2] 同上。
[3] 同上。
[4] 鞍山市文化局，辽宁省博物馆：《辽宁鞍山市汪家峪辽画象石墓》，《考古》1981年第3期，第239—242页。

侍从、武士图

以石棺棺身雕刻多见。如内蒙古敖汉旗英凤沟M5石棺，石棺前面中间线刻一门，两扇门闭合，上各有一环，门上有门簪，下有门砧。门右侧立一男侍，身着圆领窄袖长袍，腰间系带，足踏尖头靴，双手握一似刀之物。门左侧立一女侍，头梳双髻，身着对襟宽袖长袍，双手拱于胸前。[1]

四神、动物图

以石棺四壁帮上雕刻为多见。内蒙古敖汉旗英凤沟M5石棺，石棺棺帮外壁阴刻四神，两侧为青龙、白虎，后侧为玄武，前面为朱雀。[2]

4. 金代北京路地区的葬俗

金代北京路地区墓葬主人的身份有汉族、女真族、汪古部族、契丹族，根据墓志、葬俗及随葬品等特征，推测这一地区尤以契丹人居多。葬俗方面继承了女真等少数民族传统萨满教的习俗，金朝中期以后，流行火葬，显然是深受中原佛教文化的广泛影响。

族别

金代北京路是契丹、奚、汉、女真等族的聚居地。通过墓志、碑碣等记述，可明确墓主人身份。根据丧葬俗及随葬品等特征可以推断出，在内蒙古四子王旗红格尔地区发掘的乌兰胡洞5座墓的墓主人为汉人，宫胡洞和潮洛温克钦发掘的20座墓墓主人族属为汪古部族（白鞑靼）。[3]根据墓门两侧的墨书题记，可知辽宁朝阳师范学校砖室壁画墓主人为"扶风马令"。有的学者据此推测扶风马氏很可能是改易汉姓的汪古部人。[4]内蒙古敖汉旗英凤沟M2即女真贵族完颜之墓葬。[5]这些墓葬壁画所表现的人物服饰有显著的北方少数民族风格。

金代北京路仍是契丹、奚人的聚居地。通过墓志等标识可以确认北京路

---

[1] 敖汉旗文物管理所：《内蒙古敖汉旗英凤沟金代墓地》，《文物》1987年第8期，第57—60页。

[2] 同上。

[3] 田广金：《四子王旗红格尔地区金代遗址和墓葬》，《内蒙古文物考古》，1981创刊号(1)，第100—112页。

[4] 中国社会科学院考古研究所：《新中国的考古发现和研究》，文物出版社1984年版，第605—609页。

[5] 敖汉旗文物管理所：《内蒙古敖汉旗英凤沟金代墓地》，《文物》1987年第8期，第57—60页。

的契丹墓主要有：河北兴隆县梓木林子墓[1]；内蒙古敖汉旗老虎沟墓[2]。这两座墓葬均有完整的契丹小字墓志出土。确认墓主人的身份为契丹人。

兴隆县梓木林子墓主人为萧仲恭，系辽代契丹皇族后裔。据墓志所载，墓主人卒于海陵天德二年（1150年），是年入葬。[3]

关于敖汉旗老虎沟墓主人身份，学界对墓志考释存在两种不同的说法：一种认为墓主人为契丹人，甚至确定为《金史》中记载的移剌斡里朶，卒于大定十年（1170年）。[4]吉本智慧子认为墓主人为契丹人习撚，曾被封为镇国上将军，卒于皇统二年（1142年），其夫人卒于大定十年。镇国夫人卒于1170年12月25日，推测其下葬时间必在下一年，墓志刻于1171年。[5]

除上述两例契丹人墓外，北京路出土墓葬存在部分契丹族的因素。

辽宁朝阳市重型机器厂1999M2墓有一些契丹族的埋葬特点。

石室墓，墓室平面呈十边形。墓室内北部有土筑棺床，棺床上平铺一石板，上置石函。有鸡腿坛、束颈喇叭口瓷壶、白瓷碗、白瓷盘、白瓷盅及铜面具等随葬品。杜承武认为，铜面具是契丹人墓葬中典型的随葬物[6]。

内蒙古敖汉旗英凤沟M1[7]，石室墓，墓室平面呈八边形，墓室内紧靠墙壁有柏木椁室，这种木构筑，又称之为"木护墙"，被认为是契丹式墓的特点之一。[8]该墓出土的两件相同的白玉牌饰，中间镂空透雕花纹，两边各雕一鸟禽图案，显示了鲜明的北方民族特色。

---

[1] 郑绍宗：《兴隆县梓木林子发现契丹文墓志铭》，《考古》1973年第5期，第300—309页。

[2] 朱志民：《内蒙古敖汉旗老虎沟金代博州防御使墓》，《考古》1995年第9期，第802—807页。

[3] 郑绍宗：《兴隆县梓木林子发现契丹文墓志铭》，《考古》1973年第5期，第300—309页；王静如、兴隆梓：《木林子出土金代契丹文墓志铭解》，《考古》1973年第5期，第310—312页；阎万章：《河北兴隆金墓出土契丹文墓志铭考释》，《东北历史与考古》（第1辑），文物出版社1982年版，第116—123页。

[4] 朱志民：《内蒙古敖汉旗老虎沟金代博州防御使墓》，《考古》1995年第9期，第802—807页；刘浦江：《内蒙古敖汉旗出土的金代契丹小字墓志残石考释》，《考古》1999年第5期，第85—89页。

[5] 吉本智慧子（即爱新觉罗·乌拉熙春）：《契丹小字〈金代博州防御使墓志铭〉墓主非移剌斡里朶——兼论金朝初期无"女真国"之国号》，《辽金史论集》（第十辑），中国社会科学出版社2007年版，第225—230页。

[6] 杜承武：《辽代墓葬出土的铜丝网络与面具》，《辽金史论集》（第一辑），上海古籍出版社1987年版，第271—294页。

[7] 敖汉旗文物管理所：《内蒙古敖汉旗英凤沟金代墓地》，《文物》1987年第8期，第57—60页。

[8] 赵永军：《金代墓葬研究》，博士学位论文，吉林大学，2010年，第119页。

内蒙古巴林左旗林东镇M1，[1]砖室墓，墓室平面呈八边形。墓内有小木棺，题有"灵亲记吉"、"进义校"墨书文字两行。这种小木棺曾被推断为是契丹人的埋葬制度。

金代北京路内契丹人墓葬的特征：

①以砖室墓和石室墓最为常见，墓室呈多边形。石室墓壁为石板立砌对接。有的墓室内还有柏木椁室构筑，又称"木护墙"。

②砖室墓内有壁画和砖雕，题材主要有人物、花草植物、动物及家居生活等内容。

③随葬品以鸡腿坛、长束颈壶、玉石类佩饰等为主，表现了浓厚的北方民族特色。

④个别墓葬内有铜面具等特殊葬具。

⑤级别较高的官员墓志形状及雕刻图案同中原汉族官吏流行使用的墓志相一致。

⑥墓志铭使用契丹小字书写。

金代北京路地区的契丹人渐趋与汉人或其他民族融合，只有少数不同程度地保留原有部分旧俗。

葬俗

北京路地区以竖穴类墓为主，室类墓占少数。砖室墓结构较为简单，墓室平面以长方形较多，少量为椭圆形；木顶多为穹窿顶或券顶。

砖室墓较多，结构和形制主要承继了辽代同类墓葬的传统，结构较为简单，个别墓中有简单的仿木构造。砖石刻画像内容题材多样，有墓主人图、散乐图、孝行图、侍从与武士图、四神与动物图等。墓中雕刻场景构图与画像人物呈现出北方少数民族的风格特点，有别于中原地区社会文化风俗。

随葬品主要有陶器、瓷器、铁器、铜镜、铜钱等。瓷器以定窑为主，耀州窑、钧窑、磁州窑少量，多白瓷。以碗、盘、碟等占多数，其它器类仅是少量。这些瓷器可能多是中原内地迁往该区的汉人带来的，说明中原内地与北京路地区有一定的经济文化交流。在随葬品中多有陶、铁、铜质等生活器皿，

---

[1] 李逸友：《昭盟巴林左旗林东镇金墓》，《文物》1959年第7期，第63—64页。

铁器中常见生产、生活工具和马具。在贵族墓葬中有代表北方民族风格的玉饰品。鸡腿瓶是辽代契丹人墓中常见的生活器皿。至金代中晚期，女真人墓中也常见这种典型的生活器皿。

葬俗方面，以土葬（尸骨葬）占大多数，火葬少数。火葬主要出现在土坑石函墓、土坑瓮（罐）棺墓、土坑木椁墓、砖室墓中。尸骨葬、火葬，均以单人葬为主体，极少数为二人合葬。其中，土坑木椁墓、石椁墓两类墓葬形制可被认为是女真文化的重要因素。黑龙江博物馆刘晓东研究员对这种椁墓的形制渊源进行了探讨，认为"有其自身的渊源承继关系"，是中国"东北民族的古老葬俗之一"。[1]

金朝中期以后，流行火葬。北京路内石函大量出现在土坑墓、砖石室墓内。一方面反映了北京路地区女真等少数民族对传统萨满教习俗的继承，同时也反映了这一地区受到中原佛教的广泛影响。

辽宁阜新市西山屯墓，该墓纪年为1233年。墓主人为北京路地区北净修院住持，赐号"紫衣宝严大德"。该墓为圆形砖室墓，直径2.1m。墓室砖砌棺床其上有一具散乱的骨架。随葬品5件瓷器，有碗、碟，出土碑形石墓志一方。[2]墓葬中体现出辽西地区是佛教文化的重要活动地区。辽宁阜新西山屯墓墓主身份明确，是一位有德高僧，共入法界69年，为"北京北净修院"第四代主持。[3]辽宁朝阳市联合乡石函墓出土六边经幢，幢身一面阴刻楷书汉字"大悲心陀罗尼经一卷"，余面阴刻梵文经文；一面阴刻楷书汉子"智炬如来心真"，余面阴刻梵文经文，局部字体漫漶不轻。[4]从上述遗存的发现可以证明金代北京路地区佛教的繁荣与盛行。

---

[1] 刘晓东,杨志军,郝思德,李陈奇：《试论金代女真贵族墓葬的类型与演变》,《辽海文物学刊》1991年第1期,第124—136页；刘晓东：《金代土坑石椁墓及相关问题》,《青果集》,知识出版社1993年版,第397—401页。

[2] 阜新市博物馆：《辽宁阜新市发现一座金代墓葬》,《考古》2004年第9期,第95—96页。

[3] 同上。

[4] 辽宁省朝阳县文物管理所：《辽宁朝阳县联合乡金墓》,《华夏考古》1996年第3期,第60—64页。

结　语

　　金代北京路地区，即金初的中京大定府（今内蒙古宁城）和上京临潢府（辽上京，今内蒙古巴林左旗）。大安（1209—1211年）以后将临潢府路并入北京路。就北京路地区特殊的地理位置、政区设置、民族状况、经济发展、军事防御、区域文化而言，北京路地区在金朝的地位、作用主要体现在以下几个方面：

　　（一）金代北京路地区是联结中原汉地与北方蒙古草原的交通枢纽。金代北京路地区的交通路线，在原辽代交通道路基础上，对道路走向作了一系列调整，形成了以北京大定府为中心，联系上京路会宁府、东京路辽阳府、中都北京、临潢府、泰州，通达北方诸部族的交通网络。女真统治者在北京路地区内进行大规模的双向移民，加强与金境内其他地区的互动联系。以辽西傍海道为通道加强北方地区与中原地区的经贸交往，中原地区日常生活用品销售范围向北扩展至北京路地区，反应了当时北京路地区与中原地区存在广泛的经济文化联系。女真统治者为在政治上保持边防安定，经济上控制北方诸部族，在金界壕边界地区与北方诸部族进行交流互动实行榷场贸易，客观上促进了农耕区与游牧区各民族之间的经济、文化交流，加速了民族融合的进程。

　　（二）北京路地区是金朝西北边境高层政区，这种行政设置对维护金朝中央集权和社会安定，促进北京路地区的开发产生巨大影响。北京路地区蕴藏着丰富的资源、文化多样性突出，处于防御蒙古诸部的前沿，战略地位重要。出于地缘战略和军事安全的考虑，女真统治者更加重视北京路地区的开发建设，取代中原王朝将边疆看做王朝国家统治范围的边缘地带和夷狄之地的观念，采取了一系列极具区域色彩的边疆治理措施，加强了对北京路地区的开发和治理。如在金代北京路地区路级机构,除兵马都总管府外,还有留守司、东北路招讨司、转运司、提刑司与按察司等。路级行政机构下设置了府、州、县三种不同形式的管理机构,部族管理机构则有群牧所、诸乣。在北京路地区采取不同于内地各京府的机构设置,保证国家的最高决策能够直接贯彻到基层,减少边疆社会结构的异质性,有利于女真国家的统一、巩固和发展。

(三)金代北京路地区实施特殊的民族政策,强化了各民族对中央政权的向心力和认同感。一个统一的多民族国家,能否协调好民族关系,处理好民族问题,直接关系到国家的稳定和统一。北京路地区是多民族汇聚之地,妥善处理边疆民族问题成为女真国家建设的一项核心内容。为了加强对新占领区域的统治,女真统治者将金上京路女真猛安谋克大规模向北京路地区迁移。同时对北京路地区契丹、奚人采取和平招抚与重用相结合的政策,将契丹、奚人以猛安谋克组织进行编制统辖,允许契丹人使用契丹文字,作为官方文字使用达半个世纪之久。上述政策的实施客观地促进了各民族之间的政治、经济、文化交流和民族融合,加强了女真统治者对西北边疆地区的治理,某种程度上达到了靖边安邦、维护统治的目的。

(四)金代北京路地区是金朝西北边境军事重镇,在拱卫京师方面具有举足轻重的地位。金人自称"本朝与辽室异,辽之基业根本在山北之临潢,……我本朝皇业根本在山南之燕。"从海陵王迁都燕京后,金朝就确立了汉地本位。相较于辽朝始终坚持草原本位的统治方略而言,金朝西北边防的军事设置就显得尤为突出。女真统治者从战略需要出发,在北京路地区设置东北路招讨司,擢选归顺金朝的契丹人以及诸部族官吏任其长,管理、镇抚女真猛安谋克及周边地区的契丹、奚等游牧部族。章宗时期在泰州、临潢、大定府设置了临时性行省,管理边境地方军政事务。派遣猛安谋克和乣军、部族等镇戍力量,进一步完善金朝西北防御体系,提高北京路地区的防御能力,确保边境安全。

(五)农业经济是金代北京路地区繁荣的基础,同时也是国家税收的重要来源。农业生产是金代北京路地区经济发展的源泉和根本。至金代中期,北京路地区人口容量高达340余万,其中农业人口共有295万。农业是金代北京路地区重要的生产部门,农业生产的发展为人们提供了基本生存所必须的食物,还为其他行业提供原料和生活资料。金代北京路地区农业经济的发展是城市及城市工商业产生和发展的基础，城市及城市工商业的发展反过来又会促进农业的发展。然而，以扩大垦殖量来满足人口增长对粮食的需求时，会对生态环境造成恶劣的影响。从长远来看，欲实现北京路地区人类生存环境的协调可持续发展，必须科学地处理好人口容量与农业资源的合理开发与利用之间的关系。可见，一切利益的本源是农业，从社会生产的角度表明北京路地区农业生产在金朝国家经济中占有重要作用。

（六）金代北京路地区区域文化具有浓郁的地域特点和民族特征，与金境内其他区域文化共同组成了中华文化大系统，对中华文化的形成、发展和演变起到了重要的推动作用。金代北京路地区区域文化以其鲜明的特点和活力，在金朝文化中占据着重要的地位，得益于北京路地区文化教育的发展，更得益于北京路地区人民不断创新和进取的精神。随着女真官学教育在北京路地区的发展，促进了民间"崇文重教"的读书风气和良好的教育风尚，北京路地区涌现出了一批重要的文人，他们通过倡导儒家传统思想促进了金朝政治文化建设。胡风濡染、延续汉族传统、杂糅金源旧俗是北京路地区区域文化的基本特征。金代北京路地区的区域文化不仅仅是地域性的文化遗产，而是构成了中华民族的共同财富，对中华文化的建设与发展发挥了重大持久、潜移默化的影响和作用。

综上所述，深入探讨金代北京路地区地方统治方略，有利于更好地认识北京路地区作为女真王朝经营西北地区政治、经济、军事重镇的重要地位，实施正确的治边方略有利于边疆的稳定和国家的长治久安。

参考文献

（著者—出版年制）

一 史料

（汉）司马迁：《史记》，中华书局1959年版。

（东汉）班固：《汉书》，中华书局1962年版。

（晋）陈寿：《三国志》，中华书局1987年版。

（北魏）郦道元，王先谦校：《水经注》，巴蜀书1985年版。

（北魏）崔鸿：《十六国春秋》，上海中华书局据汉魏丛书本校刊。

（南朝宋）范晔：《后汉书》，中华书局1965年版。

（北齐）魏收：《魏书》，中华书局1974年版。

（唐）房玄龄：《晋书》，中华书局1974年版。

（唐）杜佑：《通典》，中华书局1982年版。

（唐）令狐德棻：《周书》，中华书局1971年版。

（唐）李吉甫：《元和郡图志》，中华书局2005年版。

（后晋）刘昫：《旧唐书》，中华书局1975年版。

（宋）司马光编著，（元）胡三省音注：《资治通鉴》，中华书局1956年版。

（宋）杨仲良：《皇宋通鉴长编纪事本末》，江苏古籍出版社1989年版。

（宋）李心传撰，徐规点校：《建炎以来朝野杂记》，中华书局2000年版。

（宋）欧阳修、宋祁：《新唐书》，中华书局1975年版。

（宋）张方平：《乐全集》，台湾商务印书馆1986年版。

（宋）叶隆礼：《契丹国志》，上海古籍出版社1985年版。

（宋）王钦若：《册府元龟》，中华书局2003年版。

（宋）曾公亮：《武经总要》，辽沈书社1988年版。

（宋）余靖：《武溪集》，文渊阁四库全书本。

（宋）李昉：《太平御览》，中华书局1960年版。

（宋）许亢宗：《宣和乙巳奉使行程录》，中华书局1986年版。

（宋）司马光：《资治通鉴》，中华书局1956年版。

（宋）李焘：《续资治通鉴长编》，中华书局1991年版。

（宋）李心传：《建炎以来系年要录》，商务印书馆1986年版。

（宋）徐梦莘：《三朝北盟会编》，上海古籍出版社2008年版。

（宋）宇文懋昭撰，崔文印校正：《大金国志校证》，中华书局1986年版。

（宋）洪皓：《松漠纪闻正续编》，豫章丛书编刻局1915年版。

（宋）李攸：《宋朝事实》，武英殿本。

（宋）高承：《事物纪原》，台湾商务印书馆1986年版。

（宋）周密著，吴企明校：《癸辛杂识》，中华书局2010年版。

（金）佚名编，金少英校补，李善庆整理：《大金吊伐录校补》，中华书局2001年版。

（金）刘祁撰，崔文印点校：《归潜志》，中华书局1983年版。

（金）元好问：《中州集》，中华书局1959年版。

（金）元好问：《遗山先生文集》，商务印书馆1922年版。

（金）元好问：《续夷坚志》，山西古籍出版社2004年版。

（金）张暐：《大金集礼》，广雅书局1895年版。

（金）王寂，罗继祖，张博泉注释：《鸭江行部志》，黑龙江人民出版社1984年版。

（元）脱脱等：《辽史》，中华书局1974年版。

（元）脱脱等：《宋史》，中华书局1977年版。

（元）脱脱等：《金史》，中华书局1975年版。

（元）李志常：《长春真人西游记》，中华书局1985年版。

（元）孛兰肹等著，赵万里校辑：《元一统志》，中华书局1966年版。

（元）马端临：《文献通考》，中华书局1986年版。

（元）赵秉文：《闲闲老人滏水文集》，上海商务印书馆1922年版。

（元）王恽：《秋涧先生大全文集》，上海商务印书馆1922年版。

（元）苏天爵著，陈高华，孟繁清点校：《滋溪文稿》，中华书局1997年版。

（元）苏天爵：《国朝文类》，上海商务印书馆1922年版。

（元）陈旅：《安雅堂集》，台湾元代珍本文集汇刊本。

（元）黄溍撰，王颋点校：《黄溍全集》，天津古籍出版社2008年。

（元）佚名：《元朝秘史》，上海古籍出版社2007年版。

《皇元圣武亲征录》，王国维遗书本。

（明）宋濂：《元史》，中华书局1976年版。

（明）陶宗仪等编：《说郛三种》，上海古籍出版社1988年版。

（清）穆彰阿、潘锡恩：《大清一统志》（第12册），上海古籍出版社2007年版。

（清）杨复吉：《辽史拾遗补》，上海古籍出版社1999年版。

（清）张金吾：《金文最》，中华书局1990年版。

（清）阿桂等撰：《盛京通志》，辽海出版社1997年版。

（清）顾祖禹撰，贺次君、施和金点校：《读史方舆纪要》，中华书局2005年版。

（清）王谟辑：《汉唐地理书钞》，中华书局1961年版。

（清）厉鹗：《辽史拾遗》，影印文渊阁四库全书本。

（清）毕沅：《续资治通鉴》，中华书局1957年版。

（清）李有棠：《金史纪事本末》，中华书局1977年版。

（清）徐松辑：《宋会要辑稿》，中华书局1985年版。

（清）施国祁：《金史详校》，中华书局1991年版。

（清）屠寄：《蒙兀儿史记》，中国书店1984年版。

（清）王昶：《金石萃编》，陕西人民出版社2011年版。

（清）罗士琳等：《旧唐书校勘记》，清统治十一年（1872）定远方氏重刊补道光懼盈斋刊本。

（清）钱大昕：《廿二史考异》，上海古籍出版社2004年版。

（清）钱大昕：《潜研堂文集》，商务印书馆1935年版。

（清）张穆著，何秋涛补：《蒙古游牧记》，文海出版社1965年版。

（清）赵翼：《廿二史札记》，中华书局2008年版。

（清）和珅、梁国志：《钦定热河志》，天津古籍出版社2003年版。

（民国）孟定恭：《布特哈志略》，辽海丛书本。

（民国）柯劭忞：《新元史》，上海古籍出版社1989年版。

陈相伟等校注：《金碑汇释》，吉林文史出版社1989年版。

国家图书馆善本金石组：《辽金元石刻文献全编》，北京图书馆出版社2003年版。

贾敬颜：《五代宋金元人边疆行记十三种疏证稿》，中华书局2004年版。

罗振玉：《金石萃编未刻稿》，江苏古籍出版社1998年版。

王新英：《金代石刻辑校》，吉林人民出版社2009年版。

向南、张国庆、李宇峰辑注：《辽代石刻文续编》，辽宁人民出版社2010年版。

姚奠中主编：《元好问全集》，山西古籍出版社2003年版。

赵永春辑注：《奉使辽金行程录》，吉林文史出版社1995年版。

张修桂、赖青寿：《辽史地理志汇释》，安徽教育出版社2001年版。

二 中文著作

（一）著作

包伟民：《宋代地方财政史研究》，上海古籍出版社2001年版。

北京大学考古系：《观台磁州窑址》，文物出版社1997年版。

陈述：《契丹政治史稿》，人民出版社1986年版。

陈述主编：《辽金史论集》第2辑，书目文献出版社1991年版。

陈述：《契丹社会经济史稿》，人民出版社1978年版。

陈梧桐主编：《民大史学》（1），中央民族大学出版社1996年版。

陈学霖：《金宋史论丛》，香港中文大学出版社2003年版。

程妮娜：《金代政治制度研究》，吉林大学出版社1999年版。

程妮娜：《东北史》，吉林大学出版社2001年版。

程妮娜：《中国地方史纲》，吉林大学出版社2007年版。

陈汉章：《辽史索隐》缀学堂丛书初集本。

都兴智：《辽金史研究》，人民出版社2004年版。

二十五史补编编委会：《二十五史补编》，北京图书馆出版社2005年版。

傅斯年：《东北史纲》第1卷，中央研究院历史语言研究所1932年版。

福建省博物馆：《德化窑》，文物出版社1990年版。

傅宗文：《宋代草市镇研究》，福建人民出版社1989年版。

葛金芳：《宋辽夏金经济研析》，武汉出版社1991年版。

葛剑雄：《中国人口发展史》，福建人民出版社1991年版。

葛剑雄：《简明中国移民史》，福建人民出版社1993年版。

葛剑雄主编，吴松弟著：《中国人口史·辽宋金元时期》第四卷，复旦大学出版社2000年版。

郭正忠主编：《中国盐业史》，人民出版社1997年版。

国家文物局：《中国文物地图集·辽宁分册》下，西安地图出版社2009年版。

韩茂莉：《辽金农业地理》，社会科学文献出版社1999年版。

韩茂莉：《草原与田园——辽金时期西辽河流域农牧业与环境》，三联书店2006年版。

韩世明：《辽金生活掠影》，沈阳出版社2002年版。

韩世明编著：《辽金史论集》第10辑，中国社会科学出版社2007年版。

何俊哲、张达昌、于国石：《金朝史》，中国社会科学出版社1992年版。

吉林大学边疆考古研究中心：《边疆考古研究》第二辑，科学出版社

2004年版。

纪兵、刘国：《阜新辽金史研究》第2辑，辽金元契丹女真蒙古族历史考古研究会，1995年版。

金毓黻：《东北通史》上编，五十年代出版社1941年版。

金毓黻：《东北古印钩沈》石印本，1944年版。

柯文：《在中国发现历史———中国中心观在美国的兴起》，中华书局1989年版。

梁方仲：《中国历代户口、田地、田赋统计》，上海人民出版社1980年版。

李桂芝：《辽金简史》，福建人民出版社1996年版。

刘浦江：《辽金史论》，辽宁大学出版社1999年版。

刘浦江：《二十世纪辽金史论著目录》，上海辞书出版社2003年版。

刘浦江：《松漠之间——辽金契丹女真史研究》，中华书局2008年版。

辽金史学会编：《辽金史论集》4辑，书目文献出版社1989年版。

刘森：《宋金纸币史》，中国金融出版社1993年版。

路遇、滕泽之：《中国人口通史》，山东人民出版社2000年版。

李澍田、薛虹：《中国东北史》，吉林文史出版社1991年版。

李锡厚、白滨：《辽金西夏史》，上海人民出版社2003年版。

刘俊文主编，黄约瑟译：《日本学者研究中国史论著选译》，中华书局1993年版。

李治亭：《东北通史》，中州古籍出版社2003年版。

刘统：《唐代羁縻府州研究》，西北大学出版社1998年版。

李建才：《东北史地考略》，吉林文史出版社1986年版。

罗继祖：《辽史校勘记》，上海人民出版社1958年版。

辽宁省博物馆编：《辽宁省出土文物展览简介》，辽宁省博物馆编1973年版。

刘肃勇：《金世宗传》，三秦出版社1986年版。

梁方仲：《中国历代户口、田地、田赋统计》，中华书局2008年版。

孟广耀著：《北方民族史研究》（二），中州古籍出版社1994年版。

马长寿：《乌桓与鲜卑》，广西师范大学出版社2006年版。

内蒙古农业地理编辑委员会：《内蒙古农业地理》，内蒙古人民出版社1982年版。

内蒙古自治区文物考古研究所：《白音长汗——新石器时代遗址发掘报告》，科学出版社2004年版。

内蒙古文物考古研究所：《内蒙古文物考古文集》第二辑，中国大百科全书出版社1997年版。

内蒙古自治区公路交通史志编审委员会：《内蒙古古代道路交通史》，人民交通出版社1997年版。

欧阳哲生主编：《傅斯年全集》第2卷，湖南教育出版社2003年版。

裴文中：《中国史前时期之研究》，商务印书馆1948年版。

漆侠、乔幼梅：《辽夏金经济史》，河北大学出版社1994年版。

乔幼梅：《宋辽夏金经济史研究》，齐鲁书社1995年版。

任美锷主编：《中国自然地理纲要》，商务印书馆1992年版。

宋德金：《辽金论稿》，湖北教育出版社2005年版。

宋德金：《金史》，人民出版社2006年版。

苏秉琦：《华人·龙的传人·中国人——考古寻根记》，辽宁大学出版社1994年版。

孙进己、王绵厚等主编：《东北历史地理》第1卷，黑龙江人民出版社1989年版。

孙进己、冯永谦等主编：《东北历史地理》第2卷，黑龙江人民出版社1989年版。

舒焚：《辽史稿》，湖北人民出版社1984年版。

史为乐：《中国历史地名大辞典》（下），中国社会科学出版社2005年版。

谭其骧：《中国历史地图集》第6册，中国地图出版社2006年版。

谭其骧：《长水集》下，人民出版1987年版。

佟冬：《中国东北史》，吉林文史出版社1998年版。

佟宝山：《阜新史》，东方出版社1999年版。

唐长孺：《山居存稿》，中华书局1989年版。

王国维：《观堂集林（外二种）》卷16，河北教育出版社2003年版。

王国维：《观堂集林》，中华书局1959年版。

王国维：《王国维遗书》，上海书店出版社2011年版。

王德鹏：《金代汉族士人研究》，中国社会科学出版社2006年版。

吴凤霞：《辽史、金史、元史研究》，中国大百科全书出版社2009年版。

吴松弟：《中国人口史·辽宋金元时期》，复旦大学出版社2000年版。

王颋：《完颜金行政地理》，香港天马出版有限公司2005年版。

王育民：《中国人口史》，江苏人民出版社1995年版。

翁俊雄：《唐初政区与人口》，北京师范学院出版社1990年版。

王绵厚、李健才：《东北古代交通》，沈阳出版社1990年版。

伪满洲国国务院民政部：《热河省县旗事情》，大同印书馆1934年版。

王育民：《中国历史地理概论》，人民教育出版社1987年版。

王曾瑜：《金朝军制》，河北大学出版社1996年版。

项春松：《辽代历史与考古》，内蒙古人民出版社1996年版。

刑铁：《户等制度史纲》，云南大学出版社2000年版。

辛德勇：《古代交通与地理文献研究》，中华书局1996年版。

元史研究会编：《元史论丛》第1辑，中华书局1982年版。

元史研究会编：《元史论丛》第2辑，中华书局1983年版。

袁祖亮：《中国古代边疆民族人口研究》，中州古籍出版社1999年版。

伊钧华主编：《内蒙古自治区旗县情大全》，内蒙古自治区旗县大全编纂委员会，2007年版。·

姚淦铭、王燕：《王国维文集》，中国文史出版社2007年版。

余蔚：《中国行政区划通史·辽金卷》，复旦大学出版社2012年版。

杨树森：《辽史简编》，辽宁人民出版社1984年版。

张博泉：《金代经济史略》，辽宁人民出版社1981年版。

张博泉：《东北地方史稿》，吉林大学出版社1984年版。

张博泉：《金史简编》，辽宁人民出版社1984年版。

张博泉：《金史论稿》，吉林文史出版社1992年版。

张博泉、苏金源、董玉瑛：《东北历代疆域史》，吉林人民出版社1981年版。

赵永春：《金宋关系史研究》，吉林教育出版社1999年版。

赵永春：《金宋关系史》，人民出版社2005年版。

中国辽金史学会编：《辽金史论集》4辑，书目文献出版社1989年版。

朱瑞熙等：《宋辽西夏金社会生活史》，中国社会科学出版社1998年版。

赵世瑜：《小历史与大历史——区域社会史的理念、方法与实践》，生活·读书·新知三联书店2006年版。

赵文林、谢淑君：《中国人口史》，人民出版社1988年版。

《中国大百科全书》总编委会：《中国大百科全书·考古卷》，中国大百科全书出版社1986年版。

张碧波：《东北古族古国古文化研究》中卷，黑龙江教育出版社2000年版。

赵云田主编：《北疆通史》，中州古籍出版社2003年版。

中国钱币研究会编印：《中国古钞图辑》，中国金融出版社1992年版。

竺可桢：《竺可桢文集》，科学出版社1979年版。

中国科学院上海硅酸盐研究所编：《中国古陶瓷研究》，科学出版社1987年版。

中国社会科学院考古研究所编著：《宁夏灵武窑发掘报告》，中国大百科全书出版社1995年版。

中国社会科学院考古研究所：《新中国的考古发现和研究》，文物出版社1984年版。

中华书局编辑部：《中研院历史语言研究所集刊论文类编（历史编·宋辽金元卷二）》，中华书局2009年版。

（二）论文

论文集论文

北京市文物工作队：《北京金墓发掘简报》，《北京文物与考古》1辑，燕山出版社1983年版。

陈国庆：《兴隆洼文化分期及相关问题探讨》，《边疆考古研究》3，科学出版社2004年版。

蔡美彪：《乣与乣军之演变》，《元史论丛》第2辑，中华书局1983年版。

陈述：《关于达呼尔的来源》，《中国民族问题研究集刊》第1辑，中央民族学院研究部1955年版。

陈述：《大辽瓦解以后的契丹人》，《中国民族问题研究集刊》第5辑，中央民族学院研究部1956年版。

陈述：《乣军考释初稿》，《历史语言研究所集刊》20，历史语言研究所1949年版。

到何之：《关于金末元初的汉人地主武装问题》，《元史论集》，人民出版社1984年版。

杜承武：《辽代墓葬出土的铜丝网络与面具》，《辽金史论集》1，上海古籍出版社1987年版。

冯永谦：《辽上京道州县丛考》，《辽金史论集》8，吉林文史出版社1994年版。

冯永谦、降念思：《辽代饶州调查记》，《东北考古与历史》1，文物出版社1982年版。

冯永谦：《辽代欢州、顺州考》，《阜新辽金史研究》2，新天出版社1992年版。

景爱：《辽金泰州考》，《辽金史论集》1，上海古籍出版社1987年版。

景爱：《金代行省考》，《历史地理》9，上海人民出版社1990年版。.

嵇训杰.：《〈辽史·地理志〉校读记》，《文史》37辑，中华书局1993年版。

贾敬颜：《东北古地理古民族丛考》，《文史》12辑，中华书局1981年版。

贾敬颜：《沈括使辽图抄疏证稿》，《文史》22辑，中华书局1984年版。

姜振利、陶敏：《金元之际的兴州窑瓷器初探》，《辽金史论集》9，中州古籍出版社1995年版。

贾洲杰：《金代的长城》，《中国长城遗迹调查报告集》，文物出版社1981年版。

金景芳：《商文化起源于我国北方说》，《中华文史论丛》7，上海古籍出版社1978年版。

刘可栋：《试论我国古代的馒头窑》，《中国古陶瓷论文集》，文物出版社1982年版。

李健才：《金代东北的交通路线》，《辽金史论集》2，书目文献出版社1987年版。

刘晓东：《金代土坑石椁墓及相关问题》，《青果集》，知识出版社1993年版。

陆思贤：《翁牛特旗早商甗铭文发微》，《内蒙古文物考古文集》2，中国大百科全书出版社1997年版。

辽宁省博物馆文物工作队：《辽宁林西县大井铜矿1976年试掘简报》，《文物资料丛刊》7，1983年版。

李昌宪：《金初原辽地的路制与路级政区试探》，《邓广铭教授百年诞辰纪念论文集》，中华书局2008年版。

米文平：《金代呼伦贝尔诸部及界壕》，《东北亚历史与文化》，辽沈书社1991年版。

宁波：《金代北京路的民族政策》，《珞珈史苑》第1辑，武汉大学出版社2013年。

宁波：《金代北京路经济发展与环境变迁》，《宋史研究论丛》第14辑，河北大学出版社2014年。

宁波：《金代北京路民族分布格局的演变》，《宋史研究论丛》第16辑，河北大学出版社2015

宁波：《浅析金代北京路地区的税收与货币》，《辽金历史与考古》2015年第8辑。

宁波：《金代北京路地區的軍事防禦——兼論北京路地區與金界壕外的

互動關係》,《隋唐辽宋金元史论丛》第6辑,上海古籍出版社2016年。

宁波:《浅析金代北京路地区的税收与货币》,《辽金历史与考古》2015年第8辑。

齐心:《庞葛城、周特城与会平州》,《辽金历史与考古》1,辽宁教育出版社2009年版。

苏东、郭治中:《赤峰缸瓦窑遗址出土辽金瓷器举要》,《中国古陶瓷研究》11,紫禁城出版社2005年版。

苏赫:《崇善碑考述》,《辽金史论集》3,书目文献出版社1987年版。

孙秀仁:《关于金界壕边堡的研究与相关问题》,《辽金史论集》10,中国社会科学出版社2007年版。

孙杰、高庆升:《阜新地区辽城考记》,《阜新辽金史研究》2,新天出版社1995年版。

索秀芬、李少兵:《兴隆洼文化聚落形态》,《边疆考古研究》8,科学出版社2010年版。

谭其骧:《金代路制考》,《辽金史论文集》,辽宁人民出版社1985年版。

田广金:《四子王旗红格尔地区金代遗址和墓葬》,《中国考古集成—东北卷》17,北京出版社1997年版。

王绵厚:《隋与唐初粟末靺鞨的南迁及其驻地考》,《东北古族古国古文化研究》中卷,黑龙江教育出版社2000年版。

王绵厚:《辽金元懿州豪州建置考——兼论元代"洪州"地名之来源》,《阜新辽金史研究》2,新天出版社1995年版。

郁越祖:《关于宋代建制镇的几个历史地理问题》,《历史地理》6,上海人民出版社1988年版。

阎万章:《河北兴隆金墓出土契丹文墓志铭考释》,《东北历史与考古》1辑,文物出版社1982年版。

姚从吾:《女真汉化的分析——联合国中国同志会第63次座谈会纪要》,《姚从吾先生全集》5,正中书局1981年版。

姚从吾:《金世宗对于中原汉化与女真旧俗的态度》,《东北史论丛》

2，正中书局1959年版。

竺可桢：《物候学与农业生产》，《竺可桢文集》，科学出版社1979年版。

张修桂、赖青寿：《〈辽史·地理志〉平议》，《历史地理》15，上海人民出版社1999年版。

郑绍宗：《辽北安州考》，《辽金史论集》1，上海古籍出版社1987年版。

张柏忠：《科尔沁沙地历史变迁及其原因的初步研究》，《内蒙古东部区考古学文化研究文集》，海洋出版社1991年版。

赵振生：《阜新市郊南瓦金代墓葬》，《中国考古集成—东北卷》17，北京出版社1997年版。

朱达：《朝阳七道泉子金代壁画墓》，《中国考古学年鉴：1992》，文物出版社1994年版。

札斯奇钦：《契丹对女真统治的反抗》，《宋史研究集》12，国立编译馆1980年版。

朱永刚：《夏家店上层文化初步研究》，《考古学文化论集》1，文物出版社1987年版。

郑绍宗：《辽北安州考》，《辽金史论集》1，上海古籍出版社1987年版。

张帆：《金朝路制再探讨》，《燕京学报》12，北京大学出版社2002年版。

（三）期刊论文

艾冲：《唐前期东突厥羁縻都督府的置废与因革》，《中国历史地理论丛》2003年第2期。

敖汉旗文物管理所：《内蒙古敖汉旗英风沟金代墓地》，《文物》1987年第8期。

鞍山市文化局，辽宁省博物馆：《辽宁鞍山市汪家峪辽画象石墓》，《考古》1981年第3期。

陈述：《乣军史实论证》，《史学集刊》1950年第6期。

崔璇：《内蒙古新石器时代考古的重要突破——兴隆洼文化的发现与研究及其所提出的问题》，《内蒙古社会科学》1987年第1期。

程妮娜：《论唐代中央政权对契丹、奚人地区的羁縻统治》，《吉林大学社会科学学报》2002年第6期。

程妮娜、史英平：《简论金代畜牧业》，《农业考古》1993年第3期。

陈相伟：《吉林省辽金考古综述》，《北方文物》1995年第4期。

陈志英：《金代东北地区转运司建制考》，《兰州学刊》2008年第5期。

陈志英：《社会变革过程中政治制度的选择——金五京路转运司建制考》，《中国历史地理论丛》2008年第3期。

朝阳市博物馆：《辽宁朝阳南塔街出土的金代窖藏文物》，《北方文物》2005年第2期。

崔广彬：《金代的交通及其管理》，《学术交流》1996年第6期。

朝阳市博物馆：《辽宁朝阳重型机器厂辽金墓》，《北方文物》2003年第4期。

朝阳市博物馆，朝阳市龙城区博物馆：《辽宁朝阳召都巴金墓》，《北方文物》2005年第3期。

陈述：《试论达斡尔族的族源问题》，《民族研究》1959年第8期。

邓辉：《论燕北地区辽代的气候特点》，《第四纪研究》1998年第2期。

都兴智、田令坤：《辽秦德昌墓志考》，《辽海文物学刊》1995年第2期。

大同市博物馆：《大同市南郊金代壁画墓》，《考古学报》1992年第4期。

董克昌：《金廷的内迁外徙及其性质》，《黑龙江民族丛刊》1993年第2期。

方殿春：《阜新查海新石器时代遗址的初步发掘与分析》，《辽海文物学刊》1991年第1期。

冯永谦，姜念思：《宁城县黑城古城址调查》，《考古》1982年第2期。

冯永谦：《辽代永州调查记》，《文物》1982年第4期。

冯永谦：《辽志十六头下州地理考》，《辽海文物学刊》1988年第1期。

冯永谦：《岭北长城考》，《辽海文物学刊》1990年第1期。

冯永谦：《辽代部分州县今地考》，《北方文物》1994年第4期。

冯永谦：《辽史地理志考补——中京道、南京道、西京道失载之州军》，《北方文物》1998年第3期。

冯永谦：《辽史地理志考补——上京道、东京道失载之州军》，《社会科学战线》1998年第4期。

冯继钦：《金代契丹人分布研究》，《北方文物》1990年第2期。

冯继钦：《金代奚族初探》，《求是学刊》1986年第2期。

冯继钦：《金元时期契丹人姓名研究》，《黑龙江民族丛刊》1992年第4期。

阜新市博物馆：《辽宁阜新市发现一座金代墓葬》，《考古》2004年第9期。

郭大顺等：《辽宁省喀左县东山嘴红山文化建筑群址发掘简报》，《文物》1984年第11期。

葛华廷：《韩匡嗣墓志及其相关的几个问题》，《北方文物》1997年第3期。

郭声波：《唐贞观十三年政区考辨——兼与贺次君先生商榷》，《中国历史地理论丛》1988年第2期。

关树东：《辽朝州县制度中的"道""路"问题探析》，《中国史研究》2003年第2期。

高树林：《金朝户口问题初探》，《中国史研究》1986年第2期。

郭正忠：《金代食盐业的经营体制》，《河北学刊》1997年第2期。

河北省文物研究所：《河北省迁西县东寨遗址发掘简报》，《文物春秋》1992年增刊。

黑龙江省博物馆：《金东北路界壕边堡调查》，《考古》1961年第5期。

黄金东：《金章宗时期货币制度改革失败原因探析》，《史学集刊》2011年第4期。

韩光辉：《金代防刺州城市司候司研究》，《北京社会科学》1999年第4期。

韩光辉、魏丹、王亚男：《中国北方城市行政管理制度的演变——兼论金代的地方行政区划》，《城市发展研究》2012年第7期。

韩光辉、何峰：《宋辽金元城市行政建制与区域行政区划体系的演变》，《北京大学学报》2008年第2期。

韩光辉、林玉军、王长松：《宋辽金元建制城市的出现与城市体系的形成》，《历史研究》2007年第4期。

韩光辉：《〈金史·地理志〉户数系年正误》，《中国史研究》1988年第2期。

胡顺利：《金代猛安谋克名称与分布考订的商榷》，《北方文物》1987年第3期。

郝思德：《"大定路课"银锭小考》，《求是学刊》1985年第1期。

贾鸿恩：《翁牛特旗大泡子青铜短剑墓》，《文物》1994年第2期。

靳枫毅：《论中国东北地区含曲刃青铜短剑的文化遗存》，《考古学报》1982年第4期，1983年第1期。

姜念思：《辽代永州调查记》，《文物》1982年第7期。

贾敬颜：《胡峤陷辽记疏证》，《史学集刊》1983年第4期。

贾敬颜：《从金朝的北征、界壕、榷场和宴赐看蒙古的兴起》，《元史及北方民族史研究集刊》1985年第9期。

贾洲杰：《金代长城初议》，《内蒙古大学学报》1979年第Z2期。

金殿士：《辽代安德州今地考》，《社会科学辑刊》1982年第2期。

贾鸿恩、李俊义：《辽萧孝恭萧孝资墓志铭考释》，《北方文物》2006年第1期。

纪楠楠：《金朝对奚族政策探微》，《史学集刊》2012年第6期。

吉成名：《论金代食盐产地》，《盐业史研究》2008年第3期。

景爱：《平地松林的变迁与西拉木伦河上游的沙漠化》，《中国历史地理论丛》1988年第4期。

吉成名：《论金代食盐产地》，《盐业史研究》2008年第3期。

科右中旗文化局：《科尔沁右翼中旗出土金元银铤》，《文物》1982年第8期。

辽宁省博物馆文物工作队：《辽宁林西县大井铜矿1976年试掘简报》，《文物资料丛刊》1983年第7期。

辽宁省昭乌达盟文物工作站：《宁城南山根的石椁墓》，《考古学报》1973年第2期。

辽宁省博物馆等：《内蒙古赤峰县四分地东山嘴遗址试掘简报》，《考古》1983年第5期。

辽宁省文物考古研究所等：《辽宁彰武平安堡遗址》，《考古学报》1992年第4期。

吕昕娱：《试论兴隆洼文化的分布范围及发展传承》，《赤峰学院学报》2010年第12期。

李艳红：《试析兴隆洼文化的原始农业遗存——从其出土的石铲与石锄谈起》，《赤峰学院学报》2008年第4期。

辽宁省文物考古研究所：《阜新查海新石器时代遗址试掘简报》，《辽海文物学刊》1988年第1期。

辽宁省文物考古研究所：《辽宁阜新查海遗址1987~1990年三次发掘》，《文物》1994年第11期。

林文：《从出土官印看金朝疆界》，《北方文物》1995年第4期。

林西县文物管理所：《辽饶州及长乐临河安民三县调查》，《内蒙古文物考古》1998年第1期。

林西县文化馆：《辽饶州故城调查记》，《考古》1980年第6期。

林西县文物管理所：《辽饶州及长乐临河安民三县调查》，《内蒙古文物考古》1998年第1期。

李文信：《西汉右北平郡治平刚考》，《社会科学战线》1983年第1期。

罗继祖：《跋黑龙江泰来县塔子城出土的辽大安残刻》，《考古》1960年第8期。

李燕杰：《隋辽西郡建置考》，《河北师院学报》1983年第2期。

李文信：《义县清河门辽墓发掘报告》，《考古学报》1954年第8期。

李逸友：《昭盟巴林左旗林东镇金墓》，《文物》1959年第7期。

李逸友：《巴林左旗出土金代银铤浅释》，《中国钱币》1986年第1期。

李薇：《关于金代猛安谋克的分布和名称问题——对三上次男先主考证的补订》，《黑龙江文物丛刊》1984年第2期。

李少兵、索秀芬：《林西县土庙子村金代墓葬》，《内蒙古文物考古》1996年第Z1期。

林威：《金末契丹人附蒙反金现象初探》，《广西社会科学》2004年第8期。

林玉军、韩光辉：《金代镇的若干问题研究》，《中国历史地理论丛》2009年第2期。

刘浦江：《金代猛安谋克人口的状况研究》，《民族研究》1994年第2期。

刘浦江：《金代"通检推排"探微》，《中国史研究》1995年第4期。

刘浦江：《金代户籍制度刍论》，《民族研究》1995年第3期。

刘浦江：《金代杂税论略》，《中国社会经济史研究》1996年第3期。

刘兰华：《龙泉务窑址的窑具及其烧造工艺》，《文物天地》1995年第6期。

梁姝丹，赵振生：《辽宁阜新市发现一座金代墓葬》，《考古》2004年第9期。

辽宁省文物考古研究所：《朝阳重型机械厂金墓》，《辽海文物学刊》1990年第2期。

辽宁省博物馆：《辽宁朝阳金代壁画墓》，《考古》1962年第4期。

李逸友：《突泉县双城子辽代文物》，《考古》1959年第4期。

刘淼：《金代瓷器的初步研究》，《文物春秋》2006年第2期。

刘淼：《考古发现的金代定窑瓷器初步探讨》，《考古》2008年第9期。

辽宁省博物馆：《辽宁朝阳金代壁画墓》，《考古》1962年第4期。

刘浦江：《辽金的佛教政策及其社会影响》，《佛学研究》1996年第5期。

辽宁省朝阳县文物管理所：《辽宁朝阳县联合乡金墓》，《华夏考古》1996年第3期。

刘浦江：《内蒙古敖汉旗出土的金代契丹小字墓志残石考释》，《考古》1999年第5期。

刘晓东，杨志军，郝思德，李陈奇：《试论金代女真贵族墓葬的类型与演变》，《辽海文物学刊》1991年第1期。

刘凤翥：《关于混入汉子中的契丹大字"**幻**"的读音》，《民族语文》1979年第4期。

刘浦江：《金代使司"银锭"考释》，《中国历史文物》2005年第2期。

刘肃勇：《论金世宗出巡上京》，《北方文物》1986年第3期。

鲁西奇：《金末行省考述》，《湖北大学学报》1995年第1期。

苗润华：《巴林右旗老房身金代窖藏文物》，《辽海文物学刊》1994年第1期。

茂理：《金贞防钞版考》，《说文月刊》2卷第10期。

内蒙古文物考古研究所、吉林大学考古学系：《内蒙古林西县白音长汗新石器时代遗址1991年发掘简报》，《文物》2002年第1期。

内蒙古自治区文物考古研究所：《内蒙古林西县白音长汗新石器时代遗址发掘简报》，《考古》1993年第7期。

内蒙古自治区昭乌达盟文物工作站：《辽中京遗址》，《文物》1980年第5期。

倪根金：《试论气候变迁对我国古代北方农业经济的影响》，《农业考古》1988年第1期。

宁波：《浅析金代对北京路契丹、奚族的民族政策》，《北方文物》2016年第2期。

宁波：《金代北京路的军事战争》，《兰台世界》2015年第16期。

宁波：《金朝东北路界壕考——兼论东北路招讨司》，《内蒙古社会科学》2014年第3期。

宁波：《金代东北地区的移民与农业开发》，《兰台世界》2013年第1期。

宁波：《金朝与蒙古诸部关系研究》，《边疆经济与文化》2014年第11期。

宁波：《试论金代北京路农耕区经济》，《兰台世界》2020年1月。

贲鹤龄：《内蒙古库伦旗发现辽代灵安州城址》，《考古》1991年第6期。

彭善国，郭治中：《赤峰缸瓦窑的制瓷工具、窑具及相关问题》，《北方文物》2000年第4期。

彭善国：《试述东北地区出土的金代瓷器》，《北方文物》2010年第1期。

庞志国，刘红宇：《金代东北主要交通路线研究》，《北方文物》1994年第4期。

齐亚珍，刘素华：《锦县水手营子早期青铜时代墓葬及铜柄戈》，《辽海文物学刊》1991年第1期。

秦大树：《金墓概述》，《辽海文物丛刊》1982年第2期。

任爱君：《唐代契丹羁縻制度与"幽州契丹"的形成》，《中国边疆史地研究》2008年第1期。

孙守道等：《论辽河流域的原始文化与龙的起源》，《文物》1984年第6期。

孙玉良：《唐朝在东北民族地区设置的府州》，《社会科学战线》1986年第3期。

孙秀仁：《黑龙江历史考古述论》，《社会科学战线》1979年第1期。

孙杰，高庆升：《阜新地区辽城考记》，《阜新师专学报》1992年第2期。

宋德辉：《吉林省白城市城四家子古城应为辽代长春州金代新泰州》，《博物馆研究》2008年第1期。

申友良：《辽金元时期东蒙古地区人口迁徙研究》，《内蒙古社会科学》1996年第1期。

申友良：《辽金元时期东蒙古地区经济发展述略》，《中央民族大学学报》1997年第5期。

邵清隆：《内蒙古霍林河矿区金代界壕边堡发掘报告》，《考古》1984年第2期。

宋德辉：《吉林省白城市城四家子古城应为辽代长春州金代新泰州》，

《博物馆研究》2008年第1期。

孙继民：《俄藏黑水城金代文献的数量、构成及其价值》，《敦煌学研究》2012年第2期。

佟柱臣：《试论中国北方和东北地区含有细石器的诸文化问题》，《考古学报》1979年第4期。

佟家江：《关于辽金二税户》，《内蒙古大学学报》1984年第1期。

田广金：《四子王旗红格尔地区金代遗址和墓葬》，《内蒙古文物考古》1981年第1期。

王明珂：《鄂尔多斯及其邻近地区专业化游牧业的起源》，《中央研究院历史语言研究所集刊》1994年第2期。

王明珂：《辽西地区专业化游牧业的起源》，《中央研究院历史语言研究所集刊》1997年第1期。

王绵厚：《唐〈营州至安东〉陆路交通考察》，《辽海文物学刊》1986年第1期。

王绵厚：《隋唐辽宁建置地理述考》，《东北地方史研究》1986年第1期。

王成国：《论唐代契丹》，《社会科学战线》2004年第2期。

王天成：《辽宁省县级以上行政区划历史沿革（七）》，《兰台世界》2009年第13期。

王曾瑜：《金朝户口分类制度和阶级结构》，《历史研究》1993年第6期。

王曾瑜：《金朝后期的军事机构和军区设置》，《河北学刊》1993年第5期。

王育民：《〈金史·地理志〉户口系年辨析》，《学术月刊》1989年第12期。

王育民：《金朝户口问题析疑》，《中国史研究》1990年第4期。

王增新：《辽宁新民县前当地铺金元遗址》，《考古》1960年第2期。

王增新：《辽宁绥中县城后村金元遗址》，《考古》1960年第2期。

王刚：《林西县金代瓷器窖藏》，《内蒙古文物考古》1996年第1期。

王建国：《敖汉旗小柳条沟金代墓葬》，《内蒙古文物考古》1986年第00期。

王未想：《"北军合同"印与金代交钞》，《内蒙古金融研究》2003年第S4期。

王德朋：《金代汉族士人经济来源辨析》，《社会科学战线》2006年第3期。

王德朋：《金代榷盐制度述论》，《中国社会经济史研究》2007年第1期。

王德朋：《金代商税制度考略》，《社会科学辑刊》2007年第3期。

王德朋：《金代商业管理机构》，《辽宁大学学报》2007年第5期。

卫月望：《内蒙古宁城出土金代"北京路壹百贯交钞版"考释》，《内蒙古金融研究》2002年第S1期。

乌凤丽：《辽、金、元时期的利州》，《黑龙江民族丛刊》2004年第2期。

吴松弟：《金代东北民族的内迁》，《中国历史地理论丛》1995年第4期。

吴凤霞：《金代女真学的兴衰及其历史意义》，《社会科学辑刊》2005年第4期。

王刚：《林西县发现金代瓷器窖藏》，《文物》1996年第8期。

乌兰察布盟文物工作站：《内蒙古武川县乌兰窑子金墓清理简报》，《考古》1989年第8期。

王静如，兴隆梓：《木林子出土金代契丹文墓志铭解》，《考古》1973年第5期。

王增新：《辽宁绥中县城后村金元遗址》，《考古》1960年第2期。

吴凤霞：《辽金时期的民族迁徙与辽西走廊滨海州县的发展》，《广西民族大学学报》2012年第4期。

辛岩：《查海遗址发掘又获新成果》，《中国文物报》1994年第5期。

辛言：《查海遗址发掘再获重大成果》，《中国文物报》1995年第3期。

向南：《〈辽史地理志〉补正》，《社会科学辑刊》1990第5期。

于俊玉、韩国祥：《北票下杖子唐墓及附近遗址调查》，《辽海文物学刊》1993年第2期。

杨保隆：《辽代渤海人的逃亡和迁徙》，《民族研究》1990年第4期。

杨福瑞：《辽朝徙民置州考论》，《昭乌达蒙族师专学报》1990年第4期。

杨若薇：《奚族及其历史发展》，《历史教学》1983年第7期。

于宝东：《古库伦旗后柜金元时期墓葬》，《北方文物》1992年第2期。

雁羽：《锦西大卧铺辽金时代画象石墓》《考古》1960年第2期。

余蔚：《完颜亮迁都燕京与金朝的北境危机——金代迁都所涉之政治地理问题》，《文史哲》2013年第5期。

中国科学院考古研究所内蒙古工作队：《赤峰药王庙、夏家店遗址试掘报告》，《考古学报》1974年第1期。

朱永刚、塔拉：《西拉木伦河上游考古调查与试掘》，《内蒙古文物考古》2002年第2期。

竺可桢：《南宋时代我国气候之揣测》，《科学》1925年第2期。

竺可桢：《中国近五千年来气候变迁的初步研究》，《考古学报》1972年第1期。

竺可桢：《中国近五千年来气候变迁的初步研究》，《中国科学》1973年第2期。

中国社会科学院考古研究所内蒙古工作队：《内蒙古敖汉旗兴隆洼遗址发掘简报》，《考古》1985年第10期。

中国社会科学院考古所内蒙古工作队：《赤峰西水泉红山文化遗址》，《考古学报》1982年第2期。

中国社会科学院考古研究所内蒙古工作队：《内蒙古巴林左旗富河沟门遗址发掘简报》，《考古》1964年第1期。

中国社会科学院考古研究所内蒙古工作队：《内蒙古敖汉旗赵宝沟一号遗址发掘简报》，《考古》1988年第1期。

中国科学院考古研究所内蒙古工作队：《宁城南山根遗址发掘报告》，《考古学报》1975年第1期。

占·达木林斯荣：《辽祖州遗址考疑》，《昭乌达蒙族师专学报》1999年第6期。

占·达木林斯荣：《辽祖州考》，《内蒙古社会科学》2000年第9期。

占·达木林斯荣：《唐代松漠府遗址考》，《内蒙古社会科学》2002年第4期。

张中政：《汉儿、签军与金朝的民族等级》，《社会科学辑刊》1983年第3期。

张博泉、武玉环：《金代的人口与户籍》，《学习与探索》1989年第2期。

张博泉：《辽金"二税户"研究》，《历史研究》1983年第2期。

庄艳杰：《法库刘邦屯出土金代窖藏文物》，《辽海文物学刊》1994年第1期。

哲里木盟博物馆：《内蒙古霍林河矿区金代界壕边堡发掘报告》，《考古》1984年第2期。

张景明：《内蒙古巴林左旗王家湾金代墓葬》，《考古》1999年第4期。

朱志民：《内蒙古敖汉旗老虎沟金代博州防御使墓》，《考古》1995年第9期。

张博泉：《金代女真"牛头地"问题研究》，《历史研究》1981年第4期。

赵光远：《金代的"通检推排"》，《中央民族学院学报》1981年第2期。

赵光远：《金章宗为何对州县民户"通检推排"》，《北方文物》1996年第3期。

曾代伟：《金朝物力通检推排法述论》，《民族研究》1997年第5期。

郑绍宗：《兴隆县梓木林子发现契丹文墓志铭》，《考古》1973年第5期。

张其凡、惠冬.：《金朝"南人"胡化考略》，《史学集刊》2009年第4期。

张柏忠：《霍林河名称沿革考》，《黑龙江文物丛刊》1982年第2期。

张英：《略述金代畜牧业》，《求是学刊》1983年第2期。

硕博论文

艾换平：《金太祖时期的民族政策研究》，硕士学位论文，吉林大学，2007年。

金宝丽：《蒙古灭金史事研究》，博士学位论文，中央民族大学，2011年。

解丹：《金长城军事防御体系及其空间规划布局研究》，博士学位论文，天津大学，2012年。

康鹏《金代转运司研究》，硕士学位论文，北京大学，2003年。

李玉君：《完颜亮时期的民族政策研究》，硕士学位论文，吉林大学，2007年。

宋卿：《唐代营州研究》，博士学位论文，吉林大学，2008年。

孙维维：《试论金太宗时期的民族政策》，硕士学位论文，吉林大学，2008年。

王万志：《金代区域文化研究》，博士学位论文，吉林大学，2009年。

王尚：《金代招讨司研究》，硕士学位论文，吉林大学，2011年。

夏宇旭：《金代契丹人研究》，博士学位论文，吉林大学，2010年。

杨清华：《金朝行省制度研究》，博士学位论文，吉林大学，2009年。

赵永军：《金代墓葬研究》，博士学位论文，吉林大学，2010年。

三 外文论著论文

（一）日文著作

三上次男：《金代政治制度の研究》，东京：中央公论美术出版1970年。

三上次男：《金代女真社会の研究》，东京：中央公论美术出版1972年。

外山軍治：《金朝史研究》，东京：同朋舍1979年。

（二）日文论文集

鸟山喜一：《猛安谋克と金の国势》，《京城帝国大学法文学会第二部论纂：朝鲜支那文化の研究》，东京：刀江书院，1929年。

三上次男：《金朝初期の路制について》，《金代政治・社会の研究》，东京：中央公论美术出版，1973年。

三上次男：《金室完颜家の始祖说话について》，《金代政治・社会の研究》，东京：中央公论美术出版，1973年。

松井等：《满洲に於ける辽の疆域》，《满洲历史地理》2，丸善株式会社刊，1940年。

池内宏：《辽代春水考》，《满鲜史研究》1，东京：吉川弘文馆，1979年。

津田左右吉：《达卢古考》，《满鲜地理历史研究报告》2，1916年。

津田左右吉：《金代北边考》，《满鲜地理历史研究报告》2，1916年。

（三）英文论著论文

The Historiography of the Chin Dynasty（1115—1234）：Three Studies，194pp.Munchener Ostasiatische Studien，Band 4.

Karl A. Wittfogel and Feng Chia-sheng, History of Chinese Society Liao，907—1125, Macmillan Company, 1949.